江 山 著 作 集 10

公共社會論

江 山 著

內容提要

　　人類社會經由大功利生存解釋方式的推愨，已然顯現出了同質化、同型化、公共化的大趨勢。尋由這一社會的物理性邏輯不難發現，導使這種趨勢的更本質原由在於世界的本然性驅力和人的公共性嚮往。人性構成中，動物性、功利性、社群性、理性、公共性、自然性是漸次顯現的，公共性之前的人性較多表現的是人的物理性價值，公共性之後的人性則會更多凸顯人的本然性價值。人與世界的合理在於其物理性與本然性的同一，而公共社會恰是這種同一的開始。

　　為此，本書致力研究了公共社會生成的物理邏輯與本然必然所在；同時，還依東西方文化的前提條件，說明了人類現下的困境與出路的可能性。本書認為，經由人的同質化、同型化建構，人類必將放棄自我、佔有的功利、界域二致性、政治化、理性分判諸般痼疾，且就此開始公共社會的歷程。公共社會是類的共同體的社會，它以公共性、類的社會性為精神依賴，以類的共利為功利目的，以共權、相對主體、委託代理、公共裁判為制度依託，並由此顯示人之所以為人的價值與意義，是以是孔子社會思想——大同社會——的再造。

《江山著作集》序

　　二十餘年來，本人一直致力於與中國文化、哲學、歷史、制度相關論域的研究，亦以同態的心情關注相同論域的西方、印度。早期的困惑在於情緒的不舒暢：何以中國落後了！最先讓我疑惑不解的問題，是中國為什麼沒有產生宗教？繼而，中國為什麼不能產生如李約瑟所說的西方式的科學技術體系？復後，西方的民主、法治、憲政體制亦讓人自愧弗如。最後，西方的道德理性主義哲學及其知識論、方法論依然讓我汗顏無地。有一段時間，我使自己和我的母本文化完全失落了。上個世紀80年代中葉偏晚以前，我一直在痛苦地掙扎著。此後，深刻的閱讀和思考，終於慢慢地改變了這種困局，一些深層的想法得以漸漸集結，以致最終不再被當下狀態困擾，有了一種別開生面、創化待來的境界。

　　這裡收集的著作，正好成就於上言困局的末期以後。大體上，批判的選擇性已非常明顯，而更多則致力於創化與開新。

　　近二十年來，我對中國文化的理解與以前已大為不同，此乃深層記憶的恢復讓我有了堅實的信念：面對後現代的人類，我們必須認真對待和重新思考包括中國文化在內的東方文化。

　　中國文化對人類的後現代將有獨到的價值和意義貢獻。

　　這便是，西方文化早在混亂過渡期，便已然斷裂了自然本根倫理，不得已而開始了人域化、封閉化、人為化的建構歷程。

　　這種己域化的文化，因由劇烈的己域衝突和社會的強盜化誘發而生成，因之，在過去幾千年的演繹過程中，它將己域衝突的解決

及人域的公平、正義作為了全部文化的中心價值。

由於沒有或缺失自然本根倫理的支援，由於自然被客體化、外在化、物理化，人本身被迫失落，被迫漂浮，因而，人的意義和價值追尋亦成為了文化動因。

不幸的是，劇烈的生命衝突與競爭，復特別容易使這種追尋功利化、工具化，一切主體意識之外物，為著生存的需求，全部被利益化、權利化。

衝突與競爭的劇烈，同樣會逼使人的責任倫理的收縮、自限，以致自我個體成為社會結構中的單元。因為，祇有個體自己才可能對自己負真實的責任。

社會構成單元的個體化，使社會形態、社會行為及制度文明、文化體系的演繹，有了強力的動機與目的，它粉碎了社群倫理的固有形態，如熟人倫理、地域倫理、宗親倫理之類，重新構築了以功利和得失為目的的契約倫理；同理，為著功利與生存的需求，社會單元個體化亦被制度所建構，成為制度設定的主體或法律資格者。

最終，以主體為核心，融並權利、契約而成的制度形態得以成立，是為主體構成性法律體系。

主體構成性法律體系，復會強化文化的功利化、工具化，而文化的功利化與工具化，往往是拿人來承載的，結果是人的工具化與木偶化。個中邏輯理由是，祇有工具化、木偶化的人，才可能有公平、正義的作為。這意味著，人的變態與扭曲是必然之事。

進而，由於人力的局限性和缺失自然本根的支援，致使這種文化體系的建構通常是與解構交錯進行的，即文化有著極強的相對性表徵。一般言，解構極方便破壞人的心靈與觀念家園，積久之下，

它會產生懷疑、反抗、袪魅、迷茫、斷裂。這樣的懷疑、反神、袪魅情態，在西方常行不衰，其中，時效之長、劇烈之激者有兩次，一為混亂過渡期，一為晚近以來的當下。這是而今出現了現代性的迷茫之因為所以。

人祇能憑藉自為的力量和方式去建構界域性極強的文化形態，亦是西方文化之表徵。界域化的結局是，文化類型本身成為了衝突的原因。在相對性的體質原則作用下，所有的類型都會自視其為絕對，於是，虛假觀念支持下的文化理念衝突會消耗掉無數的生靈與人生真實。

人性的自利性、功利性、政治性、倫理性及理性諸樣態，已在過去的文化歷程中，被西方文化解釋得淋漓盡致、完備恰當，其卓越建樹主要表現在四個領域：救濟與安頓精神的宗教體系，滿足智慧和工具需求的道德理性體系，實現秩序和正義的法治、憲政體系，理解外在並求索物利的科學技術體系。

然而，現時代和現代性經歷之後，人性的他樣態或高級樣態——人的公共性、自然性已然呈出，這便給已域化、界域化、人為化、封閉化的西方文化構壘了絕壁，如何破解，已成困局。

當此之際，包括印度文化、中國文化的東方文化，卻有雍容自在的氣度與品格。此乃因為，東方文化所獨具的自然本根倫理，是其靈魂質要。東方文化源於自然本根，並得以衍繹、遵循、建構、宏大，不墜、不輟，其公共性、自然性的內質一以貫之，沒有斷裂，亦未曾封閉於界域之中，以致可以接續起後現代的人類文化歷程。是以，中國文化便有了必得去重新理解和說明的需求。

本《著作集》所收入的書，是這一新型需求的系列表達。它既包括一般意義上的中國文化批判性的著作，也包括文化價值討論的

著作，同時也有制度文明的專著、中國法價值體系的專著、中國法文化體系的專著、後現代法律發展趨向的專著。總之，這些著作自成一體，言之有據，是中國本土學人自磨自琢三十餘年的心得所在。

本《著作集》得以集結以繁體在臺灣出版，實在乃機緣所致。

時值2006年歲末，適逢本人去臺灣大學講學，有機會結識臺灣知識界、文化界、出版界、學術界諸多朋友。諸位朋友和機構的協力得促成此舉，是以感懷致謝。自《著作集》前面9本書完全出版以來，又有4年的時間過去了，現在再續前緣，出版新撰著作和整理舊稿共計4本，懇請讀者諸君笑納。

本《著作集》後4本書的出版，繼續受惠於我的朋友宋具芳女士，是她的慷慨讓此願成為事實；還有賴郁芬女士、魏憶龍先生，經他們續緣，我幸以結識臺灣世界宗教博物館的心道法師和了意首座，他們惠我之竊思偶得，決定以世界宗教博物館之名出版我的書，善莫大焉。為此，我要特別感謝我的朋友和道友，感謝宗博出版社編輯團隊，他們為這些書的出版付出了辛勤的勞動，令我非常感佩，所有這些，我都感懷致謝。

足　无

識於北京昌平

二〇一二年十二月

自　序

　　自吾為人始，耳濡目染，教習所在，均乃西方見識。曾幾何時，滿以為中國文化已死了去矣，豈料近幾十年中，幸得之於中國及印度、西方知識體系和文化的系統理解與思考，卻有大謬不然的心得。

　　聖哲之言被時下俗流視為空談或天外之音，並不奇怪。因為我們正值追趕西方文化和社會程式的大潮中，西方文化所強制的感覺化、功利性、自我性、物理性，正好擊中了中國人的軟肋，我們不得不受使於慾求、感覺、自我、功利的嚮往，義無反顧，所向披靡。一邊倒的嚮往中，也一直有著各種爭鋒與排擠。細細思量，這些爭吵、對抗更多的是，誰來引領潮流和以什麼方式去實現西化的糾葛；此外，還有一些屬於過程中不適應的牽絆、故有生活方式的反抗之類問題。無論何種爭論，甚或兵戎爭戰，有一點十分趨同：聖賢文化去之遠矣。極為罕見——如當代新儒家者言——的清音警醒之說，一律被視為保守主義，予以擱置。

　　果如其所視乎？非也。遭遇現代性衝擊和大功利生存解釋方式所致的生存危機重壓的西方社會，終於耗盡了其文化張力的內源，尋由斷根而來的人域特化文化，即便有理性為之建樹，亦無力支撐人之所以為人的深厚與崇高，祇能焦灼在「存在與虛無」之中，意無所向、力無所建。相形之下，東方文化志意於自然本根的鋪張與延展，視人的價值與意義終極為體用不二、天人合一，不為佔有與分配的功利所制，不為虛假的自我所限，養人性以為本然歸真，盡物性意在善於所善，大千世界，無限於物相人我，均乃同構、互

養、互助、自足，殊途同歸、百致一慮。如此之下，任何試圖以單一方式解決自我問題、人類困境的思路，皆為童稚之思，近於癡人說夢。人類祇有置身於體變相養用顯、同構互助自足的必然邏輯之中，才有真正的意義和價值，也會附帶解決所臨之問題與困境。此種覺悟與境界，正是千百年來，東方聖哲們孜孜所道之要。

而今之世，西方文化與社會歷史的不期之境，恰是其能所不可為的困境與膠著。在理性思維與方式難得寸功之時，東方智慧的本然之覺，正可補救其理性思維的致命死穴：人類唯有類的社會化、公共化，才可尋出一條可期之途，以此可漸入真正的人生之境。

故知，所謂保守、激進之說，其實妄也。

西方文化與知識體系中的強項——如功利、理性、物理——如若不得本然之智的引領與統攝，則會歸之於人域佔有、競爭、衝突的死胡同；反之，東方文化及其知識體系亦得與物理之智融會貫通，才能周延、著實。故知，當今之勢，東西文化的融並與會通，以及開新再造，是其必要。為此，理解人的同類化、同質化，以類的智慧和秉賦去彰顯人之所以為人的內質，不僅可以解困人類於困境之中，更是人之價值與意義的更新所在。公共社會恰是此必然之旅的初步。

這本書的思考與歸結，是上世紀80年代以來，始受當代新儒家的啟迪，進而瞭解西方歷史、文化與社會，瞭解東方（印度、中國）歷史、文化與社會的相關結論，意欲回應東方哲人的先見之明，亦欲理解西方文化何以作物理之思。思考有年，可原先並未打算寫書，2009年世界金融危機的爆發，再次觸及了我的神經，覺著有清理所思的必要，於是，便將諸般想法集中起來了。本以為一篇文章足以打發，不料，近7個月卻寫出了十幾萬字，祇好成為一個

小冊子了。無論書寫得好壞，讀者是否接納我的意見，於我，把相關的看法說了出來，總算是了了一樁心願，希望可與投意之君子共勉。

本書寫作之中，我的學生和朋友們均予我有許多幫助，王軍華同學參與了本書的校對事務，在此特致謝意。

足无謹識

二〇一〇年一月六日

目　　錄

緒　論

　　人類及其社會行進至今，其質地、格局已然風換景移。過往之中，我們自說自裁，給自己提供了諸多的描述和寫意：制度的有匡範之功，思想的有牽引之能，器物的則有解厄之彰。其中，雖不乏思想家們的命運指引，或前途解玄，可我們巨多時候仍難免迷失、困頓之苦，許多繫身內具的性致、內秉仍然會給人們（縱使是明智、達觀的人）帶來揮之不去的惆悵、煩惑。靜靜想來，我們的確比動物聰明、智慧，動物們的生老病死，甚或被宰殺，比比皆是，然其痛苦、犯難的程度卻大不若我們。何以反致智慧的我們會如此地窘迫、困厄呢？其實問題還是出在這智慧與聰明上。

　　很古以前，東方哲人就曾教導我們，智慧正是困苦的業因，所以需要去智。因為去智便是除祛業因，進而會無有困厄、痛苦。何以去智呢？當然還是「以智去智」。

　　說論至此，不由得我們不去思忖這種說法的因由。為此，需得轉移一下話題。

　　我們的世界是無所不包的「內部化」的世界，祗是依據解釋者慣於會知的方式，可將我們的世界說為「三界」：體界、相界、在界（或說為體、存、用）。三界之說，不過方便解說的需要之詞，而非說我們的世界可以分割開來。

　　與三界說相適應，解釋者亦可以範疇的方式將其說為原、因、果。這樣的設定容易形成知識體系和事理的把握，故亦為常情所准可。設世界為原、因、果的邏輯範疇，同時還意味著世界的同一性和完整性，更重要的是其內部性，即，世界自身無所不在、無所不是、無所不包、無所不為、無所不用，一切因由與結果均是原之所然，沒有外在、外界、外部、外原，更沒有締造、受造、第一推動之妄說。故知，世界亦是自足的、同構的、互相（*xiáng*）的。

　　解釋者是世界之原及諸因相互作用、同構而成就的結果，它有諸因之構成和作用方式的特定，是以成為了結果或在中的靈秀者。其秀所在，便是這解釋的能力和可能性，我們稱這種能力和可能性為智慧。依據內部化原則，解釋者的解釋本質上是世界自己解釋世界自己（解釋者是世界的組成者）；可同樣還有另一原則對此有所限制，這便是初級的解釋永遠是不成熟、不完整、不合理的解釋。鑒於此，我們便知，解釋者在顯現自己的解釋能力時，常會變態為之，即會以最便宜的方式和最有利於自我的方式行事。

　　此外，解釋者的站立所在，是非常重要的解釋前提，不同的站立處會致使完全不同的解釋結論。一般言，可將這樣的站立處所說為「三觀」：他觀、自觀、通觀。他觀者，以解釋者為主觀者，去研究、分析、把握自己以外的世界，或他域，這樣可以形成關於外在世界或他域的知識，如物理學、化學、生物學、天文學、地理學、生態學之類。這種知識通常祗能是物理性的。自觀者，解釋者以自身為觀察對象，予以結構、關係、作用和功能方式的研究、判斷，從而形成相關的知識，如人類學、社會學、政治學、倫理學諸理論學說。一般說，這種知識依然祗能是物理性的。通觀者，是放棄了各種界域劃分而有的對世界的完整把握、貫通，它通常不是物理性的，故更融貫於世界的本然性，是以是一種直覺、靈悟、會通的知識。這種知識不再劃分世界為三界或他域、己域，而是一體用不二、天人合一的覺悟，所以是對他觀、自觀的超越、揚棄。

　　與解釋者的站立處所相關，解釋者的智慧也有初級態、成熟態和完成態的差異，這便是感覺智、理智和性智。感覺智與其前緣動物本能有密切關聯，不過，其中的經驗所在使它與本能已相去甚遠，尤其是類的經驗積累已然氣候大成，所以它已變成了一

種真正的智慧，祇是對後續已然和將然的智慧言，它仍祇能算作智慧的初級形態。理智者，是研究、分析、判斷、比較、參照、綜合、推理、歸納的能力，它通常可以通過具體事物的物理性、功能性、結構性探究，獲得關於在、關於因的理解、把握，並以此為據，可張行為，可致功利，可考得失，可說論據，可建學理，可演觀念，可成文化。比較而言，理智是比感覺智更重要、更合理的智慧，故可視為智慧的成熟形態。多數情形下，他觀和自觀的成立主要得益於理智的施為，當然感覺智在其中仍有基設作用。性智或說為性智覺，與感覺智、理智的分殊割裂不同，它反而強勢彌合一切分割之能事，而至化除界域、界限，根除假像，剔祛假因，以使體、相、用同一不二。故知，性智覺亦是通觀的路徑之所在。

以上諸說，祇算是約略簡便之概要。我之意旨在清理一下一些重要概念、範疇的關聯關係和進階位置，這樣便能知曉上言東方哲人們所謂「以智去智」之說的因由所在。現在可知，這種去智之智，非常情之智，它乃是化除自我、化除智慧的智，是一種性智覺：貫通世界於无界，或體用不二、天人合一之智。哲人的覺悟、說教，多難為常人所受，原因是，尋常的我們很難不被智慧所困，而在這種智慧不能為性智覺所驅的情形下，我們祇能處於尷尬的狀態——比動物智慧，卻反為智慧所累。

哲人的超拔，難為常人所得，反致諸多的教義、修為之法被迫淪為急功近利的功利常態。如臨時抱佛腳的善男信女們，張惶一生，人態百端，所行所為距人字之立尚有千里萬里之遙，卻忽然間傾心向佛，指望此一臨時舉措足以超生渡孽，或降福於他/她，實在難以理喻。其歪曲、改易之烈，不容置疑。足見，依哲人之法為去智之功，難其大也。

如此之說，並非東方智慧之價值、意義可棄之不顧，它的超越與挺拔、它的先見之明與終極所觀，實在是萬難移去之理，祇

是我們為形殘所困，諸般動物性未得褪去，是以不可理喻。此意若稍加羅移，另覓路徑，或許可異曲同工，終至同一不二之境。

　　既然他觀、自觀有著理智的意義和價值，亦為通觀之不可逾越的前路歷程，這便需要我們暫緩通觀與性智之說，而著力於世界或他域、己域的物理觀察、理解，這樣方能條達理順。

　　依我曾經所言，世界於設計處有兩大基本缺陷：各自為在、攝養以為在。在的各自化，本為體、相世界的變態、異常，而於在界言，它已然常態，先於我們成為定局，所以，我們所來、所在、所為，祇得優先服從這先定的法則，以各自為其所在，否則，將不為在。

　　攝養以為在，是在之為在的延伸。即，若冀在下去，就得攝養，以為供給之源，否則就不能繼續為在。問題是，攝養攝什麼？依真實言，當攝者為相，無奈憑多情形下，我們尚未造就出直接攝相的能力，反致必得要假攝在之途，進而才能攝相。於是，任一攝相之為，必導致在的毀滅、損缺，結果是「攝在以為養」。更不幸的是，攝在以為養並非邏輯鏈的終結，當在狹義為了生命現象之後，生命者的攝養對象更是（主要）被轄制在了生命界內部，致使攝在以為養的鐵律狹義為了「攝生命以為養」的金律。這樣，我們便被徹底制服在了異養、自相殘殺、衝突、紛爭的惡性邏輯之中，難以自拔。

　　此先天的設計缺陷和惡性邏輯，幾乎控制了我們的全部——唯上言東方的哲人們才有超越的智慧，洞察缺陷、解構邏輯，使我們有了非人、非在的張望。當我們被這先的設計缺陷和金鐵般的惡性邏輯所制之時，我們的智慧其實是被我們的感覺所左右的。於是，我們的智慧以及由此智慧所演繹的文化便祇能從此處開端，慢作長程的提昇、演化、知會、開新、放棄之旅。也正是如此之為，同樣會致使我們的自觀、他觀之為，有長程和短程、當下與事後的差異。長程或事後觀看，會有過程和完整的觀感，

會視當下、短程為局部、非常態、可忽略之事；而依短程和當下立場，則會大受身受感迫之累，放大自己的感覺和處所，以至一葉蔽目，不及其餘。長短之觀，各異是其一，各有所長也當鑒明。長程觀者，多有輕鬆通透感，會知命運、方向之所以，會舒緩自我的壓迫、斂性自養、以致和樂共生、超凡脫俗；當下觀者，則急於功利之需，會作救濟解困之為，以致器奇技巧、制度制惡多有新招，其外在安頓之功亦是當然。

我們的文化、歷史正是這長短之觀的錯置與同構。冥冥之中，不期的許多事項、結局一一在依然演化，成敗之中，得失所向，還是未出哲人的覺悟，實在令人回味。

當我們用智慧和文化去理解、感覺世界先在的設計缺陷和惡性邏輯之時，我們便以特有的方式為自己建構了學理和精神的解決框架，以便行有所據，說有所依。其中，最要緊的說法有三，一曰自我，二曰功利，三曰理性。

所謂自我，實乃各自為在的人化。它的意義在於，既認可了在的各自性，同時又丟失了他在的拖累、糾結，祇為己在、自在、此在立意。故知，自我者，實乃自觀的核心所在也。自我是人的常態，凡人均不例外，差異者多為環境所致。在環境寬鬆、生存壓力舒緩的社群或地域中，其文化會極力壓制自我的張揚，而置自我個體於社群的參與者、組成者、關係者狀態，用社群性替換自我；反之，若在生存壓力過重、環境逼仄的社會中，個體自我會本能地逆勢而上，直至完全地張揚和膨脹，當然，積久之後，其區域文化也會儘量修飾這樣的張揚和膨脹，用理性去改變自我的物理本能。理性之後的自我通常會冠以主義的通名，故可視為自我中心主義。此外，它還會滋延出一些相關的意識觀念，如自由主義、個人主義、人權、存在主義之類。

可見，社會環境和生存、存在的壓力於自我有決定作用，尤其在我們的能力極端不充分，無法在簡單養資源之外開發、利

用、攝取複雜養資源的前提下，我們會本能地致力於現有、既定養資源的佔有與分配的糾葛，以致不能自拔。這種狹義的佔有與分配的糾纏，恰是長期以來，我們文化——包括制度、精神、器物三個層面——所以被制限的根本原因。依精神言，自我成為了諸多學說、思想、理論的核心，亦是意識形態的原點所在；依制度言，它被最終設計為了主體，成為了全部公權力和私權利及制度生成的原因和目的，是以有主體構成性的法律體系；依器物言，自我成了器物得以標識、創新的原由。此意鮮明之即，自我對人類文化及演繹的影響至巨。

至於功利，幾乎與自我同等重要。亦且，在生存環境不良，生存壓力過重的條件下，它照樣會有極致化的傾向。此時，功利不祇是獲得或佔有物質利益，而且還有觀念和學理擴張的後果，直至功利主義，以及與此相關的宗教功利化、科學功利化、哲學工具化的結果。此種結果之大害者，是他觀價值的變態與扭曲。

自我和功利構成了文化的基件，但還不是全部。人是社群性動物，在「攝生命以為生命」的重壓之下，外在行為能力殘弱的人類必得以群的方式生存，這便導致了人的社會性、社群性、理性，乃至公共性的具有。祇是，長期以來，在自我和功利的重壓之下，合群之事竟至演化為了這種自我和功利的工具載體，成為了滿足自我慾求和功利需求的憑藉，反將人們的社會性、社群性、理性、公共性之內秉的本旨忽視。

本來，我們被其能力所決定的攝養局限，已然致我們陷入了狹義的佔有與分配的窘境，在個體能力明顯不足的狀態中，我們通常所能想及的補救之法，便是動員和組織群的力量去強化這樣的佔有與分配，結果正如歷史所示，群化的佔有與分配之爭，更加激化了人類內部的窩裡鬥，加劇了衝突和紛爭。現在看來，這樣的思維和邏輯均有與人類所當為之相反逆的根本性、方向性錯誤，需得認真反思和糾錯。

　　我們的問題其實不出在養資源本身,而出在我們的能力上。這種能力包括:我們開發利用新養資源的能力,超越生命者、超越諸在的直接攝相還原能力。一當我們能夠不受既定簡單養資源之限制,而可為直接攝相之能,則,養資源之於我們便是無限之所;一當養資源無限可用,生存的意義亦為之改觀,存在的環境亦為之優良。彼時,自我何來?功利何有?是以,我們的重心——至少從此以後——當致力於我們能力的提昇和創化,而非狹隘的佔有與分配。

　　要提昇和創化我們的能力,復又不為個人所能為,它是類的公共志業,唯舉全人類之力方有尋徑的可能性。此意隱約披露,人之為類,其公共化、社會化的要津是同類意識或類的公共性。憑藉它的彰顯,我們不僅有脫困解厄的希望,更能顯現人之所以為人的真實。

　　至此,我們已然確知,人和它的存在方式——群體、種類——有其之為在的雙重性,即,以體之原而言的本然性,和因相之構成、組合方式、作用方式而言的物理性。過往的知識和智慧受環境、條件之助,常會對其本然性和物理性有偏頗的把握、理解或覺悟,實不足為怪。悟得本然性者,會直達體用不二、天人合一之境,餘者皆為虛假和幻境,必得解脫而後已;善解物理性者,則多會因由自我、功利為說,其所能極致者,不過理性而已。這後一智慧與意境,恰是西方諸社會理論乃至哲學學說常有理性探究的真正原因[1]。可見,西方哲學中的所謂唯理論、唯心論諸說,其根並不在本體、本根、本原,實乃人和世界的物理性所致。比喻之,世界的物理性猶如一甑鍋,理性便是這甑鍋的錐形蓋,人置諸其內,試圖跳躍出甑,無奈所及者不過是甑蓋。所差者,祗是觸及的蓋位不同而已,有及蓋邊者,有及蓋中者,有

1　詳見本書第三章‧二。

及蓋頂錐者。約言之，及於頂錐者，可說為距出有形最可能之近者。如柏拉圖理念說。因為那裡通常有氣孔，可出竅而有無限之可能性。有形的局限是物理性之必然，其解釋者，是出物理而入本然。

故知，本然性與物理性的同構和貫通理解、把握，應是人類當然之事，而其類化與公共化，則是不二法門。

為什麼會有這樣的必然性呢？為什麼個體自我乃至人類己域的堅守都不能是絕對的呢？為什麼我們得有放棄自我的自覺而成為參與者呢？根本的解說乃在於，我們的成立非是孤立的，它由之混元之原及多維之因的相互作用，且這相互作用是極其長程與複雜化的過程，我們祇是這過程的結果；稍有特殊的是，我們碰巧成了觀察者、解釋者；更重要的是，我們仍然是參與者，是這過程和必然繼續不輟的參與者；既是參與者，便不可能是終極結果，更不是目的。因此，自覺我們是參與者，而非目的者、終極者，顯然有以下結論：

一是，它符合世界的真實；二是，它凸顯了我們的自覺——所謂自覺是說，自知了自己為暫且和參與者，卻不計自我的得失，且能積極參與過程和必然，盡應盡之責，成整體之善；三是，因為自覺了，所以我們不再有因虛假目的而有的抵觸、對抗、痛苦，不再有感覺與理智的厮守，可欣悅情致地做參與者。

這一道理，若換成另一種表達方式，可如下說：

世界的原和因是不能自為證成的，它必由其結果證成之，此其一；

其二，證成者不能證成自己，祇能證成原、因、果的必然性和完善，即不能證成自己為被證之原、因的目的，因為證成者不是因，更不是原，祇有原才是目的（善）；

其三，凡是證成自己為目的的知識或學理體系，均是在設限

或攔截後所作出的證明，即將原、因割斷，使自己成為原因，從而證明之，故知，此證明所得到的知識不是世界的完整知識，也不是真正的知識；

其四，由原至因至果的證成是性智的證成，而非理智，更非感覺智的證成，因為，一切理智、感覺智的知識都是有邊界、條件和限制的知識，是參照的知識，也是他觀和自觀的知識，而性智的知恰是沒有限制和邊界的知。

由上述可結論，他觀之智祇能使我們的理論出現外在、兩在、二元或多元的結論及體系；自觀之智則易流於自我中心主義和得失中心主義的思想觀念及知識體系；唯有通觀才能解決此二者的致命缺陷，終至體用不二、天人合一的完善。

足見，說人類的窩裡鬥、紛爭、糾葛、衝突、對抗之類乃兒童遊戲，實不為過。它是人類成為人的初級過程中的必然現象，可檢討之，卻無法逃避之。初級過程中，我們曾為自己張羅了很多的說法，它包括歷久不衰的學說、主義、理論、意識形態之類。這些說法的過錯所在當不言自明，不過，它們亦有即時即境的意義和價值，也當然是人類所共的文化成素。

而今，人類所行之境已尤為區別於從前，我們的類化現象已是非常地明顯，致力於這種變型的思量，實在是為人的恰當之思。

人是什麼？人生為何？代域不同、地域不同、群域不同、環境不同，或有差別。然，無論文明野蠻、高雅低俗、理性情感，都會有一定的答案或判斷。在界域叢集的情態下，這樣的差別較為明顯，而隨著文化交流的浸潤，智慧的會通則漸趨明朗。會通之後，我們會注意到，原來所謂的差別與不同，有許多其實是同義同質的，祇是表述與顯示的分別而已。

　　人是一種存在，當然也就有在的構成性和所然性。理解構成，是物理的探究，所得者為物理或人的物理性；而感悟所然，則是本然的覺悟，所成者是體用不二、天人合一。過去的文化歷程中，我們常會因於各種原因而有探究和覺悟的分別，而今，這樣的會通已成必然之勢。也正是這樣的會通，才足以使世界的全義呈現出來。全義的世界才是真實的世界，如若祇有物理的理解，顯然會有偏頗和極端；反之，若僅有本然的覺悟，亦會流於空疏。以此，我們要在人域與他域的物理與本然兩面多有會通、融貫，方有關於世界、人類、社會的真實解。

　　如上所言，當下世界，許多的事項已經有了一種強烈的趨勢：我們——以智慧和文化見長的動物——的同質化、共同性越來越多，或說，我們正在快速地同質化、同型化。進而的問題是，這樣的同質化、同型化趨勢，使我們有了許許多多必須共同承擔、共同面對、共同理解的東西，它們正以正面和負面的方式席捲、裹挾我們，正在改變著我們的世界。其實，這些裹挾我們的東西祇是表象——同質化、同型化的表象。那麼，應當如何理解我們被同質化、同型化呢？同質化、同型化的前景又是什麼呢？對此，需要有學理的說明和解釋。竊以為，「公共社會」正是這種同質化、同型化的某種內在，亦是其近程的前途所在。

第 一 章

公共社會的概念及現象

一、概念及論域

　　公共一語，意指人類生存方式、生活樣態的同質化、同型化狀態。所謂同質是說，心性秉賦相同、同類意識相同、行為擔當相同、承載方式相同、使命堅守相同、價值取向和意義追尋相同；而同型則是說，構成樣態相似或相近，價值功能相近，結構形態趨同。或即說，人類文明由多域化源起、演繹到現在，文化與文明的界域化特徵正在逐漸消解，同質和同型的意義及其擔當日趨明顯。這種意義表明，我們人類是一個同類，也是世界存在中的一個共同體。因為是共同體，所以，原有所有界域化的實體及其觀念都有待揚棄和轉換，以便生成支撐起人類共同體的社會體系、制度安排及精神資源。而公共社會，即是基於這樣共同體的需求所構築出的社會體系。它包括充滿人類同質性、同型性的制度、精神和器物諸載體形態。

　　說及共同體，很容易讓人回想起古代西亞和地中海地域的城邦社會。彼時，城邦出現前的自然社群單元，是以家父為中心的氏族或群自我，因為巨大的生存壓力和社會化擾動，迫使家父們作出選擇：放棄自然的生存方式，結成人為的社會實體。於是，人類世界中便有了城邦。故知，所謂城邦，即家父共同體——家父們為了更大的生存利益和需求，放棄自然的生存方式，經由妥協和合意而為的新型社會實體。

　　這裡，有幾點過往了的經驗或許還有意義。一是必須要有足夠的壓力才能迫使人們作出選擇：放棄幾萬乃至幾十萬年的生存習俗，結成生存共同體，可知，其選擇是相當艱難的；二是，祇有更大的社會實體才足以應對已經惡劣化了的社會環境，而大於自然群自我的實體社會形式至少有兩種：一為城邦式共同體，一為征服式帝國；三是，為什麼選擇共同體的城邦而不選擇征服式

的帝國？其中，除卻別的原因外，家父們的平權、平等前提，是其首要，反逆之，也祇有平權、平等的家父之間的妥協和合意，才產生真正的共同體。

家父，在人類歷史上，有著重要的環節和社會文化的分岔意義。對從動物世界分離出來的人類言，家父是群自我的統治者；而對步入農業文明的人類言，家父是所有人為社會實體的構造者、參與者。若要進一步辨析農業文明的政治實體形式，則可知，在原初條件不太有利於純農業文明發育和發展的前提下，在雜合多維非單一的農業生存，或即地域社會必得進入強盜化生存的條件下，家父變成了城邦或家父共同體生成的原因，是家父們的理性選擇才有了城邦和家父共同體；反之，在單一農業生存非常成功的地域，或在原初條件非常有利於單一農業生存方式發展演繹的條件下，家父則是單向單一政治征服事業的發起者，也通常是帝國的肇起者。當然，這裡的家父與城邦制的家父不同，他可能是唯一的，而城邦制的家父則肯定是一群人。

一群家父組成的共同體，實已意味著他們身份的特定，他們已不單是政治統治，或征服、被征服的角色，而是變成了一個全新的角色：由規則確認的資格者——主體。無論對自然社會，還是對承續自然方式而有的農業帝國社會言，主體是一全新的概念和社會單元。於前者言，它有了人為的單元意義；於後者言，它成了全部人域事務、現象的原因，即，是主體們締造了共同體，亦製造了人世法律。或即說，是主體們的意志和合意，才使世界上有了城邦共同體和法律制度。

主體，是一區別於自然狀態之人（自然人）的概念，它的涵義由法律規定。通常情況下，包含有人格標準、能力標準、行為方式、責任後果諸多內容，且在不同的狀態和領域中有不同的稱法，如公民、當事人、納稅人、國民，等等。主體的意義在於，

它是人類諸般事項生成的原因，同時又賦予了理性的評斷。這意味著，所謂共同體實則是主體們的共同體。或說，共同體是主體們合意的結果，而合意則指謂了主體意志和理性修飾這二者。

共同體必須由主體合意成立，而不能由暴力征服成立，這是我們所獲得的重要歷史經驗；此外，共同體必須足夠包容，能包括進人類全體，才能締造出真正的公共社會；最後，經驗還告訴我們，我們還必須要面對足量的壓力，沒有壓力，人類共同體斷不能成為事實。

人類共同體即公共社會的別稱，建構公共社會，即是實現人類共同體的目標。依語義言，通常所說的公共一詞有廣義、狹義之分。大多數場合下，人們是在狹義上使用公共。即，有關聯關係卻非主體可以專屬、專有的狀態，如公共場所、公共物品之類，它可能有所有人、管理人（如國家、法人），也可能沒有所有人、管理人。民間所言的公共場所，是這一指義的常用語。相應地，公共關係，則指非特定的人們之間的相互關係。很顯然，公共社會與狹義的公共（公共關係、公共場所、公共物品）一詞有根本差別。雖然公共社會當然地包含著狹義的公共（關係、場所、物品），但它在本質上完全不同於這類公共。它是說，人作為一個類，依據其同質化而有的同類認知及其生存方式、生活樣態的同態化。或說，根據其同質、同態需求，依共同的價值理念和行為模式去解決共同面臨的內部、外部問題，進而，在這樣的過程中，放棄界域對抗，共顯人之所以為人的意義和價值。

足見，公共社會非指一般意義上的公共場所、公共關係、公共物品、公共狀態，而是人類同質化、同型化的實體建構。

何以人類必得要走向共同體，要建構公共社會呢？何以當下要討論公共社會呢？公共社會的前途又是什麼呢？這些正是要一一剝析的問題。依據思考，其進路約略如下。

　　公共社會的先兆是人類社會中出現了公共現象，公共現象由公共事件、公共行為、公共功利、公共環境、公共管理等連綴組成。一當公共現象顯現且已形成了足量的壓力，便有了建構公共社會的客觀環境。或說，當人類所面對的存在壓力必得由人類共同承擔，任一個體、族群、社群、政治實體均不足以單擔之時，公共社會的事實歷程便開始了。是以，我們的討論就要由這公共現象、公共事件入手，漫作鋪張。

　　人類歷史經年數萬，其要者也有萬年之許，何以會在當下出現這樣強勢的公共壓力呢？這也是必得要廓清的問題。這樣的清理有助於我們對這種壓力的把握和理解，亦可由之形成判斷。

　　明瞭事因，還祇是學理解決的開始，完整的理解當有物理解釋、性理解釋諸多羅置。其中，物理解釋是其表，它說明近由並構成學理模型；而性理解釋則究其質，它會幫助我們理解公共社會的淵源和人類的覺悟所在。如此表裡貫通，近遠會合、據善求源的研究，將有助於我們理解人類文化、文明傳承的一致性，更有利於我們圓通人類價值同質的完整性。

　　學理也好，淵源也好，決非憑空捏造，究其質地，人類之有今日公共性的嚮往，實乃在於人有其秉賦。或說，是人之所以為人的內秉使之然。這種內秉最終會表達出善的真實意義和價值。是以，我們還得有人性秉持的重新理解。

　　瞭解人性內秉，方能真正把握人的價值意義，說到底，公共社會的展現實則是人之所以為人的新境地，或說，公共社會是什麼的設問，即是回答人是什麼的問題。故知，探究公共社會亦是人的再發現。是為公共社會的精神基礎。

　　至此，公共社會的學理探究便有了大要，不過，要理解和實現公共社會，還得有對公共社會本身的分致說明。首先，我們得探討公共社會的功能和價值，以獲得公共社會的定位；其次，公

共社會得有制度承載，其要者，當為公共社會的單元主體（相對主體）制度和共權體制、委託代理制、公共裁判諸類。

公共社會的價值和承載若果如是，那麼，如何去追逐、實現社會的公共化呢？這亦是需得討論的問題。因為，公共社會既是一不得不為之的人類志業，也是一必得促成的衍更志業，其中，諸多舊有的不便還得人力更張。此外，實現公共社會還需要有廣普化的公共觀念，同時，生活於其中的人們亦得有公共智慧。

最後，竊以為，公共社會、公共化的前景亦要有所描述，邏輯上講，人的自然化是其必然。

二、公共現象

公共現象是一概要稱名，它涵指的下位名目當包括：公共事件、公共行為、公共環境、公共功利、公共管理。如前所言，公共即指人類或大多數人類所共同者，即令不直接相關，也會引發較多人們的關注、關心和精神所感。故知，這裡的事件、行為、環境、功利、管理就不是指個別或局域性所然，而是指具有世界影響的相關事件、行為、環境、功利、管理。此外，此處所分列的事件、行為、環境、功利、管理，祇是論說之需所作的劃分，並不意味著某事可以絕對劃入其中某類，與他者無關，其實，多數情形下，事項會在若干類別中並存。

必要的指義如下：

公共事件：有許多事件一經發生，便不再生息於某一區域或社群，而是迅速擴大影響，延衍為了世界性的事件，這些對人類生存、生活有影響的重大事件，即我們所說的公共事件；

公共行為：因為管理、商業、金融、科學技術、產業、宗教、交通、通信、政治之類的行為超出在一國之外，進而發生了國際或世界性的影響，該行為即公共行為；

公共環境：對生態體系和人類生存有直接、間接功能和價值的環境要素，及生態體系的完整與安全本身，即是公共環境，其中，某些具有特定意義的公共環境單元尤其首要；

公共功利：商業、金融、技術、產業諸領域所產生的利得，足以改觀或轉換人類的攝養方式、生存方式，是為公共功利；

公共管理：公權力放棄其統治權、命令權、主權或去政治化，而為專門化、領域化、功能化、程式化的管理權，不論其權力為國家或國際組織所司，即為公共管理。

由公共事件、公共行為、公共環境、公共功利、公共管理，以及全球化參與和應對的行為程式所共構者，即為公共現象。

公共現象中，公共事件有突發性和衝擊性張力，較多具有影響力，故慣常容易引人注目。以下，我們先以公共事件為例，理會一下公共現象的性質和意義。

公共事件有兩大表徵，其一是事件本身足夠大或重要，可以影響人類的生活；其二，還必須引起了人們的高度關注，具有資訊崩塌的效應。公共事件發生以後，人類社會的注意神經通常會被牽制，國際組織、政府、社團及個體均以不同的方式去應對、參與該事件，或正面介入，身為其行為者、管理者、規範者；或負面救濟，共同解決困厄。

公共現象以公共事件為前提，所不能缺少者，為公共介入、參與。故知，這裡所說的公共事件是特定的，並非所有社會性事件和現象都可視為「公共」。至少，目下人類社會的狀態表明，我們還不能把所有的事件和現象視為「公共」，至於將來，或許不再有什麼事件或現象不是「公共」的，但現在還有區分的必要。

有些事件，可能足夠大或重要，然，彼時的社會環境沒有使之公共化，而最終祇是成了一個事件而已。比如，1976年的中國唐山地震，1975年中國河南的水庫災難，1949～1951年的中國

「鎮反」及「土改」運動，等等。由於資訊封閉，中國社會的許多重大事件均被封鎖在國門之內，外界基本上處於盲視狀態，而國內的媒體及資訊路徑又單一化，政府為了自身利益，隱埋或擇優傳播資訊，致使事件在發生地即告息沒，不能形成資訊崩塌的力量及效應。

此外，人們對事態的觀念認知及生存壓力本身也足以消解事件公共化的可能性。比如上世紀50年代初期的「鎮反」與「土改」運動，數千萬人被殺戮、關押。該事件遍及全中國，應該足夠成為公共事件，然而，恰恰是太普遍了，每個人、每個地方都身陷其中，自身難保，而政府所給予的意識形態又已把這樣的屠殺定義為正義、合理、合法、偉大的行為，人們的觀念意識已被洗滌一新。這意味著，人們價值觀念和善惡標準的轉換，已使事件公共化的基礎失落了。同時，一些人處在了生死的惶恐之中，而大多數人則又從這樣的惶恐中獲得了卑劣品行所必然的快感、興奮、滿足，二者相交所形成的社會環境已無可能致使這類事件公共化。可知，廣普化的重壓，也足使人們集體失語乃至失憶。

如此之類表明，僅有事件生成，還不能成就公共現象，事件必須首先公共化，才可能演繹為公共現象。其中，社區、地域、社群必得先有公開、開放的前提；同時，生活於其中的人們亦還得跟進公共化的價值判斷和善惡標準；此外，資訊媒體得暢通和自由。

公共事件是公共現象的引由和重要組成部份，而公共事件與普通事件，甚或社群性事件往往有形式的相似性。那麼，一普通或社群事件何以會成為公共事件呢？或者說，為什麼有很多的事件不能成為公共事件呢？內中有環境、因果鏈條和公共內質效應的多重差異。

就環境言，社會主流的公共意識和觀念、權利觀念、公平正義觀念、精英群體的公共責任意識、社會的開放程度、資訊交流與傳播的方式等，是非常重要的環境條件，沒有這些條件的鋪墊和支持，社會事件很難成為公共事件。這意味著，並非事件本身有質地的差異，而是社會的解釋方式和結果出現了差異。同一事件的不同解釋，可致使實踐意義和功能的差異。可知，公共現象的要害在於，事件和行為的公共化，是公共化的追求，改變了社會觀念、意識和事態。

依因果鏈條言，當可獲知這樣的印象，一般事件或社會事件的發生，不會形成公共現象的鏈條，即不會引發公共意義上的連鎖反應或全社會的公共關注，它們通常即生即止，充其量祇在局部社會有一定影響；而公共事件一旦發生，它會快速引發全社會的關注，以致形成巨大的衝擊力量，推動社會機體的某些改變，進而形成新型的公共體制和意識形態。這種差異出現的理由在於，社會的開放和社會觀念意識的公共化，改變了人們對事件與行為的看法和理解，致使了社會意識與觀念的連鎖反應，其中，原因的反尋找，會加大舊有社會體制及意識形態的壓力，而過分的壓力之下，改變社會機體的可能性便會出現。

就公共內質效應言，一事件的發生，是否關及公共的公平正義狀態，是否引發人們對社會之合理、合法性的關注，是公共事件非常重要的內質要件。如果一事件發生後，即表明社會有公平、正義、合理、合法的缺陷，表明它破壞了同質平格、同類平權的公共內質，以致人們有幸福、愉快、自由、安全生活的緊張、憂慮，那麼，即使該事件不具有範圍意義上的世界性，祇是一國、一地之事，也當視為公共事件，是公共現象非常重要的組成部份。

　　由此可知，我們所說的公共現象，並非僅祇公共事件，而是由公共事件引發的具有社會全域性和內質性影響的社會現象，或人類現象，它肇之於前導的公共觀念和意識，發生後便開始震盪社會機體和制度、精神體系，致使其轉型、改變，終至形成新的公共狀態。

　　公共現象是構築公共社會的前提，沒有足量的公共現象，公共社會則難以成就。

　　一般情形下，公共現象可由正反兩面貢獻之。其正面者，如網路、各種媒體、國際金融體系、世界貿易體系、國際性的科技專案、國際性的資源配置、人權與憲政體制建構、公共醫療及衛生體系、公共環境保護，等等；其負面者，如網路病毒、駭客、全球性金融危機、貿易保護、大型技術突變、恐怖犯罪、重大自然災害、資源匱乏、環境污染、公共性傳染病及免疫缺乏性疾病、戰爭及專制暴政、饑餓、強權政治、非正當競爭、種族主義、原教旨主義、文明或文化衝突，等等。

　　公共者，前如所言，得具有全球性影響，或具有公共的內質，或影響人類的生存、生活方式，或改變人類的觀念形態，或破壞乃至改變社會結構、社群組合，或打破界域框限、填充同類意識的內涵。若無此等效用，斷不為公共現象。進而，依形式言，公共事件和公共現象大多情形下，屬連續性事件或現象。所謂連續性是說，事件或事項的行進過程很長，甚至是連續不斷地進行著，本身即構成為公共社會的內容。所以，人們對公共事件或公共現象的關注、解決，亦是一無期限的恒久過程，非可一蹴而就。當然，亦有個別性或孤立事件所引發的公共現象，不過，這種現象多發生在負面性事件中，如自然災害之類。

　　公共現象之過程性本身，即意味著公共化過程的連貫性。它表明，公共社會不是突變之事物，而是一漸進漸成的人類志業。

依歷史眼光看，這一志業的初始（如當下）和成熟狀態，是有質地差別的。通常，初始期的許多作法、方式、動機、目的之類，會在過程中異化、揚棄、改變，以致最終所呈出的狀態會大大地出乎初始的意料之外。

過程性之外，公共事件和公共現象亦有連鎖反應的表徵：一事所發，聯綴全社會。以後觀前而論，事件最終所改變者，非祇是該事發生之點、域，而是通貫條達，社會以之出現了結構性或大面域的變化。此表明，公共現象所溶化者，是既有之界域和機體；所弘揚者，是人性共識和同類意識。

近年以來，公共現象已成頻發之勢，全人類為之牽動，為之變化，以下數例可見一斑。

限於能源緊張的時局，亦見於核裂變反應的危害性，當下，正集中38國的部份科學家於法國研究新興的核能源：核聚變。若果有望成功，則不久之後，人類的能源困局和生存安全，當有望解決或緩解。

物理學延至今日，已有擺脫西方傳統的點-子模型的觀念，而趨於模糊認知的大勢，為此，幾十個國家數千名科學家亦聚於瑞士日內瓦郊區，建造了超大能量的強子加速器（LHC），試圖查明物質的起源、暗物質及「第四維」的真實性。

面對器官的殘缺和病變，人們想到了萬能細胞（也稱「幹細胞」<stem cell>），於是，人類便有了一種再生的新希望。

同理，面對各種疾病和殘疾，特別是那些難以或不可治癒的疾病，基因工程應運而生，它最終將改變人類和生物的體質結構，造就全新的人類。

說及疾病，某些傳染性流行病本身亦可成為公共事件。如2003年的SARS、前幾年的禽流感，以及現下正在肆虐的甲型H1N1流感（俗稱豬流感）之類。情態之中，人類共同應對疾病

的願望和行為愈期相近。

很多時候,公共事件會以危機或負面的方式發生,從而引發公共現象。傳染病的例子之外,還有很多他事例。比如2008年的四川汶川地震,它所引發的公共化結果,遠遠超出了人們的想像,它壓迫著政府的公共化和公開化,而且,不祇是政府,它對個人的公共化影響及公共智慧的開啟,也超出了常態。

還如索馬里海盜,它的存在和行為,最終迫使世界作出反應,數國貌似為了自己的利益遠赴印度洋,而實則有了共同打擊海盜的國際合作,以及軍事暴力的國際化。

還如眼下的金融危機和經濟危機,美國人所引發的金融坍塌,在波及了幾乎全世界之後,它的公共化彰顯,已使全人類為之張目,其影響之深遠,非常言可論,它必將對政府的公共化轉型、個人生存的再理解、西方文化的檢討等,提供新的反證資源。

此外,還有如中國這樣社會目下廣普化的貪腐現象,也在新形勢下引發著人們對權力性質和構成的質疑;而前幾年的孫志剛死亡案,則逼迫著政府行為的更張。

至於網路病毒及駭客現象,當然是在以另類的方式告訴我們:人類困境的共同化。

負面或危機性事件易於成為引發公共現象的事由,同理亦知,許多正面或積極行為,亦有可能引發公共現象。如網路化,它導致了知識和資訊的高度、快速共用;如外太空開發,它會定義出生存的再解釋;如奧運會,它鼓舞起了全民參與和國際化意識;而如中國的三峽工程項目之類,亦會從反面激發出公眾及國際社會對環境狀態的關注。

　　由此可知，公共社會是由公共現象推動和肇啟的。此表明，關注公共現象，正確理解公共現象，是建構公共社會的前提。

第 二 章

公共化之開啓

　　人雖然是一個類，但人類開始之時，直至不久之前，還不具有或很少具出公共性，更遑論公共社會。相反，人類是以種群、社群、族群為基礎單元開啟社會和文化歷程的，而社群、族群、種群恰是當下公共社會的天然障隔。

　　狩獵時代是人類基始單元生成和發展的重要時期，氏族、家族是其要。因之，彼時的社群之間，完全處於封閉和對抗狀態。農業文明之後，社群間的絕對對抗性被大大弱化，種群之間、社群之間有交往的需求，於是，社群也開始擴大化，在族群、種群之外，有了地域群現象。相較於族群、種群，地域群有了某種初級的公共特徵。即，人們可以在血親和熟人倫理之外，去建構、追尋社會生活的樣態、方式。祗是，非常不幸的是，這種初級的公共性特徵後來被輕易地扭曲和異化了，其力量主要來之於三個方面。

　　其一，在單一產業方式盛行的地區，例如單一農業社會，強權政治的征服和控制後果，會改變地域社會的初級公共性內質，它以強大的暴力方式和體制構成建構起了貌似公共狀態的社會，而所行之實則為專制獨裁統治。這種社會具有公共社會的某些形式，如廣博的地域，多種族、民族的構合，強大的文官政體，社會化的救濟與平衡方式，等等，祗是，它的核心價值不在社會的公共，而在帝王統治的絕對有效與合法，其參與者非是主體意識塑造的主權者，而是受暴力壓制的臣民。

　　其二，在單一產業方式不足以維繫人們的生存需求，外加種族構成複雜和環境極為開放的地域，生存的巨大壓力會致使人們心性和行為的強盜化，這種廣普化的暴力衝擊，亦足以壓垮任何初級的公共性結構，以致社群構合的種族化及內外二致、主客分離的後果。不過，此類社會中，其內部所演繹出來的理性表達，其實即是後世公共社會的同質元素，而其主體制度的設計，亦有不期的意義和價值。

其三，自猶太教這類現代宗教產生以來，原有的種族、族群等公共社會的阻隔者，又有了新的同盟軍，這便是宗教神和它的載體。此前，一切原始自然神[2]都是族群化的，後來，原神以與東方帝國之征服同樣的方式，解除了原始自然神的武裝，建構了貌似一統的超級精神共同體。祇可惜，這樣的精神共同體祇是強者暴力精神的展現，最終，它照樣受不住強者（即強盜、英雄）自身慾望張力的衝擊，被迫退出了歷史舞臺。當宗教神作為替代者出現在強盜社會之時，它已改變了肇起的由頭：不是強者強勢精神的表述，而是弱勢者的精神祈求。這樣的祈求因為以恐懼、擔憂、敬畏為前提，便具有了極強的信仰邊界，即共同信仰者才有善的對待，而非信仰者便是惡的對象。信仰界域的出現，是人世間首次人為自覺對抗人類公共化的開始。精神邊界的設定，不僅阻止了同類意識能動自覺的可能性，而且還強化了信仰之間的衝突和對抗，根固了意識形態之間的差異。

表面看，基督教與猶太教有很大差異，至少，前者不再以血緣群的存在為前提，而可以是全人類的共同信仰。它們說，祇要你愛上帝，上帝便承認你成為它的子民。這似乎是一可嚮往的人類共同體。然而，有兩點需得明示：一是，這個由弱者而起的精神體系，由於人多勢眾（特別是基督教之後），完全轉變了它原初的存在樣態，強盜的內秉照單全收，暴力和強勢的傳播方式極大地破壞了人類社會的自然結構，有了與農業帝國同態的專制、獨裁本質；二是，這樣的宗教共同體非自然原因成立，其成立的原因完全是主觀設定的，即，你祇有信仰它，它才成立，你不信仰它，它便不存在。或即說，其所依賴者是精神的，而此精神者

2　原始自然神為人類社會最初出現的神靈形態或類型，它具有不分地域、族群的廣普性，且其支配性最為絕對。一些地域和社群一直堅持這種神靈觀念直至當今時代，而那些放棄原始自然神的地域及社群，則有了新興的替代神形態和類型。不過，替代後的神靈不再是同一的。它表明人類神靈觀念和體系的分岔，開始了不同理路的神靈建構及發展歷程，詳見後說。

又是人為設計的，你認同了，不等於我或他亦認同。這便不若宇宙、自然，凡人都會認同之，不因為膚色、種群、性別、年齡、信仰而有不同。此意味著，即便出現了宗教人類共同體，亦會有嚴重的負面後果：它的邊界是無法消除的，它對邊界之外的惡意、惡行也是無法消解的。

　　簡短的敘述表明，此三者都不能直接導出人類的公共性、公共化，某些貌似的表徵，不足以成為論題的進路。要明瞭公共化的由來開啟，必得另尋門道。

　　討論公共化的由來，即討論公共化是由什麼理由、條件開啟導出的。這樣的理由、條件應具備下列性質：它所引發的公共化運動是無限進動的，不終止在某一邊界；它有破除界域的自動衝擊力；它不由人的主觀意志設定，而是源之於人類生存的必然需求。

　　依此性質的條件追尋，這種導出人類公共化的社會原由之初始，要去往文明帶西段的強盜社會[3]中尋找，那裡的一種生存方式包含了人類公共化的胚芽。這種生存方式是，跨越界域的商業交易行為。商業交易行為的動機不是公共化或公共性的，相反，極端的私利衝動才是真正的動機。然而，它的方式和手段卻導出了兩種出乎意外的後果，它們是：理性與跨越界域。

　　理性養育於商業交換的衝撞中：為了自利，必須尊重他人的利益與慾求，於是，利益和慾望之間便出現了妥協、退讓。理性的意義在於，你不是絕對的，所有具體的行為和事件都不是絕對

3　強盜社會是指中緯度文明帶西段社會，在農業文明中期所產生的一種高強度社會混亂狀態。因為農業承載能力的嚴重不足，地理環境沒有保障，以及不停歇的移民與入侵浪潮，致使本地區進入了殺戮、搶劫、暴力，且持續性不可遏止的過程。其中，每個人都為生命、生存搏鬥，生存變成了最嚴重的社會壓力，也是頭等重要的人生事件，至少在2000年左右的時期內，這樣的混亂、無序沒有得到任何救濟，且波及了幾乎整個文明帶西段，是以稱為強盜社會。

的。因為具體的存在、世界沒有絕對，所以，絕對的堅守是不可能的。這意味著，人類社會中的各種邊界、界域是不真實和不可以永恆依憑的。這種致行為者於相對性的自限力量，具有破壞界域的無限衝力。在衝突存在的場境中，這樣的破除界域的衝力可以通行無阻，直至全部界域的消化。而所有的界域最終被理性化除之時，公共性的狀態也就自然顯現出來了。

然而，即便由之強盜社會廣普化的商業交易前提，要成就公共社會，還是異常困難的，或說幾乎不可能。原因是，早期的商業行為有動機的過錯和功能的局限。所謂動機過錯是說，人們簡單地認為，商業本身足以增值財富，而忽略了商業祗是實現財富增值最後一項手段的事實。後人已知，商業是一種積累財富的重要手段，但它是以特定方式將他人、他地域的財富轉移到了另一些人的手中而實現的，並沒有實質性地增值社會財富的總量。所謂功能的局限，則是說，由於它本身並不真實地增值財富，雖然有跨出邊界的能力和意向，可它卻難以建構出人類共同體所要求的生存品質平臺。此二者表明，商業的發生，完全源之於人類的功利需求，也在很大程度上實現了局部社會和少數人的功利目標，然而，即便算上農業、手工業，這樣的產業方式和行為的能力也是非常有限的，故結論恰祗能是：小功利的生存解釋方式或體系。

小功利的生存解釋方式，祗適用於局部社會或低品位的生存狀態，而依邏輯論，公共社會一定是人類全域性和高品位生存的結果。故知，我們還得去尋找人類公共化更直接的開啟緣由。

與小功利生存解釋方式相對應，還有一種可以稱為大功利的生存解釋方式。它是說，功利的意義和能動不由簡單的農業、商業、手工業所主導，或分別決定，而是由集約化、自動化的大工業生產、網路化和專業化的國際貿易、高精尖的科學技術、同時

性和高速的資訊流通、同質化的世界金融格局，及健全的服務行業所共同承載的功利現象。是這種大功利生存解釋方式擴張的結果，引發了人類的公共化運動。

　　大功利生存解釋方式肇起於18世紀英國的產業革命。這一革命的直接後果是，改變了傳統的農業和手工業經濟方式，使工業製造成為主導型的經濟方式。不過，事態的進展並非僅祇如此，它的連鎖反應效應，使之成為了一個長程過程的開端，而這個過程的末端，正是人類社會的公共化。

　　何以產業革命會導出人類社會的公共化呢？這需要一番辨析和解釋。

　　其一，產業革命糾正了傳統生存解釋方式中的認知過錯，解除了商業行為本身足以增值財富的惡性邏輯，使生產增值而非商業增值成為新的人類現象。

　　通過高效生產手段的產業化增值財富，致使了社會化積累的實現，而這，恰好是公共社會賴以生成的經濟基礎。傳統產業方式中，積累可能會因某些特殊原因成為事實，比如政治暴力、商業交易之類，可它們永遠祇能是局部和小範圍的。與之相反，大功利生存解釋方式的一個直接後果即，人類整體意義上的財富積累有可能去實現。雖然，直至今天仍然有巨大的貧富懸殊和極端貧困的現象，然，當今人類財富積累的總量卻是史無前例的。正是由於這樣過量的積累，以至如今世界的產業方式中，管理這些積累的行為本身也成為了產業方式的組成部份，其後果是：資產社會化，資本證券化。

　　其二，生產與產業方式的鏈條化。傳統產業，無論農業還是手工業，都是可即行即止，幾乎無關他人、他業的生產行為。自工業革命以後，此一情形有了本質性的改變，這便是產業的鏈條化。產業鏈條化有二義，一是說，一個狹義產品的生產是由若干

專業化的工序循環連接完成的，即產品是由生產線過程實現的；
二是說，第一產業（自然生長業、採掘業）、第二產業（製造業
或重工業、輕工業）、第三產業（銀行、財政、保險、投資、房
地產等服務，批發、零售、轉售、貿易、運輸、資訊、通訊等服
務，專業、諮詢、法律、個人等服務，旅遊、旅館、餐廳、娛樂
等服務，修理與維護服務，教育與教學，社會福利、行政管理、
員警、安全、防衛等服務，俗稱服務業）構成了鏈條式的產業循
環，共同支撐起大功利生存解釋體系。在此鏈條中，傳統產業不
是消亡，而是以新的方式參與其中，成為這一超級產業鏈的環
節。更重要的是，由於是鏈條結構，任何產業類型不再是孤立和
單一的，它們共同構成鏈條本身，誰也不可或缺。這樣的不可或
缺性，其實已奠定了新社會形態的基礎：生存方式的同型化。

　　其三，生產與產業方式的鏈條化，不僅奠定了人類生存方
式同型化的基礎，更為人的角色化鋪開了路徑。現在，生產不再
是個別或個人性的勞動行為，而必得群體協作、分工才能實現，
每個人祇獲得產品生產者中的部份角色，而非完整角色。這意味
著，生產是集約現象，生產者祇有參與到這種集約活動中才有勞
動的結果。於是，個性、個性化的產品在退隱。生產者的角色
化、部份化及必得參與才能成立諸特徵，改變了人類個體化生
存、宗親化生存，甚或地域化生存、群域生存的傳統樣態，使人
實質性地開啟了類的社會化過程。

　　其四，生產關係、經濟形態的國際化、世界化。大功利生存
解釋方式的要害是功利，它成了人們行為、社會關係，乃至社會
結構、價值觀念、精神信仰的主宰者。在巨大的功利驅動之下，
生產關係和經濟形態的國際化、世界化變成了必然趨勢。發達的
生產線，使跨國公司輕易地成為可能；一當跨國公司普及化，國
際間的經濟關係的關聯化便不可阻擋，快速跟進的銀行及金融、

保險諸業和股票市場之類，會強迫各國經濟的同型化。生產關係和經濟形態的國際化、世界化會產生正負兩面的後果。其正面者，祇要你參與國際貿易、產業和經濟體系，你便可以快速地積累財富，步入高速工業化、功利化的境地，如當下的「金磚四國」；其負面者則是，金融乃至經濟危機的連鎖效應，世界性的多米諾骨牌效應，會讓所有國家成為當事人。

這意味著，工業革命以來的公共化——生產關係和經濟形態的國際化、世界化是其初步——是從兩個方面表達的。這裡，功利是最大的誘餌，它會讓一切有物利感受的人及其由這樣的人組成的群體一併受誘墮入其中，然後眼睜睜地看著自我的慢慢失落，最終成為了公共化的受使者。

其五，社會關係與得失的關聯化、網路化。除卻國家被功利的驅力被動地帶入國際化、世界化的潮流之外，個人及其他類型的群體亦不可倖免。在小功利生存解釋方式中，生產者和消費者的關係既完全分離，又線性對應。所謂分離是說，生產者不消費，消費者不生產；所謂線性關係是說，生產者與消費者通常直接、近距離交往，消費者容易尋找到生產者。而在大功利生存解釋方式中，這樣的分離和線性關係均被破壞了。由於產品的生產和加工通常非是一地一廠完成的，基於專業化分工所需，已使任何一樣產品高度社會化，甚至國際化，結果便是，沒有單純的生產者和消費者。或說，每個人既是生產者，又是消費者，甚至是銷售者。

生產和消費的社會化，完全改變了社會關係的格局，也破壞了人們的物利得失方式和觀念。現在，產品的設計、製造、銷售、使用已聯結為了無所不在的鏈條和網路。這讓我們獲得了兩種印象：依產品的生命流向言，器物和物利是過程化的；依產品的影響結果言，產品和物利是網路化的。

　　所謂過程化是說，一樣產品，先得有原材料的獲取，然後是提煉，然後是設計和加工生產，然後是批發、銷售，然後是使用，最後還有回收利用。這是一高度人為化的過程，幾乎從原材料獲得之時起，大量的科技行為和方式就已介入其中。在這一人為化的過程中，產品的生命流向被高度社會化了。複雜化、多程式及異地化的加工過程，使它不若自然生命現象，有時空的特定，它的孕育、設計、生產、使用幾乎關及了全部或若干產業門類、人眾，也在不同的階段被加入了不同的產業和社會屬性。表面看，是產品承載了不同的產業和社會屬性，而反觀之，實為人的社會性通過產品進入了每個社會單元之中——每個產品中都有無以計及的人性企求和社會化嚮往。這意味著，如同產品一樣，人不祇是此在（專屬時空）的存在，也是過程中的存在。

　　所謂網路化是說，產品的非單一出生，表明它內具了社會性的特徵：產品是不同產業者共同製作的結果，任何一個生產者祇是產品的部份作者，一個產品包容了全部或相當多的社會關係。由此邏輯下延可知，不止是生產者、製作者對產品有得失與共、無法逃逸的關聯，就是消費者，甚或無關的他者現在也被同樣的得失與共、無法逃逸所套限。

　　這樣的社會化、關聯化、網路化、過程化，通常會有兩個不期而至的後果。一是產品質量問題的非線性化，消費者很難認定責任者，除非有制度的強制規定；二是產品生產、銷售及消費使用過程中，是否對環境或第三者造成傷害，亦難直接追責，同樣需要有制度予以規範，否則，人類及自然體系的負面風險會不可救濟。當下法律規則中，無過錯責任原則的重新確定，是其例。

　　如此之類表明，大功利生存解釋體系下的社會關係和物利得失狀態是高度社會化的，它很難依照傳統的個人、個體立場、基點去理解。高度關聯和網路化的關係狀態及得失所在，必然導致

人類的同質化、同型化後果。當所有的人都因著產品而被得失、存續關聯之時，人類的公共化預設基礎也就不期而至了。

其六，人的現代化與人的類社會化改造。現代化是時下很時髦的標籤，與國際化、世界化一起鼓舞著不發達社會人們的奮鬥精神。我們在充分感受著現代化的物利好處時，卻很少去理解現代化的深層意義和前景。其實，在現代化運動中，被改造得最深刻的，不是物，而是人類自我，特別是人的類社會化改造。

自古以來，個人作為社會單元的問題，並沒有被真實釐定。農業社會始，社會單元定格為了家庭、家族，而且，任何單一的農業社會，這樣的定格幾乎恒久不變；有所不同的情形祇發生在了強盜社會。那裡，基於生存競爭的強烈需求，個體被極致化，致使演繹出了英雄和後世的個人主義。依制度和社會構成而論，激劇的利益或生存衝突，迫使那裡求生的家父和商人們最終為自己設計了一個法律稱謂：主體。這一制度有效地解決了局部社會（社群）之內的衝突問題，但並不具有普遍性。因為，那些家父們祇是城邦或生存共同體的締造者，而非普適的人類單元；那些長年行走在文明帶西段國際舞臺上的商人們，也祇是謀利的行為者，他們的人格被他們的商品和行為方式束縛在了局部，所以，亦不具備人類意義上的社會性（簡稱類的社會性）。

產業革命以後，集約化和自動化的生產方式使產品成為社會和公共行為的結果，而高效和高額的生產量又逼使產品必得走向世界或全人類。因為祇有這樣，才會有更高的積累量。於是，我們注意到，隨著產品的擴張和生產方式的傳播，人也隨之開始了它的類的社會性展開。簡單說，即產品和產業方式的世界化，決定了人格的類的社會化。現在，個人成為真實社會單元的基礎出現了。這便是，作為類的組成者，你必得要以類的參照方為真正的人；而祇有成為真正的人，你才是類的組成者。

　　這裡，人格非是自然人格，而是法定人格，亦稱主體。它由理性充斥其內涵。意即，你為了更大的利益放棄了本能、自然意義上的自我，以謀求與對等的他人格者合作。當所有的人格者以同態的方式和心意結合為類共同體時，這種人為社會的公共性亦見昭彰。

　　據上述可知，真正開啟人類公共化的直接緣由，是西方首發的大功利生存解釋方式。在功利主義和感覺真理——即理性——的作用下，人已變成了異化的對象，並由之加速了放棄本能自我、自然自我、特定自我的進程，人的社會化、公共化、同質化、同型化亦得以暢行起來。

第 三 章

公共之物理

　　何以大功利生存解釋方式開啟了人類的公共化歷程呢？其個中的玄機還有待理解。

　　前已言及，大功利生存解釋方式的最大好處，是可以製造出最大效益的利得，而凡人都嚮往著最大利益。這表明，功利的衝動實是開啟的機巧所在。功利，乃物態的外在價值和功能表述，它受之於構成、結構、作用方式，及關聯狀態諸要素。其中，利益的最大化之要者，又取決於行為者（即人）的角色化、同質化和社會的同型化。它是說，如果想滿足利得的慾望，就得被角色化、同質化、同型化，否則就不可能有真正的利得。依常識可知，受之於構成、結構、作用方式、關聯狀態而有的角色化、同質化、同型化解釋，其實是物理性的。即是說，通過角色化、同質化、同型化的物理解釋，可得知公共化的結構性、功能性的必然。

　　功利，雖為生命現象之常態，更為人類之天性，然則，狹義的功利實是特指：以生存功利為核心價值的文化體系或文化現象。若以此為說，反觀人類已然的文化現象和表現，則可知理解問題的路徑和去向。

　　既然文化體系的差異是以核心價值的佔據、擁有為標識的，那我們就得由價值問題出發，去理解文化之因為所以。通常，價值的中心概念是善，而善又是什麼呢？我們一直有很多的爭論。爭論的結果，小則為學說體系的肆溢，大則是文化現象的分致（後者多是由行為及方式而非語言、文字的爭論實現的）。其實，善是文明與文化的本根動力，於此，我們以前理解得並不透徹。

　　要言之，善由兩種主要方式獲得，一是靈感、直覺、頓悟的性智覺獲得；二是經驗、利得的理智選擇。大體上，東西文化的主流所在，約有此差異的顯示。善的獲得方式的差異，可能導致

善的內質的差異。然，泛泛而論，差異的善仍然是善，而正是這樣差異著的善，驅動了各地域、社群文化的進動。考量性智覺和理智選擇這兩種主要的善，我們易於發現，理智選擇所得的善，更具功能和結構意義。正是這種功能、結構意義上的善及其工具化追求，才能讓功利的動機最終異化出了人類角色化、同質化、同型化的結果。

社會的結構、功能樣態，最終導出了人類同質化、同型化的結果，這樣的討論祇能是物理性或社會學意義上的。於是，我們要想討論人類何以要同質化、同型化，其重要一途，便是要理解人類及其社會這樣的物理性和社會構成性。而且，依據已經獲得的歷史結論和地域文化的比較結論，這樣的物理性及社會構成性的討論，我們主要要從西方文化中去尋找。

據此，本章的討論便由兩路展開。

一、社會構成的物理邏輯

西方、東方在常規化的知識見解中，是異質性的概念。不過，脫去常規的限制，我們也許會這樣理解：東方、西方不過是某種實體的兩個側面，它們的同構，才能最終成就該實體的真實。依據剛才所言，如果說，善是由兩種主要方式——性智覺、理智——所獲得的世界的全義，並且從經驗上言，東西方正好各自偏執了其中一種的話，那麼，真正的善就不再是單一東方式的，也不應該是唯獨西方式的，而恰好應是東西文化的合璧。這意味著，對東西文化的理解，不能過於異質化，也應該同構化。基於同構的可能性，我們進而注意到，西方文化的確長於經驗、功利、結構、功能的演繹，且正是這種演繹的邏輯必然性，才使人類及其社會在當下出現了同質化、同型化的趨勢。不過，這種

趨勢的物理和社會構成的學理解釋，可能要從西方文化的源頭處探究。

　　常規知識中的東方與西方，不但是異質化文化體的概念，亦且被定格為了歐洲（後來包括進了北美）與亞洲及北非的對應。這種從希臘、羅馬而來的斥異觀念，其實是相當模糊不清且主觀臆斷的，它除了有利於生存衝突的自我解釋和種族本位之外，很難助益於人類文化同構的合理性解釋。為此，我們得重顯一下東西方的原貌。

　　地球北半球的中緯度地區，在1萬年前的全新世來臨之後，有幸成為了人類農業文明的發源地。幾個主要的文明，如東亞或中國文明、印度文明、伊朗或波斯文明、兩河或美索不達米亞文明、埃及或尼羅河文明、地中海或邁錫尼-克里特文明、瑪雅文明都先後誕生了在中緯度地區，以致人們把這裡稱為中緯度文明帶。祖先們選擇中緯度地區實施農業方式生存的時候，是由生態位元聚集方式決定的，因而也是機會本能和功利本能所決定的。其中，逃避不利環境和選擇有利環境是其因。在這樣的逃避和選擇中，寒冷乾燥的北部地方（北緯40°以北地區）被視為不利於農業生存的地區，當然要放棄；而相反形態的南部地區，不間歇的高溫和多雨所導致的過度濕潤，亦不利於農業生產方式的發育，其中，最致命者，當數繁多的微生物和天然植被的繁茂，這樣的繁多與繁茂，均是農業文明初期的農民們難以致勝的。於是，選擇的結果祇能是溫度適中、乾濕協調、四季分明的中緯度帶。

　　然而，標準的中緯度地區其實並不適合農業文明的發育。原因是，以北緯30°為軸線的中緯度帶正好與大氣環流中的乾旱帶相重疊。赤道地區大量因蒸發、蒸騰而上昇的水汽，到達平流層後，開始向南北方向運動，在地球引力作用下，這些水汽大多以

降水的方式回歸到了地面，以致熱帶地區有了終年不斷的降水。水份丟失以後，北移的空氣變得非常乾燥，當它們抵達北緯30°地區上空之時，遭遇到了由北方南下而來的另一大氣環流的抵制，於是，它們祗好向地面沉降。這些乾燥的空氣給這一地帶帶來的後果是：很少或幾乎沒有降水，從而導致地表土壤嚴重沙漠化、荒漠化。至今，我們所看到的景象是，中緯度地區正好也是地球上最乾旱的地區，幾個主要的沙漠：中國西部的沙漠、印度沙漠、伊朗礫地、阿拉伯沙漠、撒哈拉沙漠、北美沙漠，都集中在了這個地區（祗有中國西部的沙漠和北美西部的沙漠北推到了北緯38°以北地區）。

　　沙漠與乾旱顯然不是農業產業的理想處所，除非有其他條件的加入，足以局部改變中緯度帶的標準地理環境。碰巧，中緯度帶正好同時具足了這樣的改變和補足條件。這樣的條件主要有三種：常規性海洋季風侵入陸地，導致了豐沛的降水；一條大河正好流經沙漠之地，形成了濕潤的河谷或流域平原；一座或若干座高山隆起，沿著山體上昇的暖濕空氣與高空下沉的乾冷空氣相會，可在山體的迎風面形成豐富的降水。這三種條件的出現，改變了中緯度地區乾燥沙漠化的標準樣態，出現了特例。可以說，人類的農業文明剛好是在這樣的特例中生成和演化的。

　　至此，我們便獲得了人類農業文明何以在中緯度帶產生的概要理解，若要進而理解所謂的東西方文明差異，還須得有其他條件的理解。

　　農業文明，是一種土地出產加人力勞作合作、協調的文明形態，故與前於它的狩獵文明完全依賴於自然賜予不同，它有高強度的人力勞動包括在產品中；亦與後於它的工業文明過於突顯人力勞作相異，它又得高度依賴地貌土壤、水分等自然環境。這意味著，農業文明的成功與否，有與地域佔有相關的前提。何以一

些地域最終形成了單一的農業文明體系，而另一些地域則祇能形成複合多維的產業雜合文明體系，便有地域環境的先導因素作用於其中。以下，我們可約略列舉幾例要件。

要件之一，一個文明形態被自然環境保護的狀態，有可能決定該文明的去向。此要件之所以被列舉，原因乃在於，單向單一的農業文明如果希望成為事實，僅靠人力自為的保護和努力是遠遠不夠的，因為源頭期的過分衝擊，會耗散掉任何人力的意願，而祇能隨波逐流。此要件中，要想文明形態保持個性、持續既往，地理環境的阻隔與攔截是必不可少的要件。這種阻隔和攔截是說，地理上的屏障足以停止任何他文明的踏入，從而保持該文明的自為演化。

要件之二，農業是土壤和水份承載的產業，農業同時也被區別為木本農業和草本農業。其中，木本農業並非是可以自給自足的產業，它幾乎從一開始就有對加工、交換的依賴，而草本農業則不然，它的產品足以實現自給自足，即，可以不求人地生存。而規模化的草本農業，實在對土壤條件——它的成份、厚度、面積等——有特殊要求，亦對濕度有偏好。亦即說，能給人們直接衣食之源的草本農業不一定會發生在所有中緯度帶，它很可能祇是其中的特例。

要件之三，一個好的農業區，還要進而分別為自給環境型和外援環境型。設若它是外援環境型的，便意味著它所需的水源，以及建築所需的石料、木材等都得仰賴外界他地區的供給，這樣的供給如果出現中斷，則可能影響該農業文明的品質。

如果我們將此三個要件和前面說及的改變中緯度帶標準地理類型的三個要素聯合起來考慮，便不難發現，中緯度文明帶其實是可以分割和分類的，其遠期後果，便是東西文明、文化體系的差異。

首先，在中緯度文明帶的中部[4]，由於印度板塊撞擊歐亞大陸板塊，致使多座山體在這裡隆起，如喜瑪拉雅山、天山、昆侖山、興都庫什山、阿爾泰山，從而形成了地球上僅有的中亞山結。這個山結的存在，導致了對中緯度文明帶的許多重大影響。

這些影響包括：中亞山結猶如倒切割，客觀上將中緯度文明帶一分為二，形成了東方的東亞或中國文明，西方的伊朗文明、兩河文明、埃及文明、地中海文明，以及處於東西之間的印度文明。我們所說的東西方文化，其標準稱謂應該是：中緯度文明帶東段文化，中緯度文明帶西段文化。東方文明、文化，西方文明、文化是這兩個稱謂的簡稱。

中亞山結的另一大貢獻在於，它的高度和廣博，直接阻止了人們依賴人力和獸力而有的遷徙、入侵行為。其後果是，在人類各文明體形成期，它最大限度地保護了文明帶東段的自為性和個性，使之融合、會通、複雜化。這種兩極化的處置，是最終影響東西文化差異演化的最重要原因之一。

其次，純農業文明，或單一草本農業文明所要求的地理、氣候諸自然環境要素條件有多達40餘項。縱觀地球全境，完全或接近符合這些要素條件的地區，僅有兩處，一是東亞地區，一是北美地區，除此而外，其欠缺或不完善者，比比皆是。就中緯度文明帶而言，東亞或中國文明即正好生成在最優越農業環境的東亞地區，而文明帶西段則不然，包括地處文明帶東西段之間的印度文明在內，各文明體所欠缺的農業要素條件是異常突出的。

在文明帶西段的5個文明中，伊朗或波斯文明屬遊牧文明類型，與農業關係不大，原因是它的地貌狀況為礫石荒漠。

地中海文明為商業-農業-海盜雜合型文明。因為那裡的地貌

---

4 鑒於瑪雅文明對此處討論的意義不大，我們一般不予探究，故所說中緯度文明帶主要指歐亞非地區，是以說為中部。

條件非常不利於草本農業的發展，生長於山岩間、石縫中的木本作物，不足以滿足人們的日常生活需求，於是，在海洋交通便利條件的幫助下，人們先是發展起了補助性的商業交易方式，但很快，更有力的產業方式加入其中，從而改變了本地區生存的原狀性。這種稍後加入的方式便是海盜搶劫。

兩河及埃及文明幾乎是人類最早的農業文明，然它們都是沙漠中的文明，對水的饑渴一直是徹骨的隱患。除了對外援水的依賴以外，單純的農業產業本身是難以越出河谷及河間平原的，從長遠看，這限制了單一農業文明的擴張能量，致使它無法成為本地域的主宰力量。

印度文明地處文明帶東西段之間，它亦是最早的農業區之一。然而，這裡的跨度讓它有了乾-濕兩極化的地理特徵，過濕的東部、東南部和過旱的西部、西北部一直在撕扯著這裡的人們，真可謂是水深火熱。

至此，我們已注意到，文明帶東段和西段除了被中亞山結自然分割為二之外，地理條件、要素方面的差異也至為明顯。大體上可說，西段的5個文明體之間基本上沒有天然屏障，相互之間的移動、進入，即使在人力、獸力的條件下也異常容易。其結果是，它們各自的獨立性、個性較不易保持。而且，這樣的開放狀態在農業文明的中前期，基本上都是以暴力形式來表達的。如果我們再加入考慮人種和種族構成的複雜因素[5]，就更容易理解文明帶西段文化形成期、發展期的駁雜、混亂、暴虐、驚恐。至少，至農業文明中期（約始於距今6000年前），該地域所有的文明體

5 文明帶西段的種族構成異常複雜，超出常人想像。首先是亞種層面的雜交，形成了預設的種群集團，爾後，種族層面的雜交多得難以數及，以致形成了多達幾千個種族或族群的格局。其中，有數以百計的種族或族群已先後在歷史的暴力浪潮中淘汰出局，成為了歷史的記憶，而現存的種族或族群，基本上已無有原狀基因傳遞的事實（即原生族群），它們基本上是雜交後衍生的次生、次次生族群。這種現象對文化和制度的傳承有著體質性的影響。

幾乎無有例外地被捲入了從此不再停歇的衝突、紛爭、搏擊、獵殺、戰爭之中，結果是成就了地地道道的強盜社會。

現在，強盜社會是我們理解問題的起點。

強盜社會形成的基本原由已約略如上，歸結之即：

地理環境具有極好的開放性，獨立的文明體難以被自然環境保持；

草本農業發育不充分或勢力過小，不足以成為本地域居主導地位的產業方式，以至人們的生存得依賴若干他產業方式；

種族和人種構成極為複雜，任何單一血親群體均不足以成為本地域主宰性的社會力量，相反，種族毀滅、滅絕或雜交新生，是社會構成的常態，於是，種族文化的承傳在這裡多半是非分之想，或有個例特出，亦通常會變態表達。

由於農業供給不支，族群隔閡天然，地理保護又不能，結果是致使生存方式的暴力化演化。這種暴力化傾向的遠因可究之於狩獵時代的狩獵行為，而近由則是生存的壓力過於重大，人們必得以死相向。

社會的強盜化，使生存狀態本來就不良的文明帶西段雪上加霜，更加不可理喻。原本不充分的生存資源現在又要承擔暴力的浪費和消耗，於是，此地的生存狀態更加惡化，進入了惡性循環的怪圈。在巨大的生存壓力之下，人們原生態的觀念和精神依賴連帶著他們的社群結構、制度安排一併被反復改組、重設，從而引發了持續性、不可逆的人造文化運動。

在這諸多的改組、重設、人為過程中，有兩種觀念意識具有基設意義。它們是生存觀念的重置和責任意識的收縮。

自狩獵時代以來，人們生存觀念始終是與自然本身相和諧合一的：自然付出，適時適量取之。可以說，至農業文明中期始，這樣的觀念即使在文明帶西段地區，亦無多大變數。而農業

文明中期以後，這樣的純樸想法在那裡須得讓位於另外的觀念：生存是競爭、是搏殺、是掠奪、是死亡、是戰爭、是政治、是奴役。毫無疑問，開始於農業文明中期的遷徙、入侵運動，是全部事態變化的直接原因。可以說，在不改變生存功利解釋方式的前提下，這是一場沒有終點的強盜化運動，以至於當我們要以歷史的眼光去評價它時，祇能用「混亂過渡期」去定位前期兩千餘年的歷史，而其後，雖說冠名為「古典時代」，但並非說，戰爭、搏殺等強盜現象已沒有了，祇是因為歷史內涵中的主導者有了救濟、建構之類的文化建樹，是以稱定為「古典時代」。同理，依據這樣的評價，我們亦得把農業文明中期以前的歷史稱名為「前古典時代」[6]。

　　生存觀念的變異，終至形成了西方文化中特定的功利思維和文化。它的基本意義在於，功利的核心是生存，為了生存，人、文化、社群樣態均得便利於最可能生存原則。而最可能的後果則是，人的工具化、角色化。因為利益是由工具決定的。於是，制度、結構、精神依賴諸般文化現象均有了工具化、角色化、同型化的必然。在這樣的變形中，價值原則，特別是終級或本根性的價值原則會被扭曲以致失落，而代之以盛興不衰的是功利原則、工具原則，及其他變續而至的次等原則，如理性原則、公平正義原則、自由原則、主體原則之類。

6　有關文明帶西段的歷史分期問題，我的意見如下：最近一萬年以來，首先經歷的是一個相對安寧的時期，也是農業文明的生成和發展前期，時間約5000年左右，可稱為前古典時代（前9000至前4000年）；其後，進入農業文明中期，卻也是強盜社會開始的時代，時間約2000餘年，當稱為混亂過渡期（前4000至前1500年左右）；至距今3500年前後的時代，文明帶西段開始出現針對混亂無序狀態而有的救濟、拯救方式，其要者便是制度與宗教文化的出現，故稱為古典時代（前1500年前後至1500年左右）；最近500年可視為現時代；2000年以後，應為後現代。這裡需得提示的是，古典時代並非沒有暴力、戰爭，可說與混亂過渡期相比有過之而無不及，祇是從前1500年以後，這裡所出現的救濟現象，足以讓人給予新的稱謂。

　　同義於生存觀念的扭變，責任意識的放棄和收縮同樣具有文化預設的意義。其基本理路是，強大的生存重負，逼迫人民得收縮原狀性的責任意識，或說，原狀性的沒有邊界的責任意識，現在必須要有清晰的邊界設定，人們祇對邊界內的行為和訴求負責任，對邊界外的訴求一律可置諸無視或不存在，否則，不但責任不能，恐怕連自己的生存也不能。這便是文明帶西段在混亂過渡期開始出現的責任收縮現象。

　　為了生存，人們祇得讓責任及於自己或充其量所在的家庭，此外的他者就祇有放任了。責任收縮即是責任邊界的出現，而此邊界的出現，將關涉或預設著道德倫理的演化。

　　首先，邊界即意味著切斷了自我（包括血親家庭）與他者的天然關聯關係，從而出現了內外的二致：對內的善與對外的惡。善惡二致性的倫理邏輯從此會限制人們的行為和文化樣態。

　　其次，這樣的切斷，會使「自我」變成世界的一切：世界失落、「自我」膨脹。進而，「自我」與他者成了敵對、競爭者，衝突由是有了主觀意志的基礎：對他者的獵殺、奴役的心理坦然——無關的他者、物。

　　再次，因邊界而出現的斷裂，不僅影響了人類內部的善惡狀態，亦會潛移默化於人與自然世界的關係，結果是，自然世界亦被切割、外在化。這一切割的結果是，「自我」的孤立、漂出、絕對化。而更為嚴重的是，在斷裂自然世界的表象之下，在把自然當作掠奪對象、財富資源、客體對象，當作外物的情形下，人們實已同時性地斷裂了自然本根。於是，一種斷裂了自然本根綴繫的、以「自我」為中心，以功利為價值目的的人為文化，開始演繹了。失去了自然本根綴繫的文化，定然是一種「異在化」的無根文化。

　　如果說，東方社會因為生存狀況優裕，而有了與自然和諧或
順應、順從的生存觀念——尤其在中國文明形態中，生存已然演
化為了一種可稱之為「生活」的樣態——並因此進而影響著東方
人的責任意識，使之易於產生或培養無限責任意識，終至與本根
倫理相會不二，是為其文化生成、演繹的預設和基礎，那麼，逆
理可知，文明帶西段以生存為核心的功利觀念和責任倫理收縮後
所生成的有限責任意識，亦是其文化生成、演繹的預設和基礎。
可以說，無論廣義的西方文化，還是狹義的西方文化，都是這種
生存觀念和責任意識不斷演化和延伸的結果。並且，它們率先奠
定了文明帶西段強盜社會的精神預設。

　　強盜社會，是說，其人群的生存不是由勞動的投入和產出的
線性關係決定，而是由暴力的掠奪、搏擊、獵殺、奴役所決定。
亦即是說，決定生存的方式由之功利，但功利主要不由勞動所決
定，而是由之於暴力。正因為暴力在生存方式中有決定性的意
義，所以，暴力對文化的生成和發展便有了重大的影響。

　　對文明帶西段地域言，強盜社會有中心區域、臨近區域、過
渡區域和關聯區域的差別。這種差別是由暴力表達的程度來決定
的。大體言，兩河地區可視為中心區域。說為中心區，一是它受
暴力干擾的時間較早，二是它亦正好處在了文明帶西段的中心部
位，三是它最早發展起了農業，是本地域較富足的地區。地中海
周邊地區可視為一個副中心區或鄰近區域。而埃及和波斯則是兩
個重要的鄰近區域。印度當視為關聯區域，故有其特殊性，後面
我們會予以特定評說。

　　這樣一些差別，以及生活於其中的各群體所具有的體質差
別、行為能力差別諸因素的相互作用，結果是強盜社會內部出現
了不同態的文化現象。這表明，我們不能用一種眼光去看待或觀
察強盜社會的文化形態。

　　首先，從中辨析的文化可說為強者文化和弱者文化。

　　所謂強者文化，是指那些成功了的族群集團所生成和演繹的文化。而成功則是說，他們在相當大的地域空間和相當長的時期中，實現了對他者的征服、奴役、佔有。這裡，族群集團是否足夠強勢，地域面積是否足夠廣大，控制的時間是否足夠長，以及是否進行了體系化的文化構造，是十分重要的評判標準。依據這些標準可知，希臘文化是典型的強者文化。

　　肇起於西元前11世紀或更早一些時候的多麗斯人（傳說為希臘第一英雄赫拉克勒斯的後代）的入侵，成功地替換了早期的邁錫尼-克里特文明，並開始了希臘文化的建構歷程。依前所述，文明帶西段的生存功利是由暴力決定的，在暴力者看來，暴力是由力能所主宰的。所以，這個文化的前提便是力能主義。進而，力能的主要承載者是父或家父（包括父中的特出者英雄），父即意味著衝動、搏擊、獵殺、佔有、控制。因此，父（英雄）在強者文化中佔有十分重要的地位和價值意義。這種高揚力能主義和父/英雄主宰的文化，其最早表達者，無疑是希臘的原神[7]體系。烏洛諾斯、克洛諾斯、宙斯的神位傳遞，宙斯的力能叫囂，英雄赫拉

7　本書所使用的神是廣義的，它既指狹義的位格神，也指非位格的本體神和有意志而無位格的自然神。即，以神為總稱謂，然後根據首碼修飾來指稱各不同類型的神。大體言，東西方對神的理解和把握有很大差別，並且還有時代的差別，下表即是這些差別的表達。

時代及時間流向	東　　方	西　　方	
	自然本根		
30000年以來	原始自然神		
前3000～前6世紀	自然神		
		原神	
前1600～近代	義理自然神	宗教神	理性義理神
現代	自我中心主義		
後現代	混元本根		

克勒斯、忒修斯、阿基琉斯，等等，無不是這種力能主義和父/英雄主宰文化的強勢表達，尤其是對外或他者的表達。

所謂弱者文化，是指那些在慘烈的強盜搏擊、獵殺中處於劣勢的族群所演繹的文化。一般言，文明帶西段地域中，有難以計數的種族都先後在這樣的搏擊、衝撞、獵殺中消弭匿跡了，如蘇美爾人、巴比倫人、亞述人、赫梯人之類，然而，仍然有一些族群具有極其頑強的生命力，歷經萬難千劫後生存下來，並製造出了可以適合於弱者群體生存的文化體系。其最早出亦且最典型者，當數希伯萊文化。

弱者文化同樣是暴力生存方式演繹的結果。與強者文化有所不同的祗是，在暴力與搏擊中，那些敗落的群體由於力能的劣勢，使之成為了失落者、弱者。而在暴力橫行、無處不獵殺的強盜社會環境中，弱者無法不充滿恐懼、顫慄。恐懼的生存是異常艱難和不幸的。因為他們的原始自然神早已被巨大的強盜洪流摧毀殆盡，原來所依賴的原神體系業已崩塌，而生存的恐懼又無時不魘影相隨。為了告慰，為了拯救，他們得乞求，得虔敬，得尋找信仰和拯救的超距權威和力量，得把希望寄託在不可知的他者那裡。於是，他們從原神體系中找出了一位親近者耶和華，重新製造了一代新的神論體系，這便是宗教神的緣起。

現在，無論是強者文化，還是弱者文化，都製造出了各自的文化材料和結構部件。如強者文化中的自由、主體、個體、理性之類，弱者文化中的異在性、外部化、締造、神我兩在、精神專斷、拯救、信仰之類。正是這些材料和構件最終共同承載起了西方文化。

大要言，強者文化與弱者文化雖有生成的區別，然其所共者更多，主要如：依暴力大勢所生成的文化，無根的文化，人為或人力鋪張的文化，接續兩河前緣而來的文化。正是這些共同的東

西才促成了它們的最終融合，並支撐起了西方文化的主要體系。

至於說到完整或後來的西方文化，我們不應祇理解兩希文化即止。由於沒有終極的強者，力能主義和英雄文化終將會失落，原神體系照樣會崩潰坍塌，而其送終者恰是英雄們自己。強盜社會的劇烈氛圍和英雄的心性，由不得他們無法不舉起反神祛魅的大旗，直至讓宙斯們壽終正寢。一當他們完成了這樣壯烈的歷史使命，他們的末路也即期而至。無論願意與否，兩希文化的融合是必然之勢，這便是希臘化時代的來臨。可知，完整的西方文化，應當包括：前於兩希文化的兩河文化、希伯萊文化、希臘-羅馬文化、希臘化文化、基督教文化、阿拉伯文化、現代西方文化，以及與它有關聯或相近的早期埃及文化、波斯文化。其中，依據施賓格勒的主張[8]，希臘化文化、基督教文化、伊斯蘭文化為「假晶現象」文化。現代西方文化是最狹義的西方文化，或說是文明帶西段文化的當下極致。

依內涵質地論，廣義的西方文化是由四個領域構合而成的[9]。它們是：主體構成性的法律體系或制度文明，點-子結構的物理學或自然哲學，道德理性主義哲學，宗教神論體系。不過，這裡不適合討論這四個領域或體系的方方面面，我們將另尋他途來完成這一工作，這裡要做的是要從源頭處說明，西方文化何以從物理上成就了人類同質化、同型化的趨勢，故得簡便從事。

若得理解人類何以要同質化、同型化的物理原因，得充分關注西方文化源頭期三個非常重要的社會文化事項。它們是：「自我」與世界的斷裂、生存功利主義、父文化。

8　參見[德]奧斯特・瓦爾德・施賓格勒《西方的沒落・第一卷・形式與現實・第六章》，中譯本，上海，上海三聯書店，2006年

9　有關西方文化四個領域的概要描述，參見拙作：《文化與憲政》，第86至94頁，臺北，臺灣元照出版有限公司，2008年；《法哲學要論》第五講第三節，臺北，臺灣元照出版有限公司，2008年。

　　依前所述，文明帶西段地域在混亂過渡期，即農業文明中期斷裂了「自我」與世界的關係，從此，文化的生成與演化便與自然本根失綴，於是得以生成失根的，或無根的人為文化。這一預設影響至巨，無論猶太人創建的宗教文化，還是希臘人構築的道德理性主義哲學，均不例外，一斷於無根的人力造作。外部化、異在性是此兩者之所共。有所不同的祇在於，作為弱者求生存的猶太文化，乞求精神他化、神化，使沒有依歸的精神人格人為地綴繫到了設定的上帝那裡；而希臘人則在原神信仰崩潰之後，在強者心性的驅使下，開啟了人為精神淵源設定的遊戲，自為設定了人類自己的精神源頭：理念，以此，人為世界即可獲得解說，從而構造了道德理性主義體系。

　　本質上講，柏拉圖的「理念」或「相」的學說，與摩西的教義是異曲同工的，他們均是在不知自然本根為何物的前提下，以人力去設定了一個疑似本原的東西，所謂「上帝耶和華」與「相或理念」。這樣的設定是與世界本身異在的，它為了解決人類的生存困境而說，然所說卻反而強化了世界的衝突和複雜化。此乃是異在化、外在化的必然所致。結果是，理性的絕對性和上帝的絕對性都不會久長，反會淪為相對真理，成為後世反神祛魅的對象。這意味著，人為真理永遠祇能是相對真理，它源之於理智的設定，而不若自然本根，為性智覺所悟，是內部化的終極。

　　故知，從神或上帝（它們也是人為設定的）那裡獲得斷根失綴後的全部說法，與人類自己設定源頭從而給出說法，雖有重大的形式甚或內涵質地的差異，可其意義、功能是同一的，即都是關於「自我」外在於世界、外在於本根，或外部化、異在性的解說，其結果是必致二元世界或多元世界的無序解釋，是必然導致衝突、對抗的解釋。所以，西方文化本質上是對抗、衝突的文化。在這種文化的蔭福之下，人與人、群與群、人與自然、彼

與此、我與他，均充滿著或祇能是對抗、競爭、奴役、紛爭、佔有。可說，這樣的觀念構成為精神體系的主流，亦生成為社會結構的內質之要，若非理性、信仰和制度文明的救濟，其後果當然不堪設想。

斷根文化的生成，除卻精神方面、社群結構和人們的行為意義等有重大的扭變效應外，亦從根本上改觀了人們之於世界構成和功能價值的理解。其要者，便是希臘時代點-子世界構成模型的生成。世界的基元是什麼？東方文化給出的是混元的理解和判斷，而西方則是清晰可辨的點或子的單元，世界即是點或子的構合或疊加。於是，點或子變成了理解世界的始點。表面看，這似乎祇是一個關於世界結構的看法問題，而實則其意義極為深長。

首先，外部化斷裂已使「自我」與世界分割；而其次，失去了與「自我」關聯的外部世界依邏輯祇能是他者；復次，他者與「自我」沒有倫理關係，祇是徒然存在之物，即世界的物化；最後，物於「自我」祇有佔有、使用、控制的意義，而非同一。世界被物化，連同他人，這便解除了「自我」佔有物之慾望的最後制限，從而鼓動起了祇要效益最大化，什麼方式、手段均可使用之的慾求。結果是什麼呢？本為溝通、會通人與自然關係的物理探求，卻被扭曲為了功利主義的工具科學，物和知識、智慧均被工具化。

物理即是為了解決「使物用於物」的問題。所謂「使物用於物」意義有二：一是使物有用；二是使物作用於物。物之世界，即慾望橫流的世界。

與「自我」斷裂自然本根、斷裂世界相關聯，生存功利主義對西方文化的演化有驅動之功。強盜社會所形成的生存的困厄、重壓，必致該地域生存成為壓倒一切的大事，積久而下，滿足生存的方式和價值觀念亦漸行而成了文化現象。這一文化的要

津在於，「自我」之外，均是物，均是財富。此外，如何獲得更多的物和更多的財富成了價值主流。這樣的如何之中，物的工具化和標準化，甚至人的工具化、角色化就是必然之事。何以會有工具化的嚮往呢？這是因為物的表面邏輯在於：祇有充分的工具化和標準化，才能效益最大化。工具化包括，製造盡可能的物性工具，細化行為方式和過程中的參與角色，演繹工具化的邏輯方法。於是，知識邏輯化、人角色化、對象標準化就成了必然之勢。

父文化或父慾情結，是構成西方文化的第三個重要基元。父，其源可追至狩獵時代血親群的統治者，至農業文明時代，這一角色的功能和價值本已削弱。如在前古典時代，或農業文明前期，聚居之農業社會已基本上無有對外搏殺的需求，這導致了父的職能的弱化和降解。在某些單一農業區，如果繼續沿著單一路線發展出了農業帝國，那麼，父的職能最終會減降到最低：家長而已。然而，這樣的情形不適合強盜社會。那裡，如前所言，在農業文明中期，重新開始了比狩獵時代更為慘烈的生存搏殺與衝突運動，於是，本已大為降減了的父的角色，重新有機會發揮作用。正是在這樣特殊的背景下，父變成了西方衝突文化的重要承載者，亦成了後來許多文化和體制結構的端點。

父有對內、對外的雙重意義。對外，它意味著衝動、驅力、佔有、暴力、控制、強盜生存的依賴，所以，他們是促成或生成西方強盜社會的元兇。他們破壞秩序、屠殺生命、敗壞道德、製造爭端、分裂世界、踐踏價值。其中的優秀者復被冠以英雄的稱謂。對內，他們是家的統治者，專屬人格的所有者和責任者。可以說，強盜社會和強盜文化正是父們的驅力所造就的社會化成果，故對西方文化有重要意義。晚至基督教時代，父慾情結仍然堂而皇之地登堂入室，成了宗教教義的話語，所謂聖父、主父，等等。

　　然而，父慾的絕對不等於父的絕對，在強盜社會的狀態中，在每個父都是強盜的情形下，父的相對化是必然之勢。而此，恰是任何一個父所不情願看到的。

　　父的「自我」化，並不等於就能解決生存問題，強大的外部壓力常常會使個體化的父趨於毀滅。為此，一些有血親關聯關係的父為經驗所驅使，選擇了同根族群的聯合方案，以求共同面對強大的生存重壓。這樣的聯合也許是無奈的，但它卻是一種很好的選擇，結果是人類歷史上出現了一種新的生存方式：生存共同體。

　　生存共同體即家父共同體，亦即城邦。城邦，是文明帶西段強盜社會的特產，它是強大的生存重壓所致的結果。它的出現對西方文化、社會構成、人生理解有相當重要的意義。

　　首先，它是以家父為中心的「自我」切斷其與世界的關聯之後，逆向建構社會格局的開端，至少從社會結構意義上削弱了切割的絕對化，可理解為斷裂的反向運動。

　　其次，自然人的角色化。家父，是自然狀態的個體或「自我」，而如今，家父得組成共同體城邦，它便不能完全自然狀態或原狀進入，因為，這樣的原狀集合，會致使共同體無法成立──每個完全原狀的「自我」祗能衝突相向。於是，所有加入共同體的「自我」均得被修正，還得依某種人為制訂的標準修正。這一修正的結果，是使原狀態的「自我」，獲得了一個新的稱謂：主體。主體，即主張之體、主意之體、自我之體，或說是一種由制度設計出來的特權者的稱謂。與它相對應，其外部世界，無論是人還是物，一律為物，是佔有、使用、奴役的對象。這種思路和設計，一是最大限度地保障了切斷自然本根之後「自我」的特性，使之對外可以為所欲為；二是確立了共同體內部家父之間的平權、平等關係，為共同體內部的同意、同志預設了基礎。

　　復次，它是西方制度文明的開始。由上言可知，已然切斷了與世界倫理責任的「自我」（父）之間，不可能建構出無限責任與親和關係的共同體，這樣的聯合祇能是有限責任，即祇關及生存的聯合，而非生命內質的聯合。為此，需要有制度的設計，以便匡限「自我」、共同體，否則，這樣的共同體決然難以為繼。現在，經制度的定義，「自我」、共同體均獲得了新的稱謂和意義：主體是城邦的組成者，故是共同體成立的原因；同理延伸，共同體成立的目的是為了主體們的意志，故主體亦即城邦的目的；這樣的構成與關係鏈條不能憑空存在，須得有制度為之張目，是為城邦法律和憲法；而憲法和法律非城邦本身的意志，實乃主體的合意；結論可知，主體由此成為了全部城邦事項的原因。這種由之主體，又反過來規定主體行為和城邦事務，並最終維護主體的特權和利益的制度形態，可稱之為「主體構成性法律體系」。

　　最後，主體和城邦制開啟了某種人類社會結構的物理化過程。這種社會結構是人為化的，可它卻在不經意之中，也連帶開啟了人之同型化、角色化、同質化歷程。對共同體言，主體實意味著自然人的角色化和個性的修正，這是追求生存利得所必然付出的代價。問題是，這樣的邏輯不會中止於城邦，而是會演繹到更大的社會結構之中，乃至人類全體。何以會如此呢？因契約和民主方式而構成的社會必須是平權、平等、非精英和非權威的社會，這極不類同於單向單一征服而成立的專制社會。在這樣的社會中，「自我」的慾望一定會被理性所修飾、限制，否則，任何利益都將付諸闕如。為此，這樣的理性在這樣的人為社會之中，會起到很好的工具和標準作用，它會以制度、觀念、意識形態諸多方式斧削任何自然態的個性和本能，最終祇允許同型化、同質化的角色存活。於是，社會範圍越廣、構成成員越多、社會需求

的福利越大，自然人的角色化就越徹底。以至今日，我們所看到的社會構成者，已很少說及老人、兒童、婦女、男人，而是律師、工程師、公務員、會計師、納稅人、學生、教師……。所有這些現代社會的專屬角色，都是經過幾乎相同的教育、培養和考試之後的同型化、同質化產品，它們全部肇之於文明帶西段社會的一個源發性角色：主體。由此可知，今日人類的同質化、同型化、角色化並非突如其來，它的物理原因可直追古典時代早期的兩河流域和稍晚的希臘社會。

社會成員的角色化、同型化、同質化，極有利於社會的構成體態和秩序，更有利於社會的管理和高效率，所以，長期以來受到了人類的追捧，特別是大功利生存解釋體系成立以來，這樣的趨勢愈益明顯、發達。而正是這樣結構性的同質化、同型化和角色化，才迫使人類快步進入了公共社會的境地，至少可以將人的構成意義的同質化、同型化、角色化，理解為人之公共化的開始。

這裡，我們順便看到了一個人類經驗行為和歷史邏輯之間的悖論現象。本來，在混亂過渡期，文明帶西段的人們為了生存，奮力切斷了「自我」與世界及自然本根的關聯關係，以求「自我」絕對化，而且，最早所探求的制度體系和精神觀念，亦無不是極力有利於這種「自我」的存續和福利，如主體制度的設計實為特權者的保護的動機之類，然而，歷史的意志卻不以為意，它在相對地滿足了人們的特權訴求之後，重裝凸顯的不再是「自我」的利得、福祉，而是「自我」的角色化、同質化、同型化改造。也許，這樣的滿足，可以提供「自我」者行為的動力，然，動過之後，最終被消解掉的不是世界，不是自然本根，而是人為劃斷的「自我」。何其詭譎哉！

二、西方文化中的社會理論與學說[10]

　　西方文化中，受制於自我中心和功利主義觀念的驅使，一直不乏與自我及功利逆向的考量，或以自我和功利為基礎的社會理論的設計。這樣的考量與設計幾乎主宰了西方文化的主流，可以說，但凡與人相關的思想學說，無不最終有了社會理論的關聯。大體上，這種理解亦與西方文化的運動邏輯——即斷裂自然本根後，人的單一與封閉化，致使自我與功利的膨脹，結果不是自我的絕對，反是自我的同質化、同型化——相一致：在無法扼止人的同質化、同型化的物理驅力面前，社會理論也祗能勉力而為，盡可能地給出自我和功利以更適當的解說。

　　要約言，我們可以把已有的思想學說歸為六大類，它們是：

　　因人域自我而有的公共關係學說，它包括柏拉圖的道德共同體，亞里斯多德的理性共同體，湯瑪斯‧阿奎那的共利學說，蒲魯東的無政府主義及克魯泡特金的互助論，哈貝馬斯的交往或溝通理性理論；

　　因個體自我而有的社群學說，包括洛克、霍布斯、盧梭等人的社會契約論，格老秀斯的自然法及合法政府論；

　　因個體自我而有的正義學說，包括羅馬法的各得其所說，康德的人是目的說，羅爾斯的差別正義說；

　　因個體自我而有的權利學說，包括洛克的私有財產說，德沃金的原則權利說，以及可以勉強劃入此類的因自我而有的快樂主義學說，如伊壁鳩魯的自由意志論；

　　因人域自我而有的哲學思考，包括柏拉圖的理念說，阿奎那的善本質說，笛卡爾的我思故我在，康德的純粹理性學說，黑格

10　本節所論，屬概要性綜述，祗是對各人的主要著作作出要點說明，除不完整外，也一概不引用原文，故未按規範指明出處。特此說明。

爾的絕對精神學說，海德格爾的存在主義；

因功利而有的公共關係學說，包括密爾的功利主義，馬克思的共產主義理論。

以上諸說，依西方文化言，其差異性不難明顯，我無意關注於此，亦無能鋪陳展開，一一予以綜述評說。此處所以涉及諸家學說，實在是因為這些學說、思想幾乎有著共同的前提和基礎，這便是已提及的自我與功利，而且，很多時候自我與功利是難捨難分的一體之二面：有自我就必有功利，而功利之所意者，即是自我的訴求所在。思想學說所以產生的共同基礎是自我與功利，更重要的是這些思想、學說之主觀動機與其邏輯思路的結果之間，構成了逆向關係。依常情言，絕大多數西方思想家均有論證自我之合理性與功利之正當性的動機，有所意外的是，這種合理性與正當性之論證的結果，大多暗含或明示了非自我的可能性，以致社會化、社會合作及其社會的公平、正義之類，獲得了不期然的論證。其極端者有如海德格爾的存在主義哲學，這種以自我為出發點，以自我為存在之唯一而否定世界其他之在、之價值、之意義的學說，卻必須要以過程、時間為此在（自我）之有效性和價值的承載，結果依然使自我消失在了過程和時間的流向中。

這樣的理論演繹很難強說為不以人的意志為轉移的必然性，可隱約之中，我們仍能感覺到某些驅動的必然性，可是思想家們的所思所覺有著文化場景和精神慣性的挾制，難以有透析的超越和深刻，不能從自我與功利的假象中直指公共社會的前景。所謂文化場景和精神慣性之意，是指西方文化慣性所行的結構解釋和功能理解之為。這就不難看到，幾乎全部思想和學理的說法，一仍是社會和人的物理之解，其中，祇有極少的人，如柏拉圖、黑格爾等人稍有例外，多出了某些類似於智覺的描寫。這樣的物理化的解說，常能剔透於當場、當下，所以對人事和社會場景的條

分理析實是明快、合理，所不足者，多在於穿透力不及，未能破除表象、假象、現象之帷幕，挑出人事、自然所共之綱領，不覺之中，常會出現當下的迷失。

當然，與其社會、歷史之演繹的邏輯進動一樣，短暫的觀察和解說亦有重要的思想和文化資源意義及價值。於是，我們在清理了西方之功利必然性所致人的同質化、同型化的物理邏輯之後，也有必要對其思想資源作出簡約的清理，看看他們各自所說之理論中隱藏了什麼樣的同質元素，以及這種同質性的驅力所在，以明來事之可能性。既是簡約的清理，當然祇能是簡略從事，擇其要者羅列之，餘者便不顧及了。

我們先來看主要的哲學思考。

西方之哲學，亦如前言，是西方文化整體地斷裂了自然本根之後以人力構築的精神體系，其目的是為了給人為之人——它的界域、它的世界、它的封閉狀態、它的窩裡掙扎、它的佔有分配的狹隘、它的慾望與追求、它的精神依賴——提供各種行為和存在之可能性的說法。由於最大的前提和背景依賴——自然本根——已然斷裂，人域成為漂泊的世界，所以，全部精神化的說法和關於背景的解說多為現場性、當下性、境遇性及功利性、工具性之語，而其核心所在，便是人人自明的自我。在哲學被迫遷就現場、境遇、功利、工具、自我之必需時，它的本根之向便無法獲得生長的環境和空間，所謂形而上或本體之說，由於沒有了本根為據，便祇能轉而求證於相關的抽象概念和範疇。這樣，哲學的下堂之行就是勢所必然了。當哲學不幸下堂之後，沒有了本原內質的智慧體型，為了能夠吆喝其他更為具體的學科及知識現象，便祇能在概念、語言、文字、邏輯及其工具性的知識上玩弄智力遊戲，以虛張聲勢。於是，哲學的工具化、概念化、語言化和語言之抽象與思辨之為就依勢成立。問題是，工具性的把戲本

非哲學所當為，其奪他人所愛之嫌無法躲閃，且這樣的遊戲玩法是無有其體質內質的虛招，難免黔驢技窮，一朝無計可施，定會破綻暴露，玩無可玩。事實恰恰是，20世紀之時，美國人羅蒂終於忍不住宣佈了哲學「新衣」子虛烏有的事實。

問題還不止如此。當哲學拋棄自然本根，不知其所以之時，終極——存在的終極、信仰的終極、精神背景的終極——問題並非不存在，祗是哲學無暇顧及，丟失了它，結果這個終極便要被他人收拾。其收拾者，無出於宗教。宗教者，本非智慧之住所，它所力求者在於迷信和信仰，故以虛構上帝為說，讓不明就裡的善男信女們（多為弱者人群）可以此獲得心靈的告慰和安撫。問題是，當終極被哲學所丟失、遺棄之後，它祗能就便且無奈進入宗教之門，將貫通本根、體用不二、天人合一的性智覺悟歪曲、變通為與上帝的合一。於是，借此拾遺之便，宗教便將本是為了滿足弱者們信仰和安慰的製造物上帝，改換門庭，說為了世界的創造者、支配者、善的終極者和全能之實在者。上帝的人為性不言自明，以此人為之物去統治和支配世界，其解說的不能性當然不待多言。所以，在虛化的哲學死亡之前，宗教及上帝已先期殞命，自是必然之事。

還有，實在的本體、本根、本原論題及同一不二的智慧錯入他門，不祗是讓哲學虛化，被迫鳩占鵲巢，更是讓原本絕望社會中的弱者人群的迷信之說獲得了超大的發展空間，裹著迷信、締造、支配、完善諸多不倫不類的雜說，居然坐大成形，一統整個西方社會，甚至將原本獨立思考著的強者人群中的智者們關於自然世界之構成、質素、本源的諸多自然哲學學說，淹沒於無聞，甚是迫人深思。其中，人為編造和信仰的驅力著實不能小覷。不過，既是人為之功，且上帝又為外在之製造者、善者、支配者，這就必然不免解說的不可能。所以，宗教諸說，終是不能成大

事，予人類以解說的真實、完整，故隨著上帝的遠去，真實的世界、人事復又還原回來，依舊要作現實的物理解說之為。

以事實言，絕大多數西方的哲學體系、學理均不涉及性智覺的內涵，即不涉及自然本根之是、之為、之所以、之所然，以及人類化除自我、解脫形殘，與本根同化、同流、同一不二之終極意義和價值，它們更願意滿足於自然、社會、人的物理性理解，並以之建構學說。[11]有所例外者若柏拉圖、黑格爾者，在西方的確算是異數，至少可以這樣表達，他們算是將某種同一不二的形式予以了表達和推演。正是這種形式特定的推演，使柏拉圖、黑格爾的社會學說有了不同於他人的特別處。

柏拉圖首先假定了一個理念（或善的相）世界——這是一個西方哲學文化中的最高概念，通常被視為本體或形而上之終極者，而其實，以東方哲學觀之，它祇算相當於世界第二界的稱謂：相或存——這是一個絕對真理的世界，此外還有一個物質的世界，物質世界直接與理念世界相對立、對抗。如果祇有這兩個世界，或許不會有什麼可說之事，問題出在這兩個世界居然結合了，這就產生了第三個世界：靈魂和人的世界。靈魂作為理念世界的代理者不幸掉進了物質世界之中，其結合物便是人。這種結合，導致了理念世界的不完整，因而也給人提出了所當為的責任

11　西方哲學中，稍微與東方哲學接近者被稱為實在（體）論。這種知識關注最初基的、最根本的存在物，亦即實體，認為其他一切事物都依賴於它，或作為其屬性，或作為它們間的一種關係。該知識由亞里斯多德所定義，他說，祇有實體才能經歷變化而保持自我同一性，所有其他事物都是實體的偶然屬性，祇是作為實體的某一面向、性質、實體間的關係或種類而存在。後世，這一實體被定義為上帝。觀察表明，西方的實在（體）論經亞里斯多德之手，已有走向範疇討論的物理趨向，它的確有近於東方哲學關於體的論證之處，祇是這一論證的走向是範疇、概念的物理現象與思辨，不若東方哲學，放棄了物理的思辨而進入了化解自我、消弭差異、同一不二、即體即用的本然（性智）境界。故知，東西哲學的根本差異實在是本然、物理（其另說即性智與理性）的差異。至於其他西方哲學，則更進入了言辭的思辨與遊戲之域，無法在此予以辯論。

和使命：以智慧之為去掙脫物質的禁錮，使靈魂能返還理念世界。其中，哲學的責任在於，教導人們放棄物質囚禁，用智慧之光照亮靈魂的返回之路，以使靈魂與理念重新同一不二。為了回應其體系理論的真實性，柏拉圖設計了一個社會的標準圖畫：理想國。即，他試圖用哲學王的道德理性去引領人類回歸理念的真實，使每個個體成為擁有平衡的心理條件的同質者。通過哲學發現理性或道德原則，通過理性訓練每個人的素質，通過理性改造每個人的食色之慾，通過理性使每個人放棄自私自利，通過整合靈魂的各種要素，使個人成為正義的人、善的人。

柏拉圖的問題應該是出在，由於他沒有真正本體、本原、本根的把握，以致其學說的源起處便有了二元論的分裂，這種分裂的必然後果讓他心驚肉跳、難以安慰，所以，他決心消除這種分裂的後果，斬斷惡果的鏈條。於是，他試圖借助理念的外化——道德原則、理性——去消弭物理和慾望的惡作，使人成為理性同質之人，進而，在人人同質的前提下，人類的共同正義和道德共同體便可成為事實，亦即距理念世界不遠了。

柏拉圖之後，我們祇能提及的人物，便是黑格爾了。他認為，哲學的主旨是「絕對精神」（人的所有表達和評價的無條件預設），是對「整體」的理解，而自然和人事是這整體的部份。可知，理論上，他與柏拉圖相同：理念（相）=絕對精神，均是一種滿足思維價值的無條件預設。

進而他認為，在人類社會中，「共同主體」而非「個人主體」更能達至自我認知，從而完成「絕對精神」的實現。即「絕對精神」在此處可以表述為：人類努力認知自己的絕對完成，或指某種超越人類之上的力量在人類事務中的實現，或指無限上帝的完全表現。這裡，「共同主體」成為了人事世界的核心所在。即是說，人是集體的、類型化的。不過，現實中的人大多被諸如

精神與肉體、自由與決定論、唯心論與唯物論、普遍與特殊、國家與個人、上帝與人類這類完全不相容的東西所分裂，以致失去了認知絕對精神的能力，所以，要通過集體的自我教育，使上述這些未展開的、各種對立的、片面的觀點，得以協調，最後可統一於絕對精神之中。這種協調的過程，便是人類自身作為主體不斷發展和獲得更多自我意識的過程，人類的歷史亦是這一過程的展開。具體方式是：質量互變、對立統一、否定之否定、揚棄與提昇。

　　以此可知，在黑格爾哲學中，人是類型化的，而其內質便是這「絕對精神」，所以，無論現狀中的人是何種德性和狀況，經過集體的自我教育之後，邏輯的方法和過程一定能將差異著的人們送還至「絕對精神」的境地。因此，本質上講，人是同質的。問題在於，黑格爾的「集體自我教育」之集體，被他解釋為了種族、民族、國家的特定，於是，暴力、專斷、專制之類的國家內涵，不幸之中也被視為了當然，這便讓人輕易的聯想到了希特勒帝國與他的邏輯之間的必然關係，結果，20世紀以後，在個人自由，人權民主的潮流之下，黑格爾被視為了當代西方文化、社會運動的反面典型，受到了無情的批判。

　　柏拉圖與黑格爾的思路相似性已非常的明顯。當然，黑格爾之於「絕對精神」之預設有更為深層的解釋，更透徹的表達了西方哲學的概念思辨能力，所以其《精神現象學》被奉為了思辨哲學的經典。同時，他之於「絕對精神」之演繹和展開及過程的討論也登峰造極，這便又使他的《邏輯學》獲得了前所未有的聲譽，並因此成為了辯證法的宗師。還有，黑格爾或許應該比柏拉圖更加堅定，他沒有從「絕對精神」和人類同質化、人類的自身後退，無論對錯、是非，一意堅守，而柏拉圖則放下了《理想國》，回歸了《法律篇》，這也是應當批判的。

　　放下柏拉圖、黑格爾，我們再來看一看異類的哲學思考。

　　湯瑪斯・阿奎那是一位宗教哲學家，他的貢獻是，他融並了基督教信仰（還包括柏拉圖關於理念的論證）和亞里斯多德的理性之善的學說，營造了一個宗教哲學體系。在《神學大全》和《駁異教大全》中，他首先從五條路徑論證（俗稱「五路論證」）了上帝的存在，這便是第一動者論證、第一原因論證、必然性論證、等級原因論證、睿智指引論證。這些論證認定，上帝是最完美和終極，是無因之因，是造物者，本不為人所知，但人可以通過從效果到原因的推論中證明上帝的存在與唯一。這樣，上帝首次在西方文化中獲得了完備學理知識化的論證，成為了知識和信仰意義上的絕對。這是他給予基督教，亦即西方文化的最重要貢獻。

　　接下來，他的學說轉向了存在和人類。這裡，他幾乎接受了亞里斯多德的學說並為之張目。他斷定存在與本質的構成是萬物的本源，人的靈魂是獨一無二的存在形成，充分地與物質結合在一起，構成為人的本性。以此看，存在似乎是完全獨立的，與上帝本身無有任何關聯，但阿奎那進而做出了這樣的解釋，他說，由於存在是授造物，所以，所有的存在，包括任何低等的植物，都有嚮往上帝的傾向，或說是對上帝自然的愛，有所不同的祇在於，人作為高等級的存在，它有理智認知的能力，這種能力以「有」為認知對象，此有非具體之有，而是萬物之所以有之有，或說是去掉了所有個性之後的「共相」之有。故知，「共相」是理智的產物，也因此是實在的，認知「有」，就是認識事物的本質。基於此，他認為，認識事物本質的知識是哲學和其他科學的知識，它們所共同依賴的便是人的理性。與之相對應，還有一種超自然的知識，它不由理性獲得，而祇能依賴神啟。這兩種知識的方法不同，卻均根源於同一上帝、同一永恆真理。

　　超自然的恩典和知識能夠完善和提高我們的自然能力，而認識上帝本身便是真正的幸福。既然人的本性是傾向於善，所以，分享上帝的至善乃是人幸福的根本。這樣，在價值和目的上，終於看到了存在，特別是人的存在與上帝統一的結論，也完成了理智知識（即哲學）與信仰知識的統一。

　　根據上述上帝、善、幸福、現狀、理智、存在、共相諸方面的論證，阿奎那證明了存在的同質化，依循這種善的同質，人類的生活樣態和行為方式的最高形式衹能是「共利」。他及他的追隨者認為，凡是能促進共同體每個成員的發達（flourishing）的制度，即為共利。真正的共利，乃是一個充滿人類共同體所需要的有利之事物——即，促進該共同體之正義的人所追求的所有目標，同樣也為所有分享這些正義制度的人獲得圓滿發展的共有資源。在這一共利思想中，善或人性的完滿被設置為了最高的目標。所以他們堅持認為，一切有利的事物均可以看作是有待追求的目標，在取得之後也是成全人性的一項資源。亦即說，對人類言，共通人性的真正圓滿，乃是最大的共利，亦即最大的善。

　　阿奎那的哲學是以信仰為前提設計的，與前此的所有神學家及基督教哲學家不同，他賦予了神學完整的知識體系和邏輯建構，從而使神學走出了迷信的低俗，成為了與哲學分庭抗禮（而阿奎那自認為包括哲學在內的所有科學均是神學的婢女）的知識體系，這是功不可沒的。此外，他算是成功的整合了信仰與理性的同構，使神的絕對與理性價值同一起來，為人的同質化及共利前景出示了藍圖，實在也是前所未有的功德。這些便是後世他能一而再，再而三的被文化與哲學思潮所追隨的根本原因。

　　下面，我們得離開阿奎那，看一下非神前提下的人域哲學的建構。

　　笛卡爾不是真正意義上的哲學家，但他卻對一種哲學思潮有開創之功，這便是他所提出的著名命題：我思故我在。此中之「我」，當非個體之我，而是人類之我。他用「思」與「在」的因果關係，劃斷了人域與他域的關聯性，以此，哲學便步入了更為狹義的人域之境，而不若柏拉圖之流，還有人域之外的「理念」界為之後援、背景。所以說，人域的完全孤立化、己域化、封閉化，便開端於這句「我思故我在」。此命題的真實意義在於，人域之外是否為在，不是我們所要關心的問題，我們的智慧、知識祇是關於人域自我的建構。

　　我在的結果是由我思所決定的，那麼，思是什麼呢？我們可以在康德那裡找到答案。

　　康德也預設了一個背景或有限條件：純粹（先驗）理性。何謂純粹理性呢？它是針對「思辨理性」而言的。大意是說，人類所有知識祇能是限於時、空現象而有的知識，因而也是形式的和分析綜合的——所謂綜合是指感覺知識的綜合，所謂分析是對知識基礎和經驗條件的分析——知識（可見，這裡的先驗之意並非指先於人類，而是超越具體經驗）；任何超出時、空現象或直觀理解、感覺的知識，都是不確定的，可以棄之不顧，充其量，我們祇能為這些不能確定的對象，如實體、原因、交互性之類的時空內容建立原理或圖式，而不能證明其本身，所以，純粹理性也是批判的知識——批判那些超出經驗範圍的理論和主張；這種理性的直觀性、先驗性、綜合判斷性、批判性，使它可以毫無矛盾地定義最終的實在——理性的存在者。此表明，所謂純粹理性是指：超越各種經驗之上的理性，超越於各種具體理性之上的理性，為經驗提供基礎和超越結構之上的理性，概念的理性。

　　不過，這還祇是康德學說的一半或一個理路，它由《純粹理性批判》完成，其意祇在批判前此的思辨的形上學，以及掃清他

後續學說的障礙，他的用意在其學說的另一半，同時也是另一條理路。

這個理論認為，上帝之類的實在雖然無法證明，卻可以之為實踐理性或道德原則的根據，據此可以建立起實踐理性的原理和圖式。即是說，上帝之必需，實乃是為了道德的必需。於是，通過認可神聖意志的前提，康德找到了實踐理性成立和必然作為的邏輯論證。如同認識論中有感覺和理智的區分一樣，康德認為，倫理學中也有慾望和道德理性的區別；也如同「直觀理解力」是人類認知的本性，並足以解決感覺和理智的區分一樣，「神聖意志」乃是人類的道德本性所在，所以，具有神聖意志的存在者總是做應該做的事情。在這裡，神聖意志的存在者即認識論中的理性的存在者。一般情形下，神聖意志本身無有理性與慾望的區分，亦不會有責任與義務的概念，祇有當理性與慾望處於對立時，責任與義務的概念才會派上用場，所以，證明和發現道德理性的基本原則便是必然的。這樣的發現和證明使我們成為了理性的存在者。一個理性的行為者本身就是目的，其價值不取決於外在的物質目的。

康德認為，因為我們具有先天的綜合判斷能力，使我們必定把自身看作是理性世界的一部份，即我們最終不是由自然法則，而是由理性法則來決定的存在者，所以，我們不僅自由地決定我們的行為，而且我們也接受純粹的實踐理性的決定。對人類言，慾望與道德理性（還有肉體與精神）的對立是連續的，因此，道德生活是一場連續的鬥爭，道德以法律的形式出現在過失者面前，要求為了自身的目的而服從法律。不過，這種法律的要求並不來自價值異己的權威，而是道德主體作為他自身的理性意志。因為人類有先天綜合判斷或純粹理性的同質性，所以，不同的理性存在者可以透過共同律而形成整體的和諧，即尊重和履行一切

理性存在者的自由。由此，康德指明了不同形式的義務與責任。公正的義務：在行為中尊重他人的的義務，或不損害理性行為者尊嚴的義務，這也叫嚴格義務；完美義務：要求一個具體行動必須完整的履行，如信守合同的義務；不完美的義務：如完善自我的義務、幫助他人的義務；讚賞的義務：欣賞和讚美他人、感謝他人的義務，等等。這一論證由《實踐理性的批判》完成。

在實踐理性之中，康德所作的論證引出了兩個方面的後果，一是有關法律性質和道德自律同自由意志之關係的同一。他認為，我們可以自由地決定我們自己的作為，但這種自由是有前提的，即我們具有並事實上也能表達理性意志，在這種理性意志的支配下，我們所要做的，便是確定類似環境中的一切任何人都可以同樣作為的，或說，不論你做什麼，都應該使你的意志所遵循的準則同時能夠成為一條普遍的法律，而遵循這樣的法律並由此自律，便是一個理性存在者的本質所在。

第二個後果是，尊重和履行一切理性存在者的自由，或不損害理性行為者的尊嚴的義務，是道德理性的公正義務或嚴格義務，這便實質性的導出了每個人的作為人（理性存在者）的基本權利的概念：人權。對政治和法律言，道德理性的意志即人權。由此，人權獲得哲學學理的論證。經過推演，如下結論須自動成立：一切違反人權的作為、規則，均應視為不道德和非理性的。

經由康德學說所引發的人權思潮，最終演化為了現代的個人主義、自由主義、自我中心主義及現代性運動，那是後話，且與康德的本意相去甚多，故不作理論。這裡必得明確的是，康德脫離了二元論的形而上思路，切斷了人域自我與他域的任何關聯性，將柏拉圖之類的理念世界丟失、剔除，直面人域自我，以知識或認知的能力屬性及其成果理性作為論證的緣啟，並進而構築了一個絕對的人域知識和解釋體系，把人類自我拔高到了最高

的境地,使之成為真理的標杆。如此作為,的確展現了人類中心主義之大氣與磅礡,其與自然本根——至少在知識和真理意義上——的斷裂之至,恐是無以復加的了。有所欠缺的是,當需要法律、道德之類的規則為之維繫、救濟之時,人類的理性權威便有捉襟見肘的窘態,不得已之下,康德祗好在其第二批判之中,將已在第一批判中放逐了的上帝重新請了回來,充當道德理性之合法性、權威性的終極根據。故知,康德的確是人世之中最勇敢的哲學家、思想家,至少讓人類過了把自視其最高的癮。

無論如何,康德也算是用心良苦,他為了人類的共同正義、共同前途,「為了奠定人類利益及其力量的基礎」,設計了「純粹理性」,使人類因此而同質、同性,實在是不可多得。

順著人域自我而有的哲學思考還有一例,得稍予理解。這便是海德格爾的存在哲學或存在主義。

海德格爾聲稱要研究「存在的問題」,結果卻與前他的哲學家們相反,他並不把存在視為實體,而是要理解存在的意義,或是理解存在物為何要以某種特定的方式逐步向我們顯示為可理解的?這使他的研究路徑轉向了,結果是他的問題中出現了一個非常特殊的角色:分析對事物有某種預先理解的存在者。於是,所謂存在就變成了理解的存在者的存在,這個存在者即是人,也叫「此在」。這樣一個看似輕易的轉向及其結論,讓海德格爾成為了人域自我論證哲學中的一員大將。他說反對主客二分,主張超越這種關係,而其實,他並不是用本根、本體、本原去混同主客的二分,而是以人對存在的理解和其能力去掩蓋客觀世界的全部,僅留下此在的理解,從而使理解成為了全部,此在代替了存在,人隱去了世界。

在海德格爾看來,人並沒有預先給定的本質,作為自我詮釋的存在,恰恰是在其活動的生活過程中創造了自己的存在的,

這種創造和理解表現在日常作為中，以此開啟了一個「光亮之處」，而此「光亮」的展開，便是歷史、意義。對沒有本質的存在言，因為其「光亮」的展開所展現的運動、變化、歷史性，具有三個主要的「存在特徵」。

一是，「此在」發現自己被「拋入」了一個不由自己選擇的世界中，這個世界是陌生、無關聯的異鄉世界；二是，「此在」作為嚮往者在這個世界上活動，總是早就對自己的生活採取了某種立場，即我們活動的生命中不斷實現的可能性，構成了一個人的自我；三是，此在是言說，即我們總是在說明那些我們關心專注的當前情境中呈現的存在物。這三個特徵表明，我們通過我們的所作所為，構成了我們自我——已在世界之中，先於自身之前和關切事物。

由於此在是由具體的日常性的現象所構成並具有意義，所以，其意義是過程性的，也是由整個實用關係中的關聯關係及實用用途所構成的。這說明，時間和社群具有決定存在（此在）的價值。這意味著，一個人對生命整體負有責任，此在的「本真性」也祇有置身於社會「命運」共有的遺產中，才有可能性。

海德格爾的存在哲學雖為人域自我的論證，卻完全不同於康德，他沒有任何預設的理性作為人的同質性前提，而祇注意「日常現象」和理解本身，是這「日常」與理解的雜合，才使此在成為存在（理解的存在者），並以之視為世界的全部，這就導致了存在是此在。亦即說，此在祇有同型化，而無同質性。不過，定義完了此在之後，海德格爾關於存在的意義和價值的討論卻有轉向，他並沒有深究這「理解」本身，從中探究其形而上的可能性，而是認為，所謂存在的意義和價值，應當到時間和整體中去尋找，祇有時間和整體才能賦予存在以意義和價值，所以，他以《存在與時間》作為其體系的標題。這意味著，人的同質並非由

什麼本質為之承擔，而祇是因為人是一個類和它有時間的延伸，故可說之為同型者。

另一方面，他堅持人是「被拋入」到這個世界中來的，這又引發了很多問題。一是，被拋入，那麼其拋入者是誰？他沒有回答，但疑問卻一直存在著；二是，這個世界是被拋入者（此在）的異鄉，所以，此在的孤獨、恐懼在所難免，特別在技術社會，技術的強大衝擊力更加重了物質的異己、異化力量，使這樣的恐懼、孤獨感更加嚴重，以致後於他的薩特索性將此在完全虛無化了，成了悲涼的化身。如此之類，正好說明了一個更宏大的文化邏輯的終結，那就是，西方的斷根文化經過二元論、人域化、自我中心論、理性依憑說，而終結於存在主義。所謂存在主義即人類自我中心主義或人域自我解說的極端化。

理解了西方哲學有關人域自我的思考後，我們得轉入觀察並簡略理解同樣基於人域自我的前提而有的公共學說。

這類學說中，人們的理解能力是其同質的要素，也是人之所以為人的構成要件，因此，人們必然因理性而趨向社群的公共和諧。概念化的理性能力同質是外觀，其具體論證、解說的理路卻有著差異，以下我們略說幾例。柏拉圖有道德共同體之說，前面已有涉及，就不贅述。按時間順序，首先要說及的是亞里斯多德的理性共同體。

亞里斯多德實在不應作為哲學家出現在人類思辨的殿堂中，他祇是一位聰明、睿智、清晰的科學理論學者和理性的道德學者。在《形上學》中，他倒是將「形上學」稱為「第一哲學」或「智慧」，可這個第一哲學的主旨乃在於，「對最可認知者的原因和原理加以研究的理論科學」。這一限定中有幾個關鍵字值得分析。一是「可認知者」，有可認知者，就有不可認知者，而哲學恰好是對不可認知者的覺悟和把握，以求會通與融貫，其知非

是理智之知，而是性智之知。逆理亦知，理智的知非哲學之知，其認知者非哲學之對象。二是「原因和原理的研究」，世界之原因說，乃一統而籠之的含混說法，精確者，當說原和因的分別，哲學所當究者，是世界之原，而非因；因之研究者即次級的科學（自然科學、社會科學）。至於原理之說，那更不是哲學所思。或即說，性智會原，理智究因。三是「理論科學」，將第一哲學指名為科學，其意已明，餘者不待多言。以此故知，亞氏之所謂哲學，無非是一理性理論的科學，與他科學所別者，祇在這理論性上。

　　既然如此，我們便不能從哲學的角度去看待亞里斯多德，他祇能有科學研究或理智思考的境界和視角。在他的《尼各馬可倫理學》和《政治學》中，我們獲得了以下觀點。亞氏率先標明，「人們不是為了知道什麼是德性，而是為了成善」。基於此命題，他繼續說，人們在決定事情時，存在著選擇和行動，而成善，正是一個人借著成為一個好的選擇者、做事者而為的。其中，正確的方式選擇和從事行動比關於選擇和從事正確的行動更重要。請注意，亞氏的所謂善，非是本根之善，而是場景和事項之善。基於此，他把人分為意志薄弱者和意志堅定者（前者也稱為道德上軟弱的行為者，後者也稱為道德上堅定的行為者），對薄弱者言，常常是想從事不同於他知道他所應該做的事情，而且在行為時順從反對其較好判斷的慾望；而堅定者則是，他能夠遵循較好的判斷來行為。其結果是，前者判斷和慾望處於不和諧的狀態，而後者則使慾望和判斷達成了共識。這樣，堅定者的選擇和行動可免於衝突和痛苦，而薄弱者則無可避免地伴隨著衝突與痛苦。從原因分析，亞氏認為，堅定者之和諧的根源，乃因為靈魂中主宰選擇和行動的部份有使慾望和正確判斷相一致的傾向，這是一種穩固的特質，獲得它等於獲得了德性。

　　往下，他進而認為，選擇和行為的目的是人間的善，亦即活的更好。不過，為更好生活所必需的實踐智慧，涉及到擅長用最好的方式去達成目的的理智德性，而目的則是道德德性。這便意味著兩種德性的結合，良好的結合，即是真正的善。比如，人之善的目的其實就是幸福，而幸福不是空洞的，祗有在財富、環境作為幸福的工具之時，財富之類的價值才能顯現出來。為此，他結論說，人類的幸福即是符合理性的活動。由此亦知，理性的善即人的同質所在。

　　離開《倫理學》，進入《政治學》，我們發現，城邦這種自然實體有著與人相同的理智德性和道德德性。即城邦也以幸福為目的——公民擁有完整和自足的生活；而提供共同防禦和促進貿易之為，祗有在成為了城邦幸福的工具之時，才有價值。這樣，城邦便離開了生存共同體、經濟共同體、政治共同體，而進入了理性共同體的境地。同樣，亞里斯多德的善，也變成了理性的善、工具的善、場境的善、正義的善、幸福的善、效能的善。可見，因為人的同質，所以可以追求人類共同的善。

　　這一類型中，第二要提到的人是蒲魯東和克魯特泡金。

　　蒲魯東的學說通常被標籤為無政府主義，其實他所反對的祗是暴力化的國家，而非一切管理機構。通過《什麼是財產？》一書，他對其先驅戈德溫等人的思想作出發揮，反對以革命和暴力強制的方式去解決工人階級的平等問題，主張實行一種互助制度和以自我管理為基礎的世界聯合體。其後，著名的俄國思想家克魯特泡金更是在蒲魯東的基礎上，發展出了《互助論》。在該書中，他反對達爾文的自然淘汰和適者生存說，認為人類的存活靠的是彼此的相互協助。以此為基礎，他演繹了一種社會進化論。他說，互助是生物和人類的本能，是人類社會不斷進化的主要原因，互助規律是社會發展的基本規律，任何特權都與互助規律相

背離，因此，他反對一切國家，反對一切暴力，人類祇能通過實現互助的本能才能獲得充分的自由。為此，個體之間應當聯合起來，結成各種團體，來替代國家。他還認為，互助、正義、自我犧牲是道德的三要素，堅持「無平等即無正義，無正義即無道德」的平等原則。此外，他還有一種無政府共產主義主張。

　　無政府主義者的學說一度被認為是理想主義的主張，不切實際而被放逐，甚至遭受批判，依今天的情景論，事態似乎已有所不同。18～20世紀的年代，恰逢人類階級鬥爭、政治對抗、政治化劇烈興盛的時期，尤其在剛步入大功利生存解釋體系和方式，人類之大功利初開之際，工人階級的功利失落狀態和感覺，無疑成為了它與資產階級直接、強勁對抗的主要原因，並導致兩大階級衝突的世界化。在這樣的環境下，無政府諸說，當然就祇能歸入理想與空想之列。而今，階級鬥爭已成為過去，人類的共利與同質化日漸演為事實，這便有了去政治化的需求，公權力漸次凸顯其職能化、專門化、非政治化的管理功能，於是，超國家的國際組織出現和政府機構的職能轉型便不期而至。這種情態正好是彼時無政府主義學說的理想所在。

　　這一類型中的第三個典型是哈貝馬斯的溝通或交往理論。

　　哈貝馬斯是法蘭克福學派第三階段的主要旗手，為了應對人的工具化恐慌（現代性），他將人類社會區分為生活世界和系統兩個領域。所謂生活世界是指，文化的再產生、社會的整合性和社會化相統一的世界；而系統則是指現實社會的經濟、政治體制。本來，生活世界和系統是完美配合的，不幸的是，隨著晚期資本主義的貨幣化和官僚化過程的強力滲透，人類的生活世界，即文化的再生產、社會一體化和個性社會化的統一被攪亂了，被殖民化了，這便出現了現代性危機和病症。究其原因，哈氏認為，此乃目的合理性所支配的過度膨脹的官僚化和貪得無厭的市

場，致使了人之自由的喪失和意義的喪失。也鑒於此，他進而主張，必須調整系統和生活世界的關係，使系統重新定位於生活世界的自我復興。此處，他提出了救濟方案：既然現代性的症狀表現為系統對生活世界的顛覆，那麼，現代性的希望應是從目的合理性向交往合理性過渡。在他看來，他的良方「交往（或溝通）合理性」可以使系統和生活世界實現平衡，進入真正的集體主義社會。

交往合理性表明，人們擺脫了種種社會壓抑與控制，進行自由的交往與對話，從而建立起和諧、團結、友好的人際關係，使個性得到回復與發展，並最終使生活世界和系統走向合理化。以此可以看出，交往合理性理論，首先表明它是理性——與目的合理性不同的理性；其次，它是個體（即主體）主義的理性，非主體不為交往合理性。故知，所謂社會的和諧、團結、友好，僅為有交往合理性的意願和能力的個體主體之目的，非為自然或存在之必然性。這一特定，明示了哈氏理論的動機和境界：歐洲資本主義社會及其現代性危機——首先或主要表現為文化危機、文化荒蕪——的己域救濟。其招數依然從於由人的物理性而有的理性之徑，其範圍乃人域，其承載即主體，其目的是希望以人的主體性去改觀人變成了工具、角色、木偶的恐懼，而其不可解套的死邏輯則在於，主體恰是人之工具化、角色化的開端和不可逆的大勢所在，若想以此作怪之怪去驅為怪之然，其不能可知也。不過，作為物理化解釋的極致者，哈氏的理論確有備一時之需的解說性，故為一說。他的其他相關理論包括相互性原則、商談倫理學、公共領域諸說。

第三個主要的類型是因個體自我而有的社群學說。這一類型中的主要理論是社會契約論。大要言，社會契約論者認為，自我的合群意向是人類的同質條件，也是社群存在的前提。

　　洛克、霍布斯、盧梭通常被視為社會契約論的主要代表。

　　社會契約論的基點是把個體（人）作為了社會——國家、政府、法律——存在的原因和理由。即政治社會是個人協商的產物，而不應是外在強加。除了個人作為原因外，此理論中還隱藏了一個目的的設定：個人亦是政府、國家、法律存在的目的。故知，社會契約論是典型的主體因果循環邏輯圓學說。作為一種理論，它祇有充分地倫理化，即進行倫理的修飾、包裝才能成其然。對此，無論霍布斯，還是康德都做了不同理路的工作。所謂倫理化，即關於價值和合理、正當、善的論證。在這樣的論證中，個人被設定為了社會構成的單元，單元的絕對性決定了單元意志的正當性，無論個人的慾望和愛好的最大化，還是個人是目的的論證，均是為了支援單元意志正當性的途徑與方法，通過此種種途徑與方法的論證，說明了單元意志的正當性，從而使原因的論證成立，並倫理化、價值化，而其實，仍不過是自我中心主義理路的表達。當然，在所有這類論證中，單元意志的理性化是必不可少的構成要件，否則，其價值會自相殘殺。

　　通常以為，社會契約論有反社群主義傾向，其實，它們亦有社群價值內含其中，祇是作為客觀後果和手段而已。

　　這一類型中，應該還要提及格老秀斯的自然法學說。

　　格老秀斯的主要著作是《戰爭與和平法》，身為近代自然法和國際法的奠基人，他對自然法作出了如下斷定：人類的天性是既競爭又社交、和平。由此天性或自然法的前提，可推導出以下結論：1、因為每個人都擁有權利，所以權利本身會規限人們自由追求自身目標的邊界；2、合法政府產生於人們為了拯救或改善其生活而放棄的某些權利之時；3、即使上帝不存在了，自然法仍將約束人們，並為政府能正當地制定法律設立基準。在此，格氏因狹義的自然性，即人性本身的張力解決了三個主要的社會問

題：權利的相對性、合法政府的基礎、正當法律的基設。所謂相對性權利是說，因為競爭又社交，便意味著權利及其保護的正義性，同時也因之成為了不完備的權利。這種相對性正是合法政府成立、正當法律設定的前提：調節不完備與保護正義。這種功能是理性的，所以權利便是相對的，社會因此而穩定、有秩序。格老秀斯不是哲學家，他卻用人性的自邏輯設定了自然法新體系，可謂之為一種新的社會理論。

第四類需要予以提及的是，因個體自我而有的正義學說。在這一類學說中，人類的同質性乃在於正義原則的正當性。故人雖以個體為存在形式，卻可因正義而有社會結構的合理秩序。

這一類型中，最有道德合理性的正義學說當是康德的「人是目的」的命題。他的真實意思是說，人本身是先於社會事件的合理與正義，所以，人的權利即是正義本身。康德學說已見前述，不待多言。之外，我們還能想見羅馬法關於正義的定義：正義即是各得其所，或各得其所應得。這裡的「各」，便是個體自我，每個自我的所「得」，應當是「其所」，或「其所應」的得，正義因此而設定。此處「所」之義，便是法律中的「應當」。可知，在狹義的佔有與分配的前提之下，應當之得，即為正義之所在。可說為是一種極為原始而又簡潔的正義觀。

簡單之後的複雜解釋應考之於羅爾斯，他的學說號稱「差別正義」說。其正義原則是指，人們從一公平的境況出發都將同意接受的那些原則。這些原則決定一個社會的政治憲政、經濟體系、財產規則的公正性。由此公平協議而成立的境況是一原初境況，它祇接受公平式的正義，其公正性由兩個原則決定：第一是基本原則，第二是差別原則。基本原則是指，某些自由是基本的，它平等地給予每個人，如良心自由、思想自由、結社自由、政治自由及平等、個人自由及完整、維繫法治的自由。這些自由

是人們運用兩種道德能力所必需的，這兩種道德能力是：有理性——對自己之好惡有能力保持一合理的構想；有公正感——能夠瞭解、應用公正的要求，並有能力出於公正而行為。這樣，個人可成為自由及責任的主體，可以成立其自由平等的道德人格。

差別原則是說，每一個社會中，可能存在財富、收入、權力及地位的不平等，差別原則是要確定這些不平等的底線：首先，社會位置是開放給大家的，每個人皆有公平的平等機會競爭到這些社會位置；其次，財富、收入、社會權力及位置的不平等，唯有以下情況才被容許：不平等使得社會中最不利的階級受益最大。

羅爾斯以此表明，人們在公正社會中享有基本自由，亦能使最不利階層利益最大化，這便是真正的自由社會。當然，第一原則之為基本原則，即意味著差別原則不得與之對抗。

第五個類型為因個體自我而有的權利學說。

此類型中，洛克的私有財產說是其開先聲的理論學說。在《政府論》中，洛克首先給我們描述了一種人的自然狀態——沒有政府權威和私有財產——在此自然狀態中，人們對自己個人與其勞動皆有權利，這是一種生來的「擁有」，是自然法。此後，會出現兩種狀態：政治義務、私有財產。如何會出現政治義務呢？他說，為清除在自然狀態中的某些不完備事項，人們得相互訂立一種契約，建立一個政府，然後服從這個政府。這個契約規定，政府祇能做人們已經定好了的它應該做且不逾越此限之事。這些事包括：制止人類侵犯他人財產的罪惡傾向，以及用比自然法所允許的還要嚴厲的方式去懲罰這種犯罪。

洛克的私有財產和權利出現的說法如下：當一個特定的人將他或她的勞動「混入」了來自自然世界的某物之中時，一般說，此物即成為此特定之人的財產。理由是，雖然上帝將這個世界作

為一個整體一起給了所有人，但自然法告訴我們，每個人的勞動均屬於他或她自己——除非他或她自由地將其勞動約定給予其他人。此表明，私有權利是天然的、排他的、必須予以保護的。人們之所以同意讓出權利給予政府，便是這私有財產必得受到公權力保護的需要。亦知，政府所擁有的權力僅祗是裁判權和處罰同類的權力。

洛克之後，主要的權利學說之代表，有美國人德沃金。在其《認真對待權利》一書中，他否定了哈特的法律實證主義學說，認為在法律規則之外，還當有法律原則。所謂法律原則是普遍被使用的一些標準，這些原則並沒有一個正式的「系譜」，而祗是道德上的要求。相應地，他列舉了這些原則的指例：是否尊重立法原則、是否尊重平等原則、是否能與過去的法制實踐相融貫原則，等等。因之，司法上所保障的法律權利，必須從作為先決條件的政治權利所衍生，除非採用了這些原則並保障了政治權利，否則法庭並不具有判決的裁量權。對判例法社會言，法庭的義務，便是盡其所能地為社會找出最符合制度歷史，以及道德原則的法律，如此，才能實現權利，我們才能受到同等的尊重。

可見，諸權利學說其所同質者，在於每個人天然的權利意願的正當和道德上的優先性。與這一學說相關的還有因自我而有的快樂主義，其代表者當數古希臘的伊壁鳩魯的自由意志論。

他認為，快樂是我們內在的自然目標，是一種自由意志，相比於此，其他價值，包括德性都是次要的，痛苦是唯一的邪惡。哲學的任務即在於揭示如何才能使人獲得最大的快樂。所謂快樂是指，如果我們籍由志趣相投的朋友的支持來選擇能滿足我們自然的和必要的慾望，以此成立一種簡單的生活方式，則肉體的快樂會變得更加穩固；而當肉體的痛苦無法避免時，祗有精神的快樂可以戰勝它，因為精神的快樂涉及到了過去、現在和未來。最

高的快樂是一種滿足狀態，可謂「靜態的快樂」；而整體的快樂並不真實，可行之法祇能是將痛苦減少到最低限度。

伊壁鳩魯並沒有使用權利的概念，但他卻是自由意志的奠基人。正是這種快樂的意志人人都有，所以才有人們之間的契約，才有公民社群和公民正義。故知，他是第一個以西方的方式揭示自我自由、快樂意志之同質的人。

最後，我們要稍加提及的是因功利主義而有的公共學說，它包括密爾的功利主義和馬克思的共產主義兩個例證。

密爾是英國的經驗主義哲學家，主張因功利主義改革社會。他認為道德規範就是遵循效益原則：一個行為是對的，是因為該行為能促使人類幸福的極大化。人總是會去做能極大化自己快樂的事，不過，除了個人的快樂之外，普遍的人類幸福也是人的追求之一，因為普遍的善是所有人的最終目的。

與之相對應，馬克思則從另外的理路說明了公共的意義。馬克思重新定義了勞動的性質，並使之成為道德的標準，認為勞動的價值在交易過程中被不恰當地轉移，於是，出現了極不公平的社會和其制度、意識形態。那麼，當如何解決這種不公平的狀態呢？他設計說，通過剝奪有產階級，使勞動成為真正的道德標準，才能有人人平等、公平的社會，這樣的社會沒有私有財產，沒有個體自我，是一種真正的公共社會——共產主義。

最後這類學說特別關注功利的作用和價值，認為公共的本質即在功利的公平與平等。

以上諸說，要略可觀西方社會理論的大概，其中，理性諸說佔有主流地位。這是西方文化與智慧的物理性憑藉使然的結果。如前所述，人的物理性是界域條件下的理智思考和構成必然，而理性便是這界域之中最大限度的智力所及，任是何其聰明睿智，亦不能出其蓋頂的制限，除非破除界域，返還本然性，開出性智覺。

第 四 章

公共之性理

　　物有物理，事有事由。依上文可知，當今之公共化的局面，實淵之於文明帶西段混亂過渡期的強盜社會，後來的大功利生存解釋方式起到了實質性的助產作用。在這一流變過程中，生存功利主義和有限責任倫理意識及自我中心主義觀念三者，共同開啟了一個不曾料想到的異化事項及歷史運動：人及社會的公共化。

　　公共化在今天，特別是在未來時代，無疑是人類生存、生活的常態，不會被視為異物。然而，當下以前，我們卻看到了另一番景象：人們對公共化的無知、無意、無覺，而且還在飽受著這種無知、無意、無覺中的無可名狀的痛苦和壓力，以致爆發了持續性、廣普化的騷動、不安、憤懣、無助、荒誕。很久以來，有人已將這樣的現象稱為現代性現象。

　　現代性的發生，是西方文化和社會的事實態。依據我的見解[12]，現代性問題對西方言，有其必然性和特定性。首先，我以為，若以持續性、廣普化的文化造反運動、心性顛覆運動為說項，這樣的現代性爆發在西方歷史中，絕非當下這一次，混亂過渡期亦有同質性的「現代性」爆發，或說是第一次「現代性」爆發。也即是說，自農業文明以來，受西方文化所主導的「現代性」危機至少有過兩次，當下是第二次。

　　其次，西方社會之所以爆發了一而再的「現代性」危機，最根本的原因在於，西方社會在混亂過渡期斷裂了自然本根，致使了人域的孤獨、異在，而失去自然本根的人為文化建構，永遠是物理性、功利性、自我中心式的建構，它無法設計出心身性命的完滿，所以會如期地遭遇人們心性轉型期的顛覆和坍塌，及文化應對的張皇失措。

12　現代性係指，因持續性的人性混亂和文化背景斷裂，致使社會出現了長時期的無序狀態。此過程中，人們故有的精神依賴已然解構，價值凤願趨於崩潰，心性處於了茫然無措、失衡氾濫的激蕩場景，除卻制度和理性尚能維繫社會正常運作外，他者已很難承載社會和人心責任。

　　復次，斷根文化置世界為外在、異鄉，故一當出現重大的社會、環境轉型，即便這樣的轉型是必然和合理的，但轉型過程中的利得損傷、心理失落、精神無據、文化架空諸事象，均會被置於「自我」的對敵、對抗狀態，並會輕易地釋放出普遍的反抗情緒，以致出現「現代性」問題。

　　基於這樣的把握，反觀當下公共化顯現過程中的「現代性」現象，便不難得到恰當的理解。

　　強大的生存功利驅動，使西方人選擇了使自己角色化、工具化、同型化、同質化的不歸之路。的確，在早期，人們從這樣的同型化、同質化、角色化、工具化中獲得了極大的物利快感、滿足感，問題是，這衹是邏輯的表象。在人們嚮往最大利得的時候，邏輯的他必然也在乘勢而為。因為利益的最大化直接取決於人的同質化、同型化、角色化、工具化程度，而同質化、同型化，即意味著人，自然人——它們本能、本性、個性、特定——的失落、揚棄。一當這樣的失落、揚棄表面化，超出了人們的忍受限度之時，自然人的自衛本能便要反抗和對峙了。也即是說，慣於以自我為中心的西方人，最後卻因著「自我」的慾望反把自我葬送了。這便是當下現代性爆發的最深層原因。

　　每個人都希望自己是人，而文化和文明的邏輯卻是人的同質化、同型化、角色化、工具化——唯有同質、同型、角色化才有最大效益，唯有工具化才有公平、正義——進而是人的揚棄，這是西方社會和文化延至現代時空下的最大悖論。它激起了人們的哀怨、吶喊、反抗、抵制。可以說，被視為西方現代文明成就的某些精神觀念和制度設計，其實並非真的是文化的先鋒組件，而恰是某種巨大轉型期失落中的輓歌，比如自由主義、人權或個人主義、人本主義、人道主義之類。

　　出現這種特異現象的根本原因，乃在於西方文化和社會運動中的同質化、同型化過程，是由物理化、結構化推動的，即通過改變社會和人的體質、構型，以追求最大功利、最大公平實現的。在這樣的追求中，集約化、自動化、類型化、角色化、標準化、工具化、程式化之類成了無可選擇的必然，而代價恰恰是早已高度「自我」化了的人的本性、本能、自然態，它們在不知不覺中被放棄、割捨、異化，人被改造為了體質上的非人和類型上的同型者。於是乎，我們看到的祗是律師、建築師、醫師、會計師、工程師、教師……智囊、主體等等。在這裡，不自覺中的自覺追求，是異常普遍的社會共象，各類社會部門、團體，如學校、公司、政府等，均在強力推動這樣的同質化、同型化運動。

　　非但個人、自然人被強制改造，趨向於同質化、同型化的非人，即便社群組織、國家政府亦得服從這樣的同型化運動。方興未艾的民主、法治、憲政運動、專家治國、國家機器技術化而非政治化之類，是其例。其理由在於，功利的最大化取決於政體形式、組織機構的高度技術化、工具化、程式化、角色化、類型化，因此，一切與之相左者，均會在不斷強化的過程中被淘汰出局。故知，長期以來拖綴人類的專制政體、個人主義、種族主義、宗教狂熱之類，一定會在這樣的過程中被揚棄、放逐，現下的諸般作為、作派，不過是最後的無謂掙扎而已。

　　由此可知，西方文化是一種驅力更大、解構性更強、轉型更劇烈的文化。導出此一後果的理由，除前述的斷根、人力塑造之外，它過於注重物理的、功能的、結構的價值和意義，當是其要。可以肯定地說，人類及其社會的公共化轉變，若僅得有物理的、結構的、功能的實現，定然不得正果。因為，任何物理的同質、同型祗是外在的轉變，它不關及內質和根本，故必招致反抗、反彈、抵制。真正的轉變，是內質的潛移默化，是善本根的

流行無礙，是性智覺與理智能的貫通。所以，我們還必須有對人類公共化的性理的理解和把握，或說，除非有性智覺的同化，或倫理的同質化，否則，公共化不可期待。

一、東方文化的生成與理念

要有公共之內質與本根的同化，就必須要有東方文化的理解和討論。

東方文化和東方社會在常俗的眼光之中，有許多負面的判斷，比如東方專制體制、政治中心主義、模糊化的社會關係、人格與人權的忽視，等等。其實，這些現象的背後還有一些東西，常常被我們忘卻或低估，以致我們祗看到表象。如果我們恰當地理解了這些背後的東西，並可以重新解釋這些東西，那麼，我們也可能因此找到公共化之性理，獲得公共的內質與本根的理解。

現在，我們得理解一下東方文化。

地球上的東方首先當指文明帶東段，其次也指以單一農業產業方式所承載的，且時間間隔足夠長的文明和文化體系。據此，中國文明、文化是最典型的東方文明和文化。不過，依據單一農業產業方式所承載的條件言，古埃及文明、前期兩河文明似乎也是東方文明，歷史研究中，也確不乏有人將它們稱為東方文化。然而，體質意義上的東方文明或東方文化，可能還要加入考慮另一重要內涵要件，即，以自然神論為重要內涵構成的文化體系。若以此為說，則知，埃及文化和前期兩河文化都難以冠名為東方文化。埃及文化的主要構成尚未進入自然神體系的階段，它的主要內涵仍然是原始自然神崇拜和疑似的原神崇拜，故難以為說。前期的兩河文化幾乎沒有資料予以定論，我們所看到的最早材料完全是原神體系的，其時代已來到了農業文明中期，即混亂過渡

期。在文明帶西段，倒是有一個例外，這便是波斯文化。波斯文化的地域更接近地理上的東方，雖為遊牧文化，可它的自然神論卻有較好發展，瑣羅亞斯德所創立的襖教，所崇拜的馬茲達，便是自然神的典型代表。祇是，再往後，我們便失卻了它的發展前景，經過基督教，特別是伊斯蘭教的沖刷，自然神消失了，代之而取的是宗教神。可以說，波斯文化是一東方文化的未完成形態，或說是一夭折了的東方文化。

這樣，文明帶西段諸文明體中，剩下唯一可討論的東方文化，就祇有印度文化了。

為什麼說印度文化是東方文化呢？

首先，印度地處文明帶東西段的居間位置。其次，它是單一農業產業方式所生成和發育出來的文明體系。復次，雖然它與文明帶西段諸文明、文化體之間，因為沒有地理屏障，導致了進入的便利，也的確有十數次被入侵的事實，然而，這樣的入侵似乎無關大礙，其文化主體仍然保持了單一農業文化或草本農業文明的內質：自然神論體系和自然神的義理化。即，印度文化本質上是東方文化。

自然神的義理化或義理的自然神論體系，是成熟的東方文化體的標誌。以此為說，可知，真正的東方文化便是中國文化和印度文化。

現在，我們需要對東方文化有一個概觀的描述。

這裡，可先理解東段中的中國文化。如前所述，我們已知，文明帶東段的東亞或中國文明首先是有很好的地理保護，這免除了它遭遇外來者入侵、變態、多維化之不幸，保持了文化與社會構成的單一和單向性。其次是它有得天獨厚的農業生產條件，尤其是最大限度地滿足了草本農業所需要的全部地理條件，這又讓它的農業產業一枝獨大，單一地承載起了本地域人們的生存與生

活的需求。這種獨立且單一的滿足結果非常重要，它讓人們不祇是產生了對自然的親近感，更重要的是，它最終能導引人們對自然本根的體悟與追隨，從而保障了文化的完整意識和價值。

　　地理環境所提供的超常保護，使人種和種族構成及產業方式兩者均有了保持單一性的可能，這是東方文化得以成就的重要前件之一；而充足的生存資源供給，使生存這種原本帶有生命搏擊性的競爭行為得以具出平和、寬容、悠閒自得，甚或可能出現雅趣、欣賞的景狀，實在不能不說為東方文化得以成就的又一重要前件。在這樣的悠閒之中，生存已可以用另外一個詞來置換它，這便是生活，或田園式的生活。它更多地具有享樂、愉悅、輕鬆、自得的色彩。在長期或大尺度意義上失去生存競爭壓力的情形下，樂天的遐想會輕易成為人們思維中的常客，積久而下，一當文人知識者有足夠的能力去錘煉、提純思想的精神和內質理念之時，自然本根的本原意義便會當仁不讓，成為主流文化的核心價值。這裡，東方文化先哲、先賢們的智慧貢獻，實在應予重視，可視為東方文化成就之的第三個重要前件。

　　以下，我們來看一看，這些前件共同帶來了什麼。

　　一般說，生存的壓力主要來自地域或社群的外部，文明帶東段社會幾乎從一開始就不存在這樣的壓力。故知，如果說這個社會有什麼問題的話，它一定主要來自於內部，是內部的某些特定力量左右了文化的動向。根據單一農業社會政治行為的必然邏輯可知，最可能的力量當為政治征服和統治的力量。回察中國歷史，果不其然。單向單一政治征服成為了本地域最強勢的社會力量和文明演化的動因。於是，農業帝國開始在這裡生成並擴張，最終構造出了超級的中華帝國。

　　種族來源的單一性和政治控制的單一性相結合，外加地理保護的周到，很快使這個社會內部化。統治者以一家之勢凌駕於

千萬家族之上，它本身必須無條件地承擔起寬容、道德統治的責任，否則，定無統治可言。因為，內部化的合法性基礎祗可能是倫理化、道德化，而難能寄望於暴力和奴役。這樣的預設，可說奠定了文化肇起的前提：文化政治化、政治倫理化。與力能主義者相逕庭，倫理主義者不是「自我」中心的，它必得要將社會、社群，乃至可能的人與自然的和諧置於基礎地位。雖然統治權的合法、有效時時會作為核心價值被制度和意識形態所高揚，但，基礎價值的預設和前提不得動搖，否則，就沒有核心價值可言。一當統治者必得以確保基礎價值的前提為生存之道，則可以預見，它的理路與自然本根之道至少有量的契合。因為自然本根的意志即在於，世界的同構、互助、互養、自足。為此，他們需要有終極性的理解和把握。

與世界各地一樣，東亞社會最早的精神體系同樣是原始自然神。它的基設是萬物均有靈，而主要載體則是血親群的圖騰崇拜，及巫術、禁忌之類。原始自然神論是血親群的專屬性知識譜系，它不具有對外溝通、交流的通道及手段。在狩獵條件下，這樣的封閉幾乎是絕對的，而在單一農業社會，則有破除的可能性。

破除的機會受之於產業所要求的定居生活方式，也得益於農業所提供的穩定供給所引發的人口增長。農民們將主要精力投入農業生產之中，收穫頗豐，故無需覬覦他者的財富，相互之間不必常存生存競爭之心，這樣會誘發人們的和睦共處心態，並建立起這樣的事實關係。伴隨著和諧關係的演進，各群體間的齟齬、隔閡亦漸見平緩、趨同，原始自然神的絕對性亦見降解，甚至於渙散。而隨著有閑階層的固化和知識化，他們會自覺承擔起新的社會文化建構的責任。其中，終極問題的思考可能會成為常態。

農業，是一種半自然半人力的產業方式，它較多地表達了自

然付出的先決性，及人與自然和諧的重要性，尤其在人類尚不能借助獸力之外的他力去解決生存問題的前提下，因為農業而導致的人與自然和諧、親近，應該是最重要的文化現象。這亦是純農業文化的本質所在。所以，一當農業社會的知識精英試圖提昇全社會的精神背景之時，如果農業地域足夠廣博，而非若尼羅河文明[13]那樣，祇有狹窄的農業空間和有限的承載能力的話，這樣的背景思考一定是最高量級的。經過提純和抽象，所有具體的圖騰都將隱去，代之而起的是神性、神質的表達和概括：自然神。在中國，天成了最具這一意義和價值的概念，與之相關的一些他概念包括：太一、元。

天的概念是一典型的自然神稱謂，它標明著農業社會的精神文化的全新境界。中國早期的天，與印度文化中的密多羅、伐龍那、因陀羅、阿耆尼，以及波斯文化中的馬茲達等相類，是一種有意志而無位格的神論概念。在中國，天的生成與其普及化，可能是兩個問題。生成者，由之知識精英的思辨和抽象，是自覺和靈感的，它祇算是出示了文化的精原所在；而普及者，則需要有他動力。大體言，單向單　政治征服運動的筆起及成功，是這一動力之所在。

如前所言，統治者因為政治上的成功，在單一農業社會的條件下，他們急需有終極性的理解和支撐，以便統治權的合法與有效，而天的出現，正好滿足了這一需求。在這裡，天是作為終極的道德和倫理權威存在的，亦是政治控制的終極象徵。以此，人事、自然同而為一，人事關天事，天意定人域。於是，人的責

13　埃及文明生長於尼羅河河谷走廊，由於尼羅河流經撒哈拉沙漠東側，巨大的沙漠限制了河流的過水面，致使其可耕作的土地面積非常狹窄，平均寬度約10公里。這樣狹小的農墾區，很難承載大量人口，所以，自古以來，埃及的人口數量一直不豐盈。而此，對埃及文明的質量及內涵是有影響的。其中，它的神靈觀念主要還停留在原始自然神向自然神過渡的階段，未能發展出義理的自然神論，是其證。

任觀念和意識亦由之而廣延。直至天宇廣宙。本來，農業社會就沒有明確的倫理邊界，責任意識處於模糊狀態，現在，經由賢哲的超越化理解，人與自然的意志同一、倫理同一、責任同一便順理成章了。這即是為什麼中國文化中，自然本根倫理始終鮮明不衰，且能居於核心決定地位的原由。

　　一種由自然本根決定的文化，是一種「內部化」的文化。它沒有邊界分致和內外差別，所有問題都是內部問題，故不待以衝突、競爭方式解決，更沒有絕對敵對、你死我活的格局（政治文化中會出現變異，待後述）。當然，這種文化也必致沒有絕對的「自我」觀念。此文化以為，如若出現問題、衝突、紛爭，暴力應該是最不可靠的手段，優先應予使用和理解的當然是倫理善的消解、引誘。因為所謂自然本根，即本體的善，是一切之原本，大千世界均是這善的形式和變異，更為這善所決定，故有了問題，其解決之道也祗能是善本身。可說，這是中國文化的內質要義。

二、政治倫理化

　　不過，說及政治文化，當有一番別析。

　　農業社會的政治實體不會依契約方式產生，它必然是政治征服的後果。既然是政治征服，那當然祗能是暴力的結果。所以，既便在東方文化的籠罩之下，也難以免除政治的暴力化。可以說，政治暴力是東方文化善本體質的死穴。為此，統治者和知識精英均進行了相當意義的補救和平衡工作。

　　統治者首先將統治的合法性歸之於天命，是自然神的意志讓他們有了統治的機會[14]；其次，他們盡力使其統治倫理化，試圖用

14　《尚書‧商書‧仲虺之誥》：「仲虺乃作誥，曰：『嗚呼！惟天生民有欲，無主乃亂，惟天生聰明時乂，有夏昏德，民墜塗炭，天乃錫王勇智，表正萬邦，纘禹舊服。茲率厥典，奉若天命。夏王有罪，矯誣上天，以布命於下。帝用不臧，式商受命，用爽厥師　』」。

倫理的善性能量去轉化政治暴力的強硬[15]；再次，用抽象的自然神去統攝、控制、替換原始自然神崇拜[16]。這樣的作派是中華帝國肇起期統治者們慣常的行為，雖有極好的修飾作用，卻依然缺失意識形態和制度體系的完整性，很難成為宏大的文化現象，社會和歷史依舊在暴力的較量中前行，代價慘重。

不過，這些行為中，有一個概念的發現和使用，具有極好的開啟意義，它為後來的東方文化增添了光彩。這個概念是天之下社會的狀態和構成模本：天下。「天下」，其字面意思是沒有邊界的人類全體；其政治意涵是被帝國征服了的和可能被征服的領域空間及民眾；而其修飾則是倫理化的事實和可能狀態。這裡，「天下」作為人類組織形式的概念，其最大意義在於，它是一個沒有邊界、界域的稱謂，它消解了所有可能的衝突和對抗，至少觀念上如此。所以，它是人類歷史上最早提出的具有公共性的概念。

以「天下」為旗幟，中國的政治文化一直在倫理化，以求單向單一的政治征服和統治獲得最大的和解。這一歷史性的文化運動至西周初年終於有了長足的成就，這便是「德政」體系的出現。

這個命名為「德政」的體系，包括意識形態和制度體系兩個方面。它的出現，是歷史、社會、政治文化複雜化需求的結果。從黃帝肇天下至西周時代，歷史已演進了一千餘年，其中積累的複雜性已非簡單的「天命」所能應對，具體實用的解說已成社會和民眾生活的真實需求。在這些複雜化現象中，民眾政治心智的

15 顓頊是中國歷史上第一個將倫理原則引入政治制度的統治者。他所制訂的婚姻規則中，首先加入了近親不得為婚的倫理限制，並以此懲罰了一對南方按習俗結婚的兄妹。
16 顓頊也是中國歷史上首次以國家意識形態消解和破壞原始自然神崇拜的政治家。這就是他對被征服的中國南方以家為單元的圖騰崇拜的清除，所謂「絕地天人通」，並在其大臣重的幫助下，虛構了龍圖騰，從而使南方散在的圖騰崇拜歸於消散。

開發與普及已成為原初政治統治權威的新挑戰；而權力專斷現象的出現，更是人們難以理喻的新對象；進而，暴力雖為政治現象之必然，可處於枝末地位的暴力為什麼從來都是最有效的手段，其合理的解說安在？還有，「天下」為道德、倫理之鵠的，何以天下又可以家私化？凡此種種，都要求要有說法和理解。這些歷史性的期待為一個重要人物的出場提供了機會，他應運而為，最終為中國文化鋪張了新意。

這個特殊的人物便是周公姬旦。周人以「蕞爾小邦」一躍成為中華帝國的統治者，激發了他的解釋能力和理論，他在為自己提供說法的同時，也為中國歷史文化的傳續提供了說法。

先前，人們已經假定，「炎黃天下」為真正的天下。歷史的錯亂發生在夏朝開張之際，大禹的兒子夏啟憑藉其父所提供的機會，以暴力方法改變了帝國統治權傳遞的傳統模式。他不僅重新張起了暴力之於政治的特定意義，破壞了政治倫理化的模本，而且開了一個很不好的頭：天下家私化，即所謂「家天下」。這是一個打亂文化陣腳的政治事件，它讓人失去了政治倫理化的依賴和希望，同時亦使政治現象更加複雜化。天下為什麼可以家私化呢？這在當時代是一個沒有辦法解釋和理解的問題。

要命的是，問題非但沒有獲得解決，還在進一步複雜化。商人，本為夏朝的臣民，卻率先從夏人的行為中悟到了暴力政治的意義，他們照樣不理會天命的本意，從統治者手中把天下搶了過來，「家天下」的遊戲又以同樣的方式玩了一次。雖然，商人中的聰明政治家一直在高揚道德政治的意義和價值，但很顯然，暴力的機會是排除不去的。果不其然，幾百年後，一個曾被他們打壓至西北邊緣的小家族姬周部族，再次玩了一把洗牌的遊戲，中國社會又翻了一次燒餅。

現在，輪到周人坐莊了，也該他們煩惱了：他們的合法性何在？亦且，至周人玩這個「家天下」的遊戲已經一而再，再而

三了。一個巨大的政治遊戲已經玩了三次,且屢試不爽,有了近一千年的長程經歷,這不得不引起人們對說法的期待。周公正是在這樣的關鍵時刻出場的。

周公的解說利用了幾乎所有的東方文化資源,並大為創新。他先提出了一個基本原則:敬天命,重人事。這便把天人關係定格了,既保證了天命的絕對性,又高揚了農業文化中人事的重要性。其後,他進一步說,天(自然神)不衹是有天命,還有天道。天道即是,世界不可違逆、對抗的原則、法則,是世界所以成立的依據。其中,倫理的善意是其根本。再後,他論證說,天道雖善,但在人事之中,很容易被惡人篡改,使政治失道,而且,這樣的失道通常是以暴力為支撐的,因此,有道德的人,即懂得天命、天道的人,應該奮起作為,即便用暴力的方式去推翻失道、惡道的統治,也在所不惜。這種行為叫做「替天行道」。至此,他的解說有了目的的安置:衹要實現了天道,天下的形式為何並不重要,即便是「家天下」,亦無不可。或說,行天道的「家天下」亦是正常的天下。這樣,他首先以天命和道德融合的方式完成了其理論論證的第一部份:革命與家天下的合法性[17]。

接下來,他要做的第二部份工作是:如何去建構有道的政治社會,即政治倫理化。他的基本學說包括兩層面,一是所謂「德政」,即道德化的惠民政治,視民如子;二是設置以宗親善為內質的制度體系,這便是「禮制」。禮[18],在中國文化中,源之於血親群的和諧關係規置,故擅長和諧的核心價值,他以之引申為全社會的規範形態,實有強化天下為家的意願,即天下社會親如家庭。以此可知,周公之說,已使「天下」的善意在「家天下」所能許可的限度內最大化了。所謂宗法制之說,其中亦包含了此意。故知,西周實乃「宗法制家天下」,而非一般的「家天下」。

17　參見拙作《革命析說》,載《政法論壇》2005年5期。
18　參見拙作《禮論》,載《清華法律評論》1998年1期,清華大學出版社。

然而，周公的作為，祗有政治意識形態的完整性和合理性，若置諸中華文化之中，會發現它的問題所在。其問題之要者，是周公作為統治者，全然是在自編、自導、自演、自裁，毫無大空間、大尺度意義上的公平、公正、正義可言。為此，文化需要有他意志的平衡與校正。

三、第三者的真理與裁判

現在我們終於可以觀賞劇情的主角戲了。在充分的歷史積澱之後，中國的知識精英們可以獨當一面地上演自己的角色了。

獨立的知識精英群體，原本脫胎於統治者集團，是西周的分封制與宗法制推新而有的副產品。至春秋時代，這樣的人群已被統治者群體所擠出，成為了社會的邊緣人群。正是因為位置的邊緣化，才促成他們有了分化演化的可能性。其中的少數精英得以在這樣的環境和場境中完成了性智覺的自我實現，成為了一代思想大師。道家和儒家者流是其要。

孔子的宗師地位正是奠定在這樣特定的時代和環境中。晚年的孔子，其覺悟和人性智慧已臻於成熟和完善，這是他差不多以一生的勤勉思考和人生經歷及流沛的生活所換來的生命圭臬。孔子的主要學術載體是《周易大傳》和《春秋》，而其重要的突破和建樹乃在於：

首先，他成了一個獨立於原有社會群體的道德理想主義者。孔子本出身於統治者貴族群體，在不幸邊緣化的歷煉中，他重新體悟了人生和生命的價值、意義，自覺超越於統治集團，亦不與被統治者同流合污，反是將自己定格為社會的第三者，即真理的掌管者、道德的裁判者。他以中衡者的身份和意志去參與社會，為社會樹立生命靈秀的標竿，為社會設置標準，成為社會民眾、

帝王宦吏的引導者、教育者。正因為是第三者，而非統治者的自命、自裁，所以，他的道德價值體系遠非周公等人的「德政」可比及，他是基於人類的整體和永續而說及的道德嚮往和精神依歸。

其次，正是基於這樣的定位，他設計了人類的理想生活樣態和社會模型，這便是「天下大同」。這裡，孔子重新使用了古老的「天下」概念，然其內涵卻維新異秉。古來之天下，不過是統治者行統治事實的道德化說教的託盤，雖確有過所謂「禪讓」之實，而其政治統治的堅守，實在非同小可。所謂「炎黃天下」、「家天下」，不過統治集團內部的大小之別，並無有政治專制、專裁的本質差別。孔子之「天下」，乃「天下人之天下」，而非一家一姓一集團之天下。這就從根本上否定了任何政治暴力及其專斷獨裁的合法性，「天下人之天下」，即人類共有之天下，人人自主、自得、自在之天下。其要津不在暴力統制、專斷，而在道德的完善與成功。所以，這種社會的結局是一種「大同」狀態。「大同」，即所有人因於道德的同一、同意、同態、同質而顯現出來的和諧與安寧，故說，「天下一人而已矣」。這是一種本質由之於善而有的人類共同體。它是真正的公共社會，亦是一種本質主義的公共社會。

依據《春秋》要義，在「天下為一，人道大同」實現之前，人類各處所正在經受的專制獨裁、暴力控制，及其他各種形式的作奸犯科，實猶如自然世界的天災異數，是違反自然本根意志的扭曲和災變，故需要調節和化解。因此，孔子作《春秋》[19]，以1萬8000字，記242年史事，其所述災異者，占數過1/3。其用心

19　《春秋》現存1.6萬餘字，其中記災異142條，3838字，弒君27條，200餘字，另有戰爭、謀殺、劫掠、姦淫若干事，計475條，2851字，共計此類記載有6889字，超過總字數的1/3強。本統計參照段熙仲：《春秋公羊學講疏》整理。

偏僻，非常人所能穎悟。董仲舒以為，一部《春秋》之重，僅袛兩字，一曰仁，一曰義[20]。所謂「仁以待人，義以待己」。即是說，以倫理的善心去待人，以責任義務之心去匡己。可知，孔子的公共本意便是仁義的和睦共同體。

最後，便是這仁義的本意。孔子所主張的公共社會，非是物理的同一，亦非無原則的聚集，而是自然本根倫理的發散與實踐。為此，他進行了一項特殊工作，即將自然神義理化。自然神的義理化，或說義理的自然神論，是一不同於自然神論體系的又一全新文化形態，它由之自然神，但卻是人類依性智覺而把握、理解的全新哲理和思考，它淡化了自然神意志的表象，而更重視思辨的心得和理論的邏輯價值，試圖用人類智慧所熟悉的方式和概念去理解本根意志的常態、法則，以求對人類行為的具體、實用的指導，亦求人類思想視界、境界的展開。通常情形下，義理的自然神論，甚或其他類型的義理理論，都會設定一核心概念，以替代自然神本身。這種設定和替代的意義在於，它足以實現學理的經驗化、邏輯化、具體化。一般說，這種核心概念亦有標識價值，通常可為思想者的旗幟。如孔子的仁、老子的道、柏拉圖的相或理念、佛家及印度教的梵或神我，均是其例。義理的置換，是人類智慧成熟的標誌，亦是解釋哲學的樞要。

其實，中國文化中，孔子之前，已有自然神義理化的顯示，這便是前已提及的周公「德政」體系，可說為一種政治的自然義理論。比較而言，孔子所創者，當為道德的自然義理論。其他可參列的還有老子的自然的自然義理論，宋明理學的思辨的自然義理論，佛學的心識的自然義理論，以及這些之外的可稱為旁門的自然義理論。前說孔子的公共性理論為本質主義，乃在於他對公共性的理解源之於他所參悟的自然本根心得，這便是仁。仁之為

20　[漢]董仲舒：《春秋繁露・卷八・仁義法第二十九》。

義，字面言之，即人眾之間的愛、和諧、和睦，而其本意則是，自然本根倫理的善意志。它是人心對本根倫理的覺悟表達。後來，孟子對此意有了更進一步的推演。他說，人之初，性本善。是說，人性本之於善。而此善，即本根倫理。這樣的善雖為每個人所內秉，但卻為形殘所遮罩，故必得通過集義、敬心、修身、養性的功夫，方可成就之，此即成仁之命。這一學說，儒家自表為心身性命之學，或說為大道儒學。

前說，孔子的天下大同，非是物理的聚集，非是人眾的疊加、組合，其本意即在此。他所意者，是本根倫理的善對每個人的同化，公共之本意即此同化的結局。或說，每個人都因覺悟了善而成為了善本身，而全人類亦由這善化了的人眾所組合，結果當然是完善的人類整體。這種由之體善而善，而全體善化的公共化，是一種內部善化而成的公共社會，非是外力強加的結局，亦非是服從和強制的結局，其要害就在這心性的修養與善的覺悟。本根倫理正是通過這樣的心性參與而成就的。所以，它不同於西方因物理而契合的公共化，因功能交流而至的公共化，它具有內源性、內部性的絕對性，是為本根性的公共化。

孔子之外，還有三種體系的公共化推導。它們是老子的自然本原還原性的公共化與自然化，佛家的心識去智超越性的公共化與自然化，宋明理學的成己、成人、成物、成天終極化的公共化與自然化。這三種學說均源之於自然本根倫理，是本根倫理的義理演繹，亦是內源性、內部化哲學的精粹。比較說來，這三種學說均已超出了一般意義上的公共化境界，直入人的自然化終極，故是人類智慧的圭臬，當然也就在很大意義上超出了本書的視野範圍，是以不予詳述。

四、印度文化觀瞻

現在，我們需要說一說，何以印度文化為東方文化的問題。

印度地域地處文明帶東西段交接部位，背靠中亞山結。其表象是，它與文明帶西段之間無地理障礙，並有過十數次被入侵、衝擊的歷史，但其文化卻完全不相類，是一截然反向的文化形態；而與文明帶東段並無交通的可能性，至少在文化發展的前期，這是不爭的事實，可文化上卻有著內質的同一性，當說為同態的東方文化。這種表象是我們理解印度文化的門徑。

印度首先是農業社會，亦是根由草本農業而起的文明體。除西北部地區因為乾旱的原因，其農業有對大河的依賴之外，其他地區均是優良農業生產地，而且，與中國的農業產業一樣，有不受河流制限的優勢。即是，這裡的農業產業地域廣闊，供給的均勻性好，適合承養超大量的人口。正是如此發達的草本農業，使它的自給自足性超常發揮，可以不依賴外援而獨立自主。這一地廣而又自給自足、供養有餘的特性，恰好為文明帶西段其他幾個文明體所不具備。這是它自始能區別西方文化的基設。

單一的草本農業必然導出單一的農業文化，而地廣且自給自足的供養能力又會強化農業文化的自強不息。是以，印度文化從一開始便是自成體系的農業文化。但凡農業文化都有與自然不得解分的親和性，且一當臻於文化成熟，其中的精英群體也一定會將這樣的親和性予以抽象、思辨，以至最終出現自然本根、本原的思考。而此，正是印度文化與中國文化所共之方式及路徑。故其形態相近，內質相同就不足為奇了。以自然本根為基設的文化現象有超常的生命力，不易被外來文化中斷、毀滅。中國文化自來具有的同化能力自不待言，縱便若印度這樣地處文明帶西段強盜社會邊緣的文化，亦有自然而然的強大生命意志，它曾十數

次被入侵、奴役，也改變了很多體態形貌，然質地依舊，不易不舍。足見因於自然本根而有的文化是真正的文化。

然而，中印文化的差異並非可以忽略不計。至少，以下諸說可以立論。

印度文化之於自然神、自然本根的覺悟和理解較之中國文化要早，且更深刻，最晚至西元前16世紀，印度文化中已有系統、思辨的義理自然神論，而中國則晚至西元前11世紀才有政治化的義理自然神論體系。

印度文化所確定的人與自然的關係是順從、追隨，而中國文化則注重尊重、遵守、協調。是以，中國文化中人為的因素較之印度文化要多得多，反之或可說，印度文化本質上是更純化的自然本根文化。這樣的人為因素導致了中國文化中的義理符號更加突顯出人的積極主觀能動作用、參與作用、匡扶作用，是以有儒家文化和宋明理學及大乘佛學的宏大發揮。

印度文化由於太過順從和追隨，人為元素不彰顯，故其本土文化中，較為缺失人世生命安頓、協調、組織的建設，其政治文化、社群文化亦受限於准自然狀態，沒有或較少有自發產生的帝國政治體系和公共社會的設計，而是安於血親倫理所支持的鄉村自治、自得的生活方式。它所曾經有過的全域性政治現象、社會化的的等級控制，及帝國統治，大都非自發得來，而是外來他者的強加與施援[21]。這表明，印度文化中，其發達者居於兩端：本根的體悟、靈覺異常深刻、執著；自然的生活樣態頑固地堅守、追隨。所失者為中間層次的地域倫理、契約倫理、公共倫理、人域公共倫理及其文化表達。這亦與中國文化有了較明顯的差異。中

21　從西元前6世紀至西元19世紀的2500年間，印度自生的帝國僅兩個：孔雀王朝（約前320至前185年）、笈多王朝（320至497年），其餘便祇有繁多的（約600多個）土邦和稍大的邦國；而外來入侵者所建立的帝國則多達12次，共計統治的時間長達兩千餘年。其間，希臘人、波斯人、中亞賽卡人、匈奴人、突厥人、蒙古人、阿拉伯人、歐洲人頻頻登場，給印度以持續的掠奪、壓榨、剝削、奴役。

國文化亦缺失契約倫理和公共倫理，然其群域倫理、人域公共倫理的思考及其文化成果恰是異常豐厚的。

何以會有這樣的差異呢？其問題的解答要返還到自然環境的承載與依託上。

印度地域除了地處文明帶東西段結合部這一事實外，還有以下至關重要的地理因素：它的南部地區身陷熱帶，而東北部地區又依著喜瑪拉雅山南坡。這一身位元意味著，熱帶地區的多雨與因山體隆起致使迎風面降水豐富的氣候狀況有了聯合的可能，於是，多水，難以想像的多水（極端值20,000毫米/年）是這個文明必須面對的事實。終年浸泡，或長達6年的浸泡，可能是他地域的人們不曾也想像不了的生存場景。不幸的是，作為文明體，它的西北部又恰逢中緯度乾旱帶，這裡常年少水，已是荒漠之地。印度河的穿越亦如兩河穿流阿拉伯沙漠，祇製造出了局部的農墾區，所以，其承養能力亦大為限制。此外，印度文明生長於印度板塊之上，這個小大陸卻有著衝撞歐亞大陸的決心，一頭扎進亞洲腹下，不祇是致使了中亞山結的隆起，擾亂了亞洲大陸腹地的安寧，亦使它自己處在了地震的頻發狀態中。現在，我們可以想見一下，印度文明的慘狀：乾、濕兩極分化，地震頻仍，人們世代、常年生活於水深火熱的顛簸之中。

故知，印度雖處於與西段諸文明體開放的環境中，然，其文化生成期影響最大的還不是強盜社會的人為文化，而是極致化的自然災異。這種頻發、艱澀、無以應接的自然災異，幾乎從一開始就打服了印度先民，為了生存，他們祇有順從、追隨、苟且。所幸的是，這個社會中產生了超凡脫俗的哲人，他們以其超越的智慧和性智覺悟，先於他社群、他地域獲得了自然本根的體悟和認知，並將這樣的覺悟變成了文化體系。以此，次之者，安頓了印度民生；上之者，表達了人之所以為人的終極。

　　印度文化的主體是有關自然本根的覺悟與解釋，及不完整的形式如何去回歸自然本根的完善與完成，即如何解脫問題。其中，智慧的業因負相和智慧的解脫正相正是討論的重心所在。所以，關於智慧本身的認知、理解、解說，及現狀孽緣和解脫的方式、路徑、可能性之類，成了其文化的構造所在。說印度教和佛學為心識的自然義理神論，即是由此而說。以俗眼觀，這樣的學說是超越與出世的，故其現實場景的關照、人生心性的照料、社會群合的設計等，均不置之視野之內，至於應對作奸犯科、以惡制惡、以利益換利益、法治憲政之類，更是晉之於漢，未曾張望過。所以，討論公共社會、人的公共化，多難與印度文化直接掛聯。然，此說有待申明。如果說人類的公共化內質秉之於自然本根的善意，則可知，印度文化並不可脫出我們的視野之外，它仍然是我們必得認真理解的資源。

　　由這一節的討論可知，公共社會與人的公共化不唯物理如此，其性理亦已早為東方先哲們所理解並揭示。祗是過往的文化行徑中，東西方各自為政，未曾探及交會貫通之事，亦未對公共性本身作出專項追究，以致我們的印象是，東西方文化各自是各自，沒有共同性，沒有一致百慮的機巧藏諸其中。現在看來，此等理解，是不深刻和不真實的。為此，我們期待更多的理解和認同。

第 五 章

公共之質地

　　前言善是文明與文化的根本驅動，我們已從上兩章東西方所蘊藏的文化內涵中略得感悟。善既可由之性智覺而直識直覺，亦可由之利好的誘導而漸至境界。故知，路徑雖殊，而歸途卻一。

　　說及人類的公共化和公共社會，必得由之善而理會、而推動，並非想像之境。這可由以下的考察得知：公共性、公共社會的本質是善，非此無他。

　　善的終極，乃本根倫理，它是萬有生化流行，為在、為物、為事、為情、為境的必然和所以然，所謂體變相養用顯、同構互助自足是其意。本根倫理為完善或終極善，或說為抽象的善，常不易為人們理解、把握，而且，這善也確實由具體的善、情境中的善、界域中的善、過程中的善所分殊。所以，理解這完善，甚至理解公共的善，必得要由具體的善、界域中的善、過程中的善去達至，否則，難明所以。

　　此外，存在的世界中，任何具體的善，一定是與惡相對應才具出意義的，它們是相對的存在者。當我們考察任一善的時候，必然要與相對應的惡並連起來，才能確知其要義。否則，具體的善是難以琢磨的。

　　原子結構中，電子的層級排列狀況，尤其是外層電子數的多少，會產生排斥和吸引的結果，由是，不同的元素可結合成不同的分子。而在分子世界中，這樣的排斥和吸引就變成了一條清晰可辨的存在法則：親恐性——親其所親，恐其所恐。[22]可以說，存在世界的善惡行為及方式即是由這分子間的親恐性開始的。

　　親其所親，即是授者和受者的善；恐其所恐，便是授者和受者的惡。這意味著，一個分子若得存在下去，它就必得具備一種本能，識親別恐、近善遠惡。大千世界，何以如此呢？物質何以彼此明析呢？諸在何以這樣而不那樣呢？依據物理和化學常識，

簡言之，即是這親其所親、恐其所恐的原狀性善惡法則所為，是它們的本能性排斥和吸引造就了這個世界和它的秩序。

依據我已作出的判斷[23]，在是諸相的同構，亦是諸同構的同構。此表明，所有的在都不可能孤立為在，它必是關聯的在、互助互養互為的在。進而亦可這樣理解：在，便意味著聚集、關聯、相互，缺失了聚集、關聯、相互的在，是難以為在的。這一律則，亦受之於親恐性原則。正是因為在有這樣的行為表徵，我們才有機會和可能看到，宇宙由星系組成，以及物以類來聚集的現象。這為我們觀察和理解世界減省了許多麻煩和複雜性，否則，我們就不可能有礦產開發以及物態學的知識了。

物以類聚，既是存在之同構的一種表達方式，亦受制於親恐性法則的支配。親其所親、恐其所恐這一原狀性善惡法則，既支離了物的存在狀態，亦化解了類的對抗和別致。何以這一原狀性原則會有這樣截然反向的功能和價值呢？這是值得我們認真思考的。其詭異，完全在於親恐性是由攝養以為在的先定邏輯衍繹的。於個體之在言，它要在下去，就得攝養，就得攝在，否則無能在下去；而於在界言，在的整體性完整，是比個體之在的在下去更重要的必然所在，為此，一在之為在，就不能無限攝在，而祗能按規矩攝在，即，祗能攝可攝之在，不能攝不可攝之在，於是，可攝之在之間便構成了恐的關係，而不可攝之在之間，就構成親的關係。在界也因之有了秩序和規則：親恐性原則以反向的價值安頓諸在。可見，所謂價值與意義，是在界才有的現象，亦是此處才開始的現象。生物世界的出現，生物的感知能力與其變通能力，使這一原狀性法則有了更強勢反向運動的可能：互通有無、共同進化（生存）。而隨著生物類型的多樣化、複雜化，待動物為物、靈長類為物、人類為物之後，這樣的反向價值和意

23　同上。

義，越益有了能動的條件、空間和環境，是以，它才真正具出了倫理的意義和價值。

可見，世界在它的互養、互助、互在過程中，減省了物態的複雜程度，卻反而強化了它的價值和意義的複雜性。而且，不論自覺與否，我們——生物現象中的一個特類——碰巧就承載了這一價值和意義之複雜化的責任和使命。大腦是這一承載的主要載體。很顯然，它的形成，雖然首先表現的功能是人類的生存便利，可我們不難理解，大腦對生存而言，幾乎是多餘之物。動物世界的經驗告訴我們，生存之實現根本用不著麻煩大腦，小腦和神經系統足矣。況且，至今為止，我們一直以用大腦實現了人類的生存為榮耀，而事實卻是，大腦的使用率非常低下，僅為全部可能功能的極小值。此表明，大腦的意義和價值當然不在人類生存的實現領域，充其量這祗是它的一個附帶的功能，而其真實意義和價值還有待發現。

如果此一事實關聯至上述的世界複雜化的反向運動，則可知，二者之間實有必然聯繫。世界之物態的複雜化（即物態的種類繁多），並不給世界帶來本質意義上的善，無非徒增品種而已，這非是善之意志；相反，世界的價值和意義的複雜化、多樣化，卻容易從中表露出善的意志，或遴選出最接近善的本意的價值和意義表達。所以，世界必得要抑制品種的複雜，而支持價值和意義的複雜。在所有可能表達價值和意義的承載者中，大腦是目前已知的最適選者，其所以為適選者，是它有一項特殊功能：可以覺悟、體悟並返還終極的本根善。此一智慧為其餘所有他承載者所不具有，幾乎為大腦的特設。故大腦的終極價值與本根、本原、本體是同一不二的，此是大腦之為大腦的本質所在。

此外，大腦雖為人類所承載，可它卻是世界千萬歷劫迂迴的公共產品，非僅人類已私。祗不過，人作為它的承載者，有近

水樓臺的便利，一直在竊用而已。若得較真追思，這樣的己私竊用是有道德瑕疵的。這裡的道德即本根倫理。問題是，自有人類以來，我們一直把這樣的己私竊用當作當然之事，未有反省和深察，即使最深刻的理性者，亦不曾有過這樣的反省。原因當然不難辨識，因為我們不曾進入性智思維。而性智者，即是對大腦之公共性的認知，對自我的解脫，對本根倫理的認同。或說，性智才是大腦真正的智慧，而理智、感覺智不過是外在或表象而已。

　　其實，縱使不對大腦作出這樣的判別，僅需反觀人類作為一個生物種類所走過的生命歷程，亦可大致理解，為什麼說善是人類歷史和文化演化的根本驅力？為什麼說世界的價值和意義的複雜化才構成歷史的真實內涵？為什麼說人祇有充分地實現價值的自足才足以為人？

　　現在，我們不妨來解析和歸納一下人類歷史中，善是如何自足、遷昇並衍繹人類的。

　　前言已述，孤獨者不為在。故知，是在，就必得有群在的必然。而群，則難免衝突和紛爭，故又得有親其所親的法則為之制限。是以，人類自為在以來，以善為核心價值的法則，就一直在起著這樣的制限和誘導作用，由簡而繁，由小而大，由窄而廣，直至如今當下的公共性暴露。當然，其過程中，亦伴隨了惡的衝撞及分化瓦解。因之，這樣的回憶和歸納非常有利於我們映證大腦之為公共產品和其性智價值的判斷。

　　最早的人類群體是生物性的，即血親群體。在人類祇具有簡單行為能力的條件下，這樣的群體所能承擔的善亦是極其絕對和明快的，可謂之為絕對的善。它是說，每個生存於群中的個體，對群的善意是絕對和排他的，而其絕對的基本指標是生命的付出——為了群的利益，任何個體可能本能地放棄自己的生命。與之相對，任何一個個體對群域之外，則反向表達的是惡，絕對

的惡——視他者為獵物，殺之而後快。這樣一種善惡二致的極端
倫理觀念，即是我已稱名的「群自我倫理」。群自我者，意即視
群體為自我，或說一個群體便是一個自我。所以，古代語文中的
我，幾乎都不指代己我，而是群我[24]。群自我倫理表達了人類最初
始的倫理形態，它與動物的親恐本能有許多類同處。群自我倫理
在後世的遺存，可稱為血親倫理或宗親倫理。

對人類言，這恐怕是最極致、最簡單的倫理現象。如果說理
一分殊，人類必得以漸行漸覺的方式去完滿本根倫理的終極是必
由之路的話，我們現在描述的正是人類覺悟和追逐這終極的第一
步。這一步邁得並不辛苦，因為它直接承續動物的親恐性本能而
來，具有天然的自發性。而接下來的一步，則是場景轉換後的新
倫理，它對許多人來講，有陌生和排斥感。

第二代（或類）展現善的意志的倫理，可稱為熟人倫理。熟
人倫理首先發生在採集和農墾區，是這一新興產業方式催生的新
倫理現象。與狩獵者不同，農人和採集者必須定居，必須紮堆，
這樣才能有效地利用農業資源。而定居和紮堆，便意味著原先的
生態環境和社群結構的改觀。狩獵者是以家為單元並追逐獵物而
生存的，在這樣的生存方式中，家與家並無關聯關係，甚至無需
近距離相處，萬一不幸相對，也祇會出現搏擊、獵殺的局面。與
之相錯，採集和農墾者，其所依賴的生存資源大多集中在中緯度
帶的河谷、湖盆之地，若冀希獲得穀物、塊根類的生活資源，就
必得平等地進入並定居。相互之間可能在前期會有巨大的群域隔
閡，甚或搏鬥、獵殺，但日久之後，明智的妥協和讓步，還是首
選。於是，隨著農業產業能力的強盛，農業人口急劇上昇，不論
早先源發於一個種群，還是多個種群，現在，大量的農業者必須

---

24 參見江山：《說「我」》，載《中國社會科學輯刊》2008年春季卷，上海，復旦
大學出版社。

聚居在一個相對穩定的區域，構成一個穩定的社會。在這樣的社會中，他們大都相識或知其所在，他們不能再用群自我倫理去行為、行事，而必須要相互關照他熟人的利得和想往。這便催生了一種新的倫理形態：熟人倫理。

熟人倫理，是說，相互熟識的人之間有一種倫理的關照或期待，或說，善的關愛可授之於相識的人。這一倫理原則的出世，解決了農業社會定居者之間的生存衝突問題，使農業文明有了穩定的空間舞臺，消弭了紛爭、暴力等激烈的生存現象，為農業文明的發育和成長提供了基設。在熟人倫理的關照之下，群自我倫理開始失去其意義和影響，其部份有效的善意轉換為了血親倫理或宗親倫理，繼續與之延續，他者則漸行消散。

自農業文明以來，熟人倫理在許多地域，特別是在農業單一性強勢的社會，其功能和價值顯現得非常充分和細緻，可以說，它是所有鄉土社會秩序和穩定的基礎，或說是鄉村自治的內質性原由。鄉土社會融合宗親關係和熟人關係於一體，依據血親倫理和熟人倫理而成立，是農業文明時代主要的社群構成方式之一，亦是通常的農業帝國的構成單元。因此，進而可以說，熟人倫理是農業社會的主要倫理現象之一。

將善授予相識的人，讓善在熟識的人之間馴化衝動、暴力，讓善驅散人的動物性，讓善提昇人的仁愛意識，讓善實現為人的初步，等等，是熟人倫理至偉至大的貢獻。這在很大程度上實現了人的生物或動物性擺脫，以仁愛的驅力去鋪陳人類開始組成社會的嚮往。並且，它與群自我倫理基本源之於生物性的親恐本能不同，內中有了人為主觀建構的成分和質素，故亦可視為人類之於本根倫理覺悟的肇啟。

當然，與群自我倫理一樣，熟人倫理也有明顯的局限性，其主要者是它所固有的邊界，即熟人域。熟與不熟構成了善與惡的

分界線，相識者以善相對，而陌生者則以惡相向，亦成了這一倫理原則的必備內涵。是以，它的積極意義和負面意義同樣鮮明。為此，善的意志不能就此打住，它還必須要去尋找新的表達者，以期衍繹和發展。

這樣，我們就可以走進地域倫理。地域倫理與農業社會亦有至大的干係，其最早源發的場景通常是，一個相對區域化的地區中，發生了高於鄉村社會量級的社會結構——如因為單向單一的政治征服出現了農業帝國，或因入侵而生成的城邦國家等——結果該社會必得以劃分行政區劃的方式才能予以管理和控制，於是，通常按地域來劃分的行政區域，便成為了自然而然的特定地域現象。一當這樣的設定成立，人們在國家這樣層次的交往中，或跨越國門的國際交往之中，便會生發地域倫理現象。

地域倫理生成的理由頗為複雜，可能與在國家政治與社會生活中，地域性的利益競爭有一定關係，也可能與擴大了生存空間之後，人們習慣本能地依賴相同出處的親近感有關，這裡，我不打算作深入辨析。不過，有一明顯現象不得不提及，那就是，除已知者外，在異地相際遇的人當中，鄉音或母語一定會成為地域倫理成立的條件之一。不知可不可以將地域倫理視為人們對國家強權政治的一種對抗和自我保護，但是，有一點應當是明確的，那就是這種倫理的展開實依賴了國家組織方式中的行政區劃的設置。所謂同地域者，並非完全地理意義上的同地區的人，更多的是同母語的人或同行政區劃中的人。它可以指同一國家，也可以指一國之中的某省、州、縣之類。

地域倫理突破了熟人的界域，使善可以在同地域的人之間流行（此處的同地域會因際遇的社會實體之層次的不同而有大小之別），從而擴大了善的範圍和效域，提昇了善的質地。當然，即使在地域國家之中，甚或在今天，熟人倫理依然有它的市場和

作為，並非因為有地域倫理而退出歷史舞臺，可它已被置諸了次級倫理的地位，這已是不爭的事實。正因為地域倫理在很大程度上得依賴國家的行政區劃方成立和有效，所以，它對傳統國家形態的成立有極好基設作用，使國家可以憑藉地域倫理的支持而行政有效。此表明，它在很大程度上構成了國家倫理形態的組成部份，至少可視為政治倫理的參與者。比如，在國際社會中，一個國家的人之間，往往不乏祖國、愛國這樣的倫理壓力。

　　地域倫理仍然有駕馭的拖累，且會平添不同地域者之間的齟齬、衝突，不利於不同地域人之間的交往、交流。所以，於善而言，它不是完結態，還必得要有他態的善予以救濟和平衡。這樣的救濟和平衡者居多，下面將會提及的契約倫理、群域倫理、公共倫理、人域公共倫理均是其例。我們先看契約倫理。

　　契約倫理是因於功利的目的，在商業交易行為中出現的一種倫理現象，故亦可稱為交易倫理。不過，後世的契約倫理溢出了商業交換領域，在一切與契約行為有關的事項——如社會契約——中都有表達。依據出生判斷，這一倫理現象不來之於單一的農業社會，而應當來之於農業社會被改道後的雜合多維的商業-農業-手工業-強盜社會，即文明帶西段社會。那裡的農業供給不足，種族構成的複雜，地理交通的無障礙等條件，決定了原始商業交換現象的興盛；而當該地區大面積且深度地強盜化之後，商業在受到搶掠排擠的同時，亦開始在夾縫中謀求更大的功能和價值出路，以為大規模的跨境貿易提供可能性。如果搶劫不可能，貨物持有人可能得改變強盜的心態，使自己成為一個商人，與別人進行交易，一當交易發生，交換者就得有可以遵循的原則，否則，通貨的可能性就不存在。於是，強盜行為之余，公平、平等、對等的交易也成為了偶爾可為之事。積久而下，偶爾漸積為常態，最終成就了一套可適用於即使是陌生人之間也有效的商業

原則，這些原則的內質便是契約倫理。它的要義是：有償、公平、對等、誠信。

若就其發生源頭言，契約倫理還有一個重要出處，這便是文明帶西段社會中的城邦制。當一些家父們需得聯合起來共同對付外來他者的入侵、競爭壓力之時，他們之間的結合是契約式的，於是，他們得同樣地遵守公平、正義、平等、對等諸原則去建構城邦，去制訂規則。這便使契約倫理同時也具出了社會構成的意義。

故知，契約論理實由商業功利和社會正義兩廂結合而成，具有非單一農業條件下優化社會結構和功利公正的積極意義。比較而言，契約倫理之於熟人倫理、地域倫理其優者，是失落了熟識和地域界域的匡限，成為了一種可以越出邊界的倫理現象，甚至可以在陌生人之間暢通無阻。可以說，這是倫理現象演繹過程中的一種突破：不以天然的條件去釋放倫理的善意，故意義非同小可。此外，契約倫理直接支援著商業功利和政治社會功利的優化組合，結果是功利的最大化。這復為人類的積極演化提供了便利，亦使契約倫理成為了人類社會中重要的倫理現象。正因為如此，所以直至今日，契約倫理仍舊很強勢地盛行於世界各地，規範著人類的生存和生活。

然而，契約倫理在最大限度地實現人類的功利訴求之時，亦有其內在的局限性，而此局限性恰好也來之於功利本身。契約的前提是利益，或說，是利益交換的需求才產生了契約倫理，問題是，人類社會之中，並非所有的人之間都存在著利益的交換，在倫理的善不溢出交換者之外的原則之下，不參與交換的人將不會得到善的關照，甚至還可能遭受惡意或善意的傷害，此其一。其二，契約倫理的善，是一種對等、有償、交換的善，不交換則沒有善，這也成為了重要原則，而其實，這一原則恰是偏離了倫

理之本意的，倫理的本意是利他，它與契約倫理所主張的互利是不類同的，所以，契約倫理充其量祗是倫理善的特例，非是其本身。其三，社會契約之中，亦有資格的先定限制，沒有資格者，不能參與社會契約，當然也就不能享受契約倫理的善。這些亦是要認真辨析的。

契約倫理之外，還有一種倫理現象，可稱為群域倫理。它的產生與契約倫理幾乎同時，而其功能領域卻有異。群域倫理也有域的制限，但它不同於熟人域和地域，而是群域。這裡的群有特定涵義，是說，有相同主張、信仰和價值追求的人。這些人可以跨出地域、國界、利益、相識等邊界，結成同態聯合體，追尋其理想的志業。為達至追求的目標，通常情形下，其成員之間會有善的對待，而且，這樣的善大多是利他的。

群域倫理的早期載體是學問或宗教團體，晚近以來，則有政黨團體和興趣愛好團體。這種突破天然邊界和利益追逐而有的倫理現象，至少在形式上有了善的價值取向，解決了傳統界域間許多解決不了的善待問題，淹沒了狹隘界域條件下的善惡二致性；同時，它還使憑由主觀意志所追尋的善，成為了人們行為的依據和法則，具有強勢的能動意義和價值。

問題是，群域倫理的價值和意義有時候很容易被自身的不確定、不完整性所抵消，甚至出現負面的作用。很多時候，人類的主觀意志有不充分、不完整、不真實的可能性。設若僅祗有這類不真實、不充分、不完整的想法，也無關大礙，縱然說了出來，別人也會適當處置，或遺忘、或辨析、或批判、或發展補充。人類不堪其負擔的是，某種主張、主義、教條不祗是說了出來，還變成了思想運動和意識形態，或是組成社會團體，或是結黨張揚，或是國家強制推行之，一當這樣的組織成功出現，勢必要引發因為組織、社團而有的新界域。在人類的經驗中，這樣的

界域出現恐非幸事，它與種族域一樣，具有十分頑強的界域排異性，幾近於排異的變態和動物本能，以此平添人類之間的衝突和紛爭，甚至屠殺、戰爭之類。所以，群域倫理的負面影響不可小覷，直至當下，它還是人類社會中諸多衝突、鬥爭、戰爭的直接原因。這意味著，對人這種特定的精神動物言，本根倫理的善意志不祇是要致力於消解自然而有的界域障礙，還要進而消除因人的不充分、不完整、不真實思想而有的界域分歧，以使善可以流行無礙。

除了主義的信奉之外，可說群域倫理似乎是無條件的倫理現象，然而，它卻是一種主觀過了頭的善的表達，以致善製造了惡，所以必須要有變更和救濟。

何以救濟呢？我們來討論公共倫理。

公共倫理的質要在公共處。公共是說，社會祇滿足相互性關係關聯，而不受性別、膚色、年齡、宗教、利益、地域、熟識、信仰、財富、知識等邊界限制，甚或消解了各種界域的屏障。公共倫理則是，基於公共利益的需求，人們自覺地授出自己的善意，不計及行為付出的前提和條件。

公共倫理產生於所有前述的倫理現象之後，所以它有條件接納它們各自的優長，並作出綜合且更本質性的善的表達。這同時表明，公共倫理很難在此前任何歷史形態中發生，因為它出生的條件在過去任何時候都不具備。當然，不排斥如孔子那樣，以靈感式的覺悟去表達這種善的意志。公共倫理之出現，是大功利生存解釋體系成功後的必然結果。原因是，世界或人類的關聯程度足夠緊密，以至相互關係已無法失去，此其一；其二是，人類所積累的理性精神，已足使公共倫理成為可能。正是在這樣的基礎之上，我們才有了、也必須要討論公共倫理的可能性。

公共倫理之為新出的倫理現象，有它內在的體質表徵，這些表徵足以區別它與所有倫理現象之間的差別，是以有討論的必要。

其一，公共倫理的善即公共利好。其意是說，公共狀態中的好或善，才是公共倫理的要害所在。公共利好簡稱共利。此表明，它與契約倫理以私利的付出換回他私利的善是不同質的。這裡，人們願意付出善的行為，目的是為了共利的有效和保障，而不懷有交易的心理。

其二，公共倫理的善舉是不計條件的。即不因為有什麼具體前件的先在，才有因果關聯的付出結果。所以，熟識、地域、信仰、利益，以及國家、民族、宗教、階級、語言、膚色、性別諸般局限性、前件性的善因，一併摒棄，最後祇剩下共利的需要本身這一特定條件。共利的需要成為了替代所有局限性條件的條件，並因之驅動人們善的付出，是公共倫理的重要表徵。當然，依客觀論，好的公共社會環境、氛圍，會極有利於任何個體的生存和發展狀況，亦是不爭的事實。比如在明媚的陽光和藍天白雲下的生活，是每個人都非常愜意的，可這一各觀結果是所有人（包括自然人和法人）首先付出了清潔環境的善意才可能有的。

其三，公共倫理是失去了邊界或界域限制而有的倫理。公共倫理之為公共，即在於它是不受前此所有界域的設限而有的善。如果說它還有邊界的話，那就是人（作為又一種邊界，它會在更高級的倫理形態中受到清除）。因此之故，有時也可將公共倫理稱為人域公共倫理。人域公共倫理表明，一切在人域之中發生的惡行，如戰爭、陰謀、對抗、衝突、奴役、剝削、欺詐、壓迫之類，均是違反倫理的，故必得驅袪之；而且，若這樣的惡性源發於傳統倫理的任意形態中，那麼，這樣的傳統倫理不論它為何種何類，均得剔除之。

　　其四，公共倫理是一種立體的倫理形態。傳統的倫理類型多為平面形態，雖不乏多種倫理同時作用於同一受體的情形，然多數情形下，這些同時作用的倫理形態之間是分別獨立起作用的，至於公共倫理，它是由各種倫理之優長的綜合而成就的一代新興倫理，所以多能上下其手，立體作用於受體，使其善的付出更具有全域性、合理性。比如公共環境的保護，它的確客觀上有利於己我的生活狀態，而更多的恰是，你對環境的任何行為是否為善，不祗考慮你是否有傷及當下環境和相對當事人的過錯，還要考慮你是否有傷害善意的第三者、間接的關係人、甚至無關聯的未來人和環境的持續向好能力，等等的可能性及事實；於是，善不再祗是當下或靜止場景中的好，而是過程、網路狀態中的好。這樣，善的張力就顯現出了新興意義：善不祗在當下，還在過程的始終。

　　其五，公共倫理是一種意識自覺所主導的善。本根倫理是善的終極，而人則是世界上這善的最好的承載者。當然，各種在，無論為原子、分子，有機、無機，植物、動物均以各自特定的方式去呈顯本根的善意，以此展示存在的多樣化、複雜化，然，最好的承載和展現者，非人類莫屬，原因是，人有大腦這一在界的公共產品。即使我們長期以來一直在假公濟私，讓大腦為人類、為己我、為族群、為國家、為團體謀私利，可在大尺度上，這仍然不足以作出反面的結論：人祗是自私自利的在者。

　　如上所述，過去的萬千年來，我們縱使是被動而為，亦業已理解了些許本根之善的意志和嚮往。無論這樣的理解屬感覺智、理智、還是性智，均有演繹本根倫理的價值意義。群自我倫理、熟人倫理、地域倫理、契約倫理、群域倫理，以至當下初現端倪的公共倫理，它們有些可能祗是人類感覺智所為，有些可能是理智所為，卻無有例外，是人類智慧漸次理解和把握本根倫理的出脫。

　　大體言，人類對本根倫理的理解是由感覺開始的，即感覺到了好處，便行為之。這樣的感覺與生物們的感覺幾乎無二致，祗是在接下來的過程中，我們才慢慢看到了差異。經過積累和收集經驗，大腦得以對好處和善的行為進行加工，從中提煉出了可供依憑的原則和規則，一當這樣的原則和規則成立，善就進入了理智的領地。在此地，人們的所慾所求不再是一意孤行，而是要依據情勢和可能性作出選擇、判斷，這時，善自動成了選擇和判斷的依據，即依據的依據。因為你不付出善給予相對應者，你便得不到所慾望的利益。於是，善以其可以凌駕其（慾望、利益）上的能力，校正了人們行為的自我性。

　　可以說，對所有有界域的倫理言，自我是善與不善的起點。所謂善，即對自我的壓制和放棄，所不同的祗在於為誰以及為什麼壓制、放棄。這裡，自我成了問題的關鍵。很多時候，善的回報足以抵消這樣的壓制和放棄，甚或獲得了更多、更大的自我。之所以將理智的善定義為判斷和選擇的善，即在於，自我與善成了相對應者，並構成了交易關係，而且，在所有傳統類型的倫理形態中，這種交易關係大多是直接的，有所例外的情形可能會發生在群自我倫理、群域倫理之中。此表明，付出什麼與回報什麼構成了線性關係，而所謂例外，大約是線性關係變成了非線性關係。群自我倫理和群域倫理中的非線性現象在公共倫理中則變成了普遍現象。意即，善的付出與回報之間不構成直接關係，如果出現了回報，那也是間接的反轉關係，與授善者的主觀動機並不完全同一。於是，當我們理解這樣的理智意志時，會出現與剛才所說的定義不一致的情形。即公共倫理雖然也是一種選擇和判斷的善，可它並非一定基於自我的直接需求所給出，而是共利的需求所致。所以，如何定義這種形式上類同於理智，而內質卻又超越之的善呢？大約於此處，我們得引入性智的概念。

　　性智的對象和內涵即善本身，或說即本根倫理。通常所言的靈感直覺，即通過冥思覺悟直達本根倫理，便是性智所在。當然，人類理智的極致抽象和超越亦可接近性智的境界。無論直覺式，抑或超越式，都需要大腦對自我的充分化解和對本根意志的把握，否則，善將不為其善。可見，足量的理智積累和超越，亦是常進之路。比如，大多數社會中，都會把暴力、劫掠、搏殺、姦淫、盜竊、陰謀之類定義為犯罪，因為它們確乎為惡的具體表達方式，常常危害社群的安全、利益。然而，我們同時還會發現，許多的傳統社會亦常常僅祇把這樣的犯罪定義在社群內部，而放任於社群外部。何以如此呢？便是上言過的各種界域倫理在作怪，是倫理的界域致使了這種善惡二致現象。那麼，何來界域呢？本質上講，即是自我的狀態所致。這裡，自我不一定是個體己我，而是有權定義善惡標準的人，它可能是己我，也可能是群我。一當這樣的自我成立，倫理的邊界立馬出現，善惡的二致性亦接踵而至。

　　善-自我-界域-惡，構成了很好的關聯狀態。在這一關聯關係中，自我是最大的變項，且是最大的主動者。它的變化將決定善與惡的狀態。可以說，善與惡的有無、多少，取決於界域的有無及大小，而界域的有無及大小是由自我的狀態所決定的。故知，自我的狀態和有無是全部問題的根源所在。自我有兩種主要方式可使其變化或變異。其一是經驗和教育所獲得的理性，致使其擴大邊界和範圍，這會使自我由絕對狀態變為相對狀態，最終，自我會獲得一種很好的理性安頓：擇機而為，最大獲利。其二是性智覺的化解，該覺悟認為，自我是本根的虛假顯現，不足以為據，化而除之，則歸本根之真。

　　在經驗和感覺的領地中，自我可以是肉體好的感覺，可以是己私；自我也可能是對他者而言的犯罪或罪惡；而在組織起來的

自我中，它還可能是戰爭、獵殺、殘暴、專制；大多數情形下，自我即慾望、利得。一當理性加入自我之中，且隨著理性質地的提昇，我們會看到全新的自我，更大的利益和慾望的滿足，需要率先滿足共利的需求，以至可以至於：自我即等於共利。此一道理，中國古代經典《周易大傳》[25]及《墨子》[26]書中均有所述。當自我與共利相等或相近之時，自我的質變已指日可待了。如果自我再至於性智覺的消解和化除之中，則不難知曉，自我的虛假昭然若揭：天下大同，唯善唯大。

故知，公共倫理在哲人是性智覺，是同體不二的智慧；在常人則是理性養育的，且可以無限接近本根倫理的善。作為善的分殊，其要義有二，一是同類意識：人是一個類，所以有相互善待的可能性和必然性；二是公共利好，共利的善。基於此，亦知，公共倫理是人的倫理，即人才有的倫理，善待所有人的倫理；亦是人之所以為人的倫理，即此善是做人的標識。公共倫理之為人的倫理，實乃在於它首先是人性秉持，為大腦的內秉所在。過去故往，這樣的秉持未得明顯凸現出來，主要為環境所限，非是大腦不曾內秉。今日之勢，大功利生存解釋體系已宏大開展，人的功能及價值表達無法不與時俱進，是以環境設置已然成就，當此

25　《周易大傳‧繫辭》曰：「神農氏作，斲木為耜，揉木為耒，耒耜之利，以教天下……日中為市，致天下之貨，交易而退，各得其所……刳木為舟，剡木為楫，舟楫之利，以濟不通，致遠以利天下……服牛乘馬，引重致遠，以利天下……重門擊柝，以待暴客……斷木為杵，掘地為臼，臼杵之利，萬民以濟……弦木為弧，剡木為矢，弧矢之利，以威天下……上古穴居而野處，後世聖人易之以宮室，上棟下宇，以待風雨……古之葬者，厚衣之以薪，葬之中野，不封不樹，喪期無數，後世聖人易之以棺槨……上古結繩而治，後世聖人易之以書契，百官以治，萬民以察。」

26　《墨子》卷四　兼愛中第十五：「子墨子言曰：『以兼相愛、交相利之法易之。』然則兼相愛、交相利之法將奈何哉？子墨子言：『視人之國，若視其國；視人之家，若視其家；視人之身，若視其身。是故諸侯相愛，則不野戰；家主相愛，則不相篡；人與人相愛，則不相賊；君臣相愛，則惠忠；父子相愛，則慈孝；兄弟相愛，則和調。天下之人皆相愛，強不執弱，眾不劫寡，富不侮貧，貴不敖賤，詐不欺愚。凡天下禍篡怨恨，可使毋起者，以相愛生也。是以仁者譽之。』」

之勢，人的公共化及人之所以能夠公共化，全賴之於人所內秉的公共倫理。或說，公共社會必然是這一全新倫理形態的承載範本。

這裡，為使問題更易於把握，或許可將公共倫理說為兩個層次。一為前期形態，是一般公共倫理；一為成熟形態，是人域公共倫理。一般公共倫理是具體環境中的公共倫理，它應對所有非專屬、專有，及在專屬、專有狀態中，卻難以有效管理、保護的公共物品、公共場所、公共關係，而不論其公共狀態的大小、寬窄。人們通過善待所有這類公共物品、公共場所、公共關係，而實現公共秩序、公共利得。人域公共倫理是成熟狀態的公共倫理。它是消解人域內各種衝突、鬥爭、界域而有的倫理形態，為人類共同體的內質性前件，所謂天下大同、和合諧一。

遊弋過人類漫長的倫理演繹過程，不僅看到了人類智慧的發育、豐盈、弘闊，更觀察到了人類歷史演進的內在驅力所在。不論自覺與否，不論形殘輕重，走過之後，你一定會從過往中拉起一根行進的主線：由各種倫理紐結而成的善。是這根隱而顯之，顯又隱之的善，提攜我們走進了當下，走到了公共社會。任何一個過往了的倫理形態都有它的局限性，甚至公共倫理、人域公共倫理也不例外[27]，然，每一個倫理形態都包裹著善，是善的分殊表達，此是不爭的事實，也是我們必得要認真對待和理解的人類內質。

為什麼會有公共社會呢？是善的牽引而然。

27　人域公共倫理的局限在於它有人域，故對人域之外的自然有惡的對待問題。其所待補救者，當為人際倫理和存在倫理。鑒於本書論題所限，我不打算在這裡繼續討論人際倫理和存在倫理，待以後再行論述。另可參見拙作：《法哲學要論》第四講第三節，臺北，臺灣元照出版有限公司，2008年。

第 六 章

公共之人與人的公共化

　　本書《緒論》曾有疑問，人是什麼？我們很容易發現各種不同的回答。答案所以如此，除卻知識專屬而有的差異外，依本質論，人是什麼的差異，實乃在於善是什麼之標準的差異所致，或說在於自我善化的程度所致。在不同的倫理狀態中，人的價值和意義通常有完全不同的解答。我們最原初的自然隔閡（群自我），決定了我們認知差異的預設，祗是，這樣的預設不是絕對的，它祗是一道開啟智力的「破題」，一旦破題成功，答案的走向便成了一無限演繹的過程，不可以在中途停住，或固守之。

　　如果說，過去因為善的標準受界域匡限而有差異，致使人是什麼的論題，有各種不同答案的話，那麼，現在我們終於見到了另外一種可能性，即，當全人類都置諸公共倫理的善之中時，標準的同一或可取之。進而，人是什麼，亦將會是人的重新發現和價值定位的開始。

　　人的確演繹或成為過很多不同的角色。比如狩獵者、牧人、農民、工人、巫師、僧侶、祭司、國王、皇帝、官吏、村長、英雄、強盜、戰士、軍人、工匠、技師、工程師、專家、教師、家父、父親、母親、哲人、現代人、古代人、乞丐、流浪者、演員、罪犯、有閑階級、守門人、主權者、主體、合夥人、相對第三人、白人、黑人、黃種人、男人、女人、孩子、老人、學者、領袖、聖賢，等等。其中的一些直接為職業分工所致，一些是天然身份的結果，而另外有一些則需要考慮他因素，否則，有些角色便不易理解。所有這些角色不止是劃分了人類各種不同的類型，更在一定程度上定義過人是什麼。對許多普通人說來，他的職業和人生景遇，常常就是他關於人的判斷和感覺。依事理可知，感覺來之於天然的自我，是自我之於外界他者的應對所然。此表明，自我的感覺對人是什麼有重大影響，同時，職業和人生景觀亦有相當的設定意義。

　　除了這些之外，如果說還有什麼可以影響人之意義的話，那就應該是文化，而文化又有廣義和狹義之分。廣義者，一地域具有了文化單元的意義，其價值取向和形式原則足以影響此單元之內若干次級群域或地域的單元實體。比如說現代西方文化，顯然它不是某一個西方國家的文化，而是現代歐洲及北美地區所共有的文化。狹義者，則是某一群域或地域單元，明顯地被政治或社會實體所匡限，並由此生成或依賴的文化，它可能是一國之文化，也可能是一民族、種族之文化，抑或可能是一更早時代血緣群之文化。要言之，不論文化廣狹，均會預設出人的定義和意義。是以可知，界域化的文化亦對人是什麼有重大影響。

　　這樣，我們至少看到了三種預設，它們都影響著人是什麼的定義。其中，自我的善化質地，既有先天的隔離作用，亦有後天修養、教育的校正可能；而職業和人生景遇，屬後天條件，改觀與否，差異甚大；文化者，亦是後天條件，其要害是該文化內質所秉承的倫理狀態，若得其演繹跟進，非但文化本身會與時俱進，亦能改變人是什麼的定義，重構人之所以為人的智慧體系。

　　很顯然，自我的善化也好，職業景遇也好，文化也好，雖然都制控人的意義和價值開展，但這樣的制控很難依自我、職業景遇、文化本身的討論去解鎖。比如，我們無論如何不能直接與一依狩獵生存的酋長談論人道大同，先且不說聽不聽得懂，就算懂也是對牛彈琴，不濟於事。解除鎖制的方法通常有二，其一是，一當人類的智慧自足至一定質地，文化的本根給養略有顯現之時，浸潤其中的某些特定智者，會有性智的覺悟和直覺，以至完全化除自我和諸般制控預設，還原人之所以為人的真知灼見。祇是，這類方法的奇效不具普及性，絕多的人類難以步法。

　　其二，可視為經驗經歷之法。它通常不以個體人類為計程單位，而是人類文明歷史總程的承載。正因為所有個體均受自我、

時空景遇、文化囚套的鎖制，所以，解除不是一個短程行為，它需要大尺度時空的漸行漸覺。或即說，所感覺和經驗所獲得的東西（鎖制），當然祇能由經驗和感覺減慢地琢蝕，以至不覺其變而得其變。佛家所謂歷劫迂迴，至少部份意義可證之於此。

比如剛才所說，自我是天然的阻隔，應該是最難消解的鎖制，怎麼辦呢？先且放下，任其自在，任其作為，大致上，在所有個體都有自我的場景中，自我再壞也翻不了天。而職業和人生景遇及文化者，屬後天造就，解除的重點可先由此處入手：先解除或改變前件，然後因果關係亦隨之改變。說到底，人類的文明史其實正是遵循此一理路漸行漸進的。

職業為生存的首要，故也成為了改造的首衝。狩獵者，直接與動物共生存，而且也有與動物本身俱來的生存方式，所以，彼時的人類幾乎全是動物性的。農業首先起到了這樣的降解作用，經過這一新產業的浸潤、修飾，幾千年後，農民成了人類中最溫和的類型，至少動物性的外部行為特徵被改造得非常成功。

農業者，足以滿足生存的基本需求，卻多有渙散、自私、狹隘、不易組織、陳舊諸般德性，這些仍然是巨大的鎖制所在，且農業屬小功利生存解釋體系，不足以高品位地改變人生的存在境況。於是，以大工業為龍頭的大功利生存解釋體系應時而出，在世界範圍內漸行淘汰農業，特別是傳統農業生產方式，使農民轉變成為工人、藍領、白領，成為現代化的產業者。此中，如前所述，生產線、網路化、過程化、全球化諸般新興產業和社會力量，已使人們更多地成為了產品和社會角色，具出了極強勢的同質化、同型化傾向。所有這些，人們之於人的看法也無法不趨近、趨同。

很顯然，狩獵者、搶劫者、乞討者、傳統農夫、手工業工匠……諸般職業人，在現代社會還有遺存，或許因為職業原故，

他們還在固守著某些自我、人生的己見，然依大勢和大多數而言，人們對人、人生、自我的看法，至少有可以全球性溝通的可能性了，許多相近的理解和把握也已漸成為了人們的感覺和經驗。比如孫志剛所受到的虐待、汶川地震的恐懼、甚至寵物所受到的虐待，無不在激起浪潮般的漣漪。何其如此呢？其中之因由，肯定少不了因為人類職業的相似化，人的同質化、同型化而致的感覺的同相。

　　職業之外，文化的鎖制似乎更加不能輕視。而文化之要，全在於其所內藏的倫理質地。經驗告訴我們，一個群自我的個體，決然無有超出群自我的同情心，認為一個他者需要善待。彼時，人是什麼？顯然祗有一個答案：群自我本身，出此別無他說。以此類推，一個熟人社會、地域社會、群域社會，同樣有著鐵律般的差別對待：域內是人，域外非人。所以，自農業文明中期以來，我們被這樣的差別鎖定，不惜用戰爭、暴力、陰謀詭計諸般手段來解決人和人之間的相對關係。直至今日，宗教爭吵、種族紛爭、階級糾葛、國家對抗，無不是因為其內陷的倫理錯位所導演的人世遊戲。

　　當然，文化的倫理鎖制亦得漸進解除，無法操之過急。從機制言，文化的改觀取決於倫理覺醒，而這樣的覺醒又多有待本土哲人的大膽引進或原創更新。許多優秀的賢者之所以足以成為人類的導師，就在於，他們不僅適時提供了可資為資源的倫理價值觀念，更且是，他們善於製造通俗性極強的倫理概念、範疇，使之可通行於較大範圍的群域或地域。這些概念和範疇一旦成為文化建構的材料、構件，便足以引發文化演繹翻新的趨勢，從而成就某些文化解除故有倫理鎖制的企求。軸心時代東西方的若干思想家的所作所為，均有此等功效。他們用新鮮翻造出來的諸倫理概念，如道、仁、誠、善、理念、梵、相之類，化解了前此諸部

落社會所特定的善意的鎖制，使之出域而有了全新的善的共識，進而引發了古典文化建構的新景觀。

以此可知，人的鎖制，實由文化鎖制所致，而文化的鎖制又源之於倫理的鎖制。邏輯上講，倫理之為倫理，本意在於降解自然之自我的自在性。因為自我是諸衝突、紛爭、搏擊的總原因，故不利於人的社會性、同類化前途，所以必得有倫理為之降解。在資源絕對靜止和有限的條件下，自我若不競爭，的確無有自我可言。問題是，競爭並不解決自我為在的問題，而祇是實踐了必爭的邏輯。好的解決方案是，優先解除資源的絕對有限和環境的靜止，以使任何自我可裕而無憂。然而，這樣的前景非是任一己我所有能為力的，它既需要全體自我的共同參與和智慧聚煉，也需要長程的時間過程，而此二者，都必得有合群存在的先決條件。此表明，倫理何以有人之所以為人的特定價值呢？就在於人既是倫理的呈現者、參與者，又是倫理過程的傳承者。亦即說，在人類共同獲得無憂無慮的資源享有之前，人類必須先要有能力將所有的自我聯合起來，這樣才有無憂無慮的前途。而其中，因為自我的殊差和具體環境的別致，很容易致使某些個體或是固化自我，或是貪占有限的資源，或是破壞勉為其難的法則、規矩，或是無視他者，一意孤行，等等。如此之下，倫理的特定意義和價值就屹立其中：以其善之為善的驅力，牽引人們自製自我而共同歷劫。

具體的倫理形態，均為善的分殊，或承載善，所以它亦表現出了由小及大、由窄而廣、由淺入深的演繹過程。也即是說，倫理的鎖制得由倫理本身來解除。表面看，是一個更大、更高級、更深刻的倫理形態解除了前位的小、低、淺級次的倫理形態，而其實，是善的本根驅力分殊而為的漸次結果。因此不難理解，隨著善之驅力的進動，倫理對倫理鎖制的解除，一定會改觀文化的

體質樣態,而最終顯現出人之所以為人的真實。

人是什麼呢?在充分地去蕪存真、化假趨真之後,我們終於可以發現它所內藏深具的真意:善的承載者、參與者,善本身。所以,性智覺是什麼?不正是這由之善、參與善、返還善的同一不二嗎!

自我,確乎是人的構成和主導,它擔當了自人類之有以來的全部人的志業和責任,直至當下,我們仍受其益助。然而,在邏輯的鏈條中,它仍然祇是此在不充分(不充分的人性、不充分的智慧、不充分的養資源、不充分的環境)情態下的暫且,非是終極,類的存在者必將成為人之所以為人的主流,而其要,便是人的公共化。因為祇有首先公共化,才能解除所有自我所無法不面對的死穴和困厄。

那麼,為什麼人可以解除自我,實現人的公共化呢?此一論題的答案必須經由人性的理解方能獲釋。人性是人之所以為人的內秉,或說使人區別於動物的內質性構成,它決定著人的存在,亦決定人的去往。依理而論,過去的人類是受故有的人性左右的,而人性又非一成不變。故知,針對故有人性,人的新價值和人的重新發現,即在於這人性中有足以展現其公共性的內秉,所以,我們得予人性以流變的概觀。

依據我的考察[28],人首先是動物,所以不免有動物性,或可說,動物性是人性的基設。此外,人還有神性,即嚮往與本原、本體同一不二的性智覺。祇是,當下之人,此神性未得完整開展,處於了一種具有而未發的狀態。這便讓人有了比動物高超卻又拖累於動物性的尷尬。其實,當下之人,正是這種動物性和神性的雜合物,為中間狀態的存在者。所謂人性,亦即是這動物性與神性的雜交所秉。

---

28 參見拙作《制度文明》導論第二節,臺北,臺灣元照出版有限公司,2008年。

　　人性是動物性和神性的雜合，為清晰見，亦可分類表述，大體上有如下說法。

　　首先是功利性。功利性即實現和追求生存的能力及秉性表達。通常可更具體地表現為自我、自利、自私、自得、自主、自由、利益諸傾向，與之相應的外在行為方式則有：攻擊、搏鬥、獵殺、取得、較量、對抗等。如果功利性具足為社會行為方式和文化現象，則會與產業方式相關聯，甚至生成功利主義、小功利生存解釋體系、大功利生存解釋體系之類。

　　其次是社會性。社會性或稱社群性，是人們依據親其所親的本能趨向合作、和睦、善待他人的秉性嚮往。人以類為在，以群為分，故難免組織和相互關聯，依據功能差別，社會性可進而分出兩個下位類型：倫理性、政治性。倫理性更多地表達善的意志，強化親和基礎，用善來消磨功利性中的自我、自利、自由傾向，是為各種倫理形態的內質。政治性的重心則表現在對他者的控制與反控制的意志中，試圖用控制的方式實現對自我各自、個性分歧的壓制，從而實現社群的和睦和秩序，其中也包括對這種壓制的反抗。倫理性和政治性是社會得以構成並存續不輟的根本原由，也是人類得以共同演化的前提。

　　再次是理性。理性是智慧或大腦機能之於有利、合理的判斷、選擇、甄別、辨析的能力和秉賦。理性為大腦特產，但受制於文化環境的塑造，反過來，理性狀態亦造就不同的文化形態。理性雖是判斷和選擇能力，可它與倫理性極具親緣關係，可喻之為，為了功利的需求而表達出的善意。理性還具有很好的伸縮性，其短較錙銖，其長可接近性智覺，成為性智善。

　　復次是公共性[29]。公共性為人類同類意識的秉賦，有時可稱為類的社會性。它展現在理性後，是功利性、社會性充分理性化

29　公共性之後，人性還當有自然性的表達。自然性將表現出人類的人際倫理和存在倫理，彼時，人之所以為人的完整，才得以完成。

而有的人性現象。其中，特別是對自我和界域倫理的理性化解，使人類終於有了一種全新的理念：人是同類，必得同在方可為在。從某種意義上講，公共性是至目前為止，最具人之所以為人之價值的人性表達。

人是同類，因此人具有類的社會性，具有質的公共性。也祇有公共之人才足以展現人的真實，才能擺脫人的假象，才能解決久遠以來人類萬千代夢寐以求的困境和惡待，才能消化人類社會中諸般界域的拖累和包袱，才能改變人的畸形狀態，使人成為不受拖累的人。

人是公共的，是說，人的本質是公共的。它隱含了兩層意味：其一是說，過去長期以來我們所固守的自我，其實並不真實，乃是一假託，是在之為在始發時的那個「各自為在」的人性版。在的「各自」固然重要，然在並不可以完全自在、孤在，而必須互在、共在；亦且，要想在下去，還必須「攝養以為在」，而攝養，可以膚淺地表現為「各自」的行為，但這無以解脫因攝而有的麻煩和困境，除非我們找到了「非攝在以為養」的方式，否則，所有的自我均無免於被攝的惡作。為此，這便需要在自我之上建構起人的類的共同體，假由共同的智慧和能力去解除「攝在以為在」、「在為在所惡」的困境。一當人因為如此的公共化而為人，便不再是自我之人，故說，人的本質是公共的。

其二是說，對不同時空的人言，人的本質是不同的。在自我為人性的狀態中，它符合人的動物本能，是以可說自我是人的本質。往後，這樣的本質不斷地被人自身所修正、改造，如倫理性、政治性、理性之類，在這樣的修飾中，人的本質亦大獲展開，從而在人類中產生了英雄楷模、典範、聖哲之類的角色，人性因而大放異彩。相對原初認定的那個本質自我言，任何後來的人性更具人的本質意味，其道理復有二義，一是後來者更接近性智覺；二是修飾自我以後的人性更易於解除「在為在所惡」的存

在困境。以此比較故知，公共之人更近於人的本質。

　　據此可知，理解人的公共性有兩大基設，其一，我們首先是人；其二，我們亦是網路化、過程中的人。

　　先看其一。說我們是人，其意義在於，人以其智慧的綜合，使它超出了動物成為了人，而超出，又非一成不變，其超出是過程化的、無限演繹的。若以智慧為例，可知智慧至少有三個層面，所謂感覺智、理智、性智。其中，感覺智屬原狀性的智慧，其智力作為多依感覺而有，所以通常最貼近自我，如對直接的物利的敏感、對子女的關愛、對身臨場景的感覺、對關聯者的善待、對自我的護衛，等等；而理智則是自我開放和交往過程中的智慧表達，所以它的重心在於，自我之於環境、外在、他者、對象的應對，故可視為關聯的智慧、應對的智慧，其方式通常表現在判斷、分析、綜合、研究、選擇諸方面；性智者，恰是反逆上述兩種智慧的智慧，它的價值在於消解自我、化除障隔、同體不二，顯現人的終極價值，是以為智慧的終極者。感覺智之最高者是愛，理智之最高者是理性，性智之最高者是成天覺悟。三者比列，自有過程與進階的差異，然人之所以為人，當不會出此過程之外。故知，凡人，不論他外在差異如何，其智慧所向，是受此過程所規制的，其見識終究是同一的。

　　再看其二。說我們是網路和過程中的人，是說，我們的來由、當下、去往是連貫的，不可割裂、斷截。形式上，我們是一個點或子，似乎不錯，可這衹是形式，若說及我們的內涵，則不難知曉，我們的這個形式是由存在的網路、關係和過程支援的，沒有諸在間的，或諸相的互助、互養，斷然不會有你我之個體的存有。即使換一角度理解，這個道理也極為明白，你我赤條而來，吃喝拉撒幾十年，也即是忙碌了幾十年，甚或是爭鬥了幾十年，不論你把它說得多麼誇張、偉大，可如果僅就這幾十年而

論，一旦伸腿休身，意義又何在呢？與雞犬牛羊的一生又有什麼特別之處呢？其實，這幾十年的所得所失是物理性的、是外在的、是功利的，它們的確有物理價值，然而，若僅祗是這些，就算你翻天入地，或創造了帝國，或屠滅了種族，最終還要一死；更進者，或用金銀財寶包裹你的屍體，或若古埃及國王那樣用木乃伊的方式企望重生，決然還是空空如也，這些物理的方式是沒有辦法讓你重生或長生的。人的特殊在於，他的確發現了永生與無限，但這樣的永生與無限恰恰是非個體、非自我的。我們的得失之本，完全在於諸相的互助與互養。或即說，我們之來，是無數的他者為我們提供了因；我們之在，是無數的在與相與我們互助、互養；我們之去，亦會為後來者供給因由。祗有把自己等同於原、因之時，我們才能獲得真正、真實、完善的解釋。這個解釋的結論即是：我們是過程與網路關聯之人。這就是意義，就是價值。古人辨文質，即今人所言的形式與本質，印之於你我，即是此意。

大抵言，受感覺智籠罩，人們大多容易重視自我、形式、點-子，所謂執自我而固之；在理智的幫助下，人們會致自我、形式、點-子於較為合理的狀態，它會在自利的驅使中作出理智的判斷，適當考慮他者、他人的得失，不過，這裡的合理是具體環境和時空狀態下的，物理狀態中，理性會說明研究者發現過程、關係與網路之類的真實，而在社會和利益條件下，理智的自我選擇會居於主導地位；至於性智，則會自覺放棄自我，成為參與者，以其所能去成就過程與網路關係本身。

如今，我們的現狀是，理智和理性漸次居於了主導地位，我們在繼續保留自我的同時，知道凡人都有通約的可能性。通過通約，我們會發現或找到共識，我們會漸次理解同類意識，理解人之類的社會性。就使這樣的通約是功利動機、自利動機的，最終

也無妨我們得出結論：類的智慧與人的公共化是人類解困的必由之路。為此，我們得顯現和發掘我們的公共性，使人性近似。當然，人之所以為人的本意在於，即使自知了自我的虛假、暫且，亦自覺去追尋體變相養用顯、同構互助自足的必然。這裡，自覺是人區別於動物的根本之所在。

人在本質上是公共的，或說，理解了人是公共的人，並不等於說，現實中的人就已公共化了，此中的差距尚是天壤。以此所知者，是我們有了改變落差的任務和實踐路向。所謂實踐是說，人如何去公共化。

公共性揭示了人的類同意識，使人明瞭了自己的價值狀態：類的社會性存在。然而，要實現公共社會，還有艱巨的工作，其主要者在個人和社會的體質性改造。可說，沒有充分公共化的個人和充分公共化的社會機體，公共社會是無以成立的，而個人和社會的體質改變復是言之不確的論題，祗可思而量之。大要言，人的公共化和公共社會可由四個層面具足：

　　一、生存方式與生產關係的同型化；
　　二、人或社會構成單元的角色化、工具化、標準化、
　　　　同質化；
　　三、社會治理機制和功能的技術化、程式化；
　　四、社會結構的網路化、過程化。
以下我們一一予以解釋。

一、生存方式與生產關係的同型化

如本書第三章所言，大功利生存解釋體系的實踐，已使生產與產業方式鏈條化，亦使生產關係和經濟形態國際化、世界化，而其實，這些祗是公共社會的前奏，對真正的公共社會言，全球

性生產方式與生產關係的同型化，將是不爭的事實。

　　大功利生存解釋體系的最大意義就在這功利二字上。所謂大功利即是它可最大限度地滿足人類的功利需求，而此，又是「攝養以為在」之鐵定邏輯之於人類的必然結果。快速、高效、最大限度滿足，決非想像的後果，它一定要由大腦功能的物理性開發而實證。表現在事實中，便是由科學、技術所主導的生產線、流水線及資訊流通方式，金融潤滑方式的快捷、方便來承載的。內中，生產對象、原材料、生產方式、生產手段，甚或生產關係、經濟形態的優化和最大可能性，是由各自所內含的物理定律所決定的，而物理定律通常是唯一或限定性的，不可以主觀臆斷。這便在源頭上決定了功利之同質化、同型化的不可選擇性。如果再加入考慮文化和制度方面所人為強加的保護措施，則可知，生產方式和生產關係的同型化，是逃無可逃的唯一。如我們所看到的微軟現象，足證其意。

　　認真追索起來，對於此意，西方文化有誤打誤撞地占先機的表現。功利主義的另一種表述，叫「使物用於物」。它是說，文化的價值和意義在於：使物作用於物、使物有用於我。這便是西方世界所以能發展起現代自然科學和技術體系的根本原因。這裡，「使物作用於物」是前提，而「使物有用於我」是結果。正是前提的同一性，決定了這個結果及其表現過程的同型化和同質化。此表明，除非你不需要功利，否則你就得服從這樣的同型化、同質化的邏輯。也正是這個背景理由，復決定了當代社會的一種特異現象，即政治體制、社會樣態、意識形態差別甚大，甚至對抗衝突，而所能與共者，便是集約了這種同型性、同質性的科學技術及工業體系。所謂科學無國界、科學是真理是其說。更令人玩味的是，這種特異現象中，居然還可以假同一的科學技術為政治主張、意識形態所用，使之成為政治及教義對抗的工具。

何其幼稚哉！當然，若將其視為過去低級人性或人類的延伸，亦無不可，抑或可說為門檻上的公共社會，具有較多的初始性和不確定性。

然而，不論當下的初始和不確定狀態如何，邏輯的力量和後延性是說，人類各處所故有的生產方式、生產手段和生產關係，乃至經濟形態均會漸次服從高效率和最大化的必然性，以趨於高度的同型化、同質化；並且，在這樣的同型化和同質化過程中，漸次消解主義、主張、意識形態的對抗、對峙、衝撞。

與早期的引進、移植方式不同，近年來更多出現了大型技術和科學研究項目國際合作的現象，亦在跨國生產協作和投資方面有了全新的發展模式，這些新興科技和經濟現象，會更快加速全球性經濟體系同型化、同質化的進程。非但人類級次的科研專案得由全球科學家和科研體制合作而為，並生成同態的公共功利現象，即便那些過去完全或幾乎被忽視的非洲、南美洲、大洋洲、南極、北極、海洋氣候，甚至地外的月球、太陽系之類的自然資源，業已開始有了公共性的意義和價值。不僅各國的經濟發展、生產值與這些息息相關，就是美國的航太計劃、日內瓦的大型強子對撞機、巴黎的核聚變項目，等等，都對非洲草原、南美雨林、澳洲沙漠、南極冰山、大洋洲環流有直接的依賴。如此之下，我們經濟、生產、功利的同型化、同質化，已然不是外在的，或不同政治單元之間的模仿、效法問題，而是實質性的同體化問題。我們所面對的障礙全部來之於傳統界域所致的觀念和主觀利益，而非客觀的不可能。

二、人或社會構成單元的角色化、工具化、標準化、同質化

　　大功利生存解釋方式開始以來，因著產品生產方式的同型化和流通的世界化，人們之間的交往關係得以加速、加快，亦更廣普化、多維化。其所改變和衝擊最大者，莫過於自然人。自然人所固有的自然行為、行為方式均被置於了同型化、角色化、工具化、標準化、公共化的邏輯之中，成為當下人存在的必需，如果有人試圖逆勢而行，他會很快發現，交往幾乎不可能。這樣的改變，其實是人類之中社會構成單元的體質性改造，而其去向就指向人的公共化。

　　社會構成單元的公共化，亦即人之類的社會化。它的出現，取決於以下邏輯：產品的世界化，才能有利益和效率的最大化；而產品的統一規格和質地，是有效地實現產品世界化的先決條件；進而，產品的製造者、設計者、管理者、使用者、相關人也祇有充分地類型化、角色化，才能保障統一規格和質地的高效率；最終，人也祇得最大限度地類社會化。這裡，人的類型化、角色化，被決定於社會分工，分工必然導致職業化和專業化。在複雜而又細密的職業化和專業化中，它所推定的社會角色，與自然狀態或因傳統方式的社會分工而有的職業大為不同。專業化的職業角色不祇是產業分工，更是產業和社會網路的協作，它除了滿足傳統的自我利得慾求之外，更要服從經濟和生產方式、生產關係同型化、網路化而有的公共化驅力，是以才會具有更好的功利和公共意義。

　　以此我們不難發現，大功利生存解釋體系以來的人的類社會化運動，是難以由個人或組織或主觀意願所逆轉的。不僅是效率和利得在驅使著人的角色化，而且，隨著社會利益的增值及各種

資源的豐沛，亦隨著因為角色化而必然同步成長的知識修為和人格意志的成長，社會化的公平、正義觀念亦將穩步盛行開來。如此之下，如何實現更廣泛意義和更大範圍的公平、正義、平等的目標，便成為了公共社會的強烈現實。如何才有最有效、最可靠的公平正義呢？方法之中，唯一切實可行之法乃在於，人的工具化。因為，祗要是人，就不免有情感、關聯關係、顧盼諸多影響公平、正義的可能性，若得解除影響，確保人的公正，唯一之法是使人成為工具。常識告訴我們，祗有工具才不具有，或不具出情緒、情感、顧盼、關係的可能性。為此，這就必須要把人變成工具，至少，公務和操作狀態中的人，一定要成為工具，才有公平、正義的後果。

　　追索起來，人的工具化，絕非是現代現象，早在古典時代初期的西方城邦制中，人的工具化已露初型，而且，也一直為功利主義至上的西方文化所推崇。所不同的祗是，當下的人的工具化有更強勢的社會驅力，這與社會資源、公共利益、權利得失的更豐富、更複雜、更廣普化有直接關係，且呈正比例上昇地表現著。政府機構、官員，包括總統，不再是統治者，而是社會管理的角色和社會工具，甚至社會組織、公司團體的參與者也成了這樣的工具。因此，我們不僅面臨了人的角色化的問題，同時還要面對人的工具化的問題。而對人言，人的工具化似乎不是福音，這意味著人在向物的退行，是人格、人志、人性的出讓。其實——如前所述——現代社會中流行的人文主義、人道主義、存在主義之類，有很大一部份原因即在這人的工具化而有的失落，故可視為這失落的呼喊、輓歌。

　　角色化、工具化之外，還有標準化的問題。所謂標準涉及兩個層面，一是產品、成品的標準化，它極有利於利益的世界化和效率的最大化；二是人的標準化，它是為了產品的標準化和人的

工具化而必得設計的前提，故又與角色化相關聯。現代社會中，早已濫行許多頭銜、專業稱謂，如博士、工程師、講師、教授、公務員、律師、會計師，等等，這些人其實是某種社會化標準施之於人的裁量，它們是統一規格或近似規格的。說穿了，你祗有首先符合了某些標準，然後才能成為某個角色；若你不能按規定服從這些標準，你便與某個或所有社會角色無緣，從而淪為社會的邊緣人。在這裡，所有個性、特定的智慧、技能、偏好一一推出了界外，結果是，人的大規模的同型化。

　　人的標準化之最早和最基礎者，莫過於希臘制度中的主體制度。將人主體化，其主觀動機是為了把自己（有特權的人）與他者區分開來，以便通過制度來保護特權，進而可以隨意奴役、壓迫他者，視他者為物。大出意料之外的是，這一制度在充分滿足著主體者慾望的同時，也在使他們自己高度地標準化、工具化。因為主體的構成必得有標準，而一旦將人為標準加入人的構成之中，勢必致使人的自然品性的改造，結果祗能是，凡主體均有較多公共性。這一制度的預設，其實已預示了現代社會人的標準化和工具化的可能性。可以說，主體化是一切現代人能夠角色化、工具化、標準化、同型化的基礎。其意義是，法律首先認定你是一個人，其次還得規定你是怎樣的人，然後社會才給予你生存、交往的機會，才允許你從事何種職業。故知，主體是人之類社會化的最早稱謂。

　　人的角色化、工具化、標準化、同型化，可視為某種意義上的動物性，或近動物性人格、人性的消解。問題是，因為角色化、工具化、標準化、同型化而有的新興人性、人格是否具有自然的必然性？回答應該是肯定的。其實，現代社會條件下的人的角色化、工具化、標準化、同型化，是人性的新顯露，是人的類社會化或同質化的開始。即，它從性質上開始了人的非自我改

造，而趨向於公共之人。古往今來，人之所以是自我的，即在於我們都有這自我得以存續的動物性、功利性的體質承載，傳統的生存方式也較多地遷就了這樣的體質構成。它們被限制，很大部份原因得利於過去有過的各種倫理形態和它們的原則、規範（包括部份法律規範），但，這樣的限制並不能解決自我所面臨的根本問題，即解脫資源和利益的有限問題，所以，過去的倫理形態多半衹能將就行事，作行進狀態中的勉為其難工作。自我之解決的根本出路，除人類必得有類的社會性的自覺外，還得有一主要方式的憑藉，這便是資源有限的突破。為此，全體人類的共同智慧作為是必不可少的前提。這便是我們何以經過了大功利生存解釋體系的過程之後，必得要步入公共社會，人何以要公共化的根本原因。也正因為此，原狀自我的消解，當然是必須之舉，也是人性改觀、人的體質自足的深層原因。故知，人的角色化、工具化、標準化、同型化，是人之公共化的必由之路。

很長時期以來，我們對此並無自覺意識。個中，為著功利的需求，我們曾有某些自覺，比如，國家制度的設計中，有居多鼓勵人才專業化、職業化、工具化的設計，甚或有些國家還有過分的強化；比如，公司或組織及政府部門在用人之時，刻意吸納各類專業性很強、標準特別到位的人才；也比如，現代教育體系更是著意建構各類專業人才的培養、塑造，甚至不惜扼殺有個性的人才；還有社會大眾的觀念中，亦非常認可各種標準化人才，家長夢寐以求的便是這樣的龍子，等等。然而，所有這些自覺，衹是具體功利和利益的自覺，而非人的類的社會化的自覺，而非人的公共化的自覺，而非公共社會的自覺。由於目標的短視，我們不難發現其中的過誤和差錯，比如教育體制中的人為製造之嫌。不過，從長遠觀，這樣的盲目和短視也不失為初始狀態中的必然。

　　基於大功利生存解釋體系的成功，我們不期然地有了單元類型化、人的類社會化參與諸般新興社會象態，這是一種人的類社會化的進入，也是人之所以為人的必由之路。它意味著人的自然個性的降解，自然人格、人性的消失，也意味著人的同質化，雖然我們還在這樣同質化的過程之中，目標尚未達到。當人的類社會化成為事實的時候，其真實的結果不是停留於我們慾望的滿足、自我的保存，及人格樣態的保障，而是人的公共化。它是說，祗要我們以類來參照自我時，我們智慧中內藏的同類意識一定會成為我們人域公共倫理的內質；而當我們不再以傳統界域為善的邊界之時，善就是同類化的。而此，正是人類公共化的質要。

三、社會治理機制和功能的技術化、程式化

　　人以社群或社會為存在方式，必然地也有了社群或社會的治理機構。古往今來，這樣的治理機構和治理方式雖有所謂東西方之別、民主政體與專制政體之別、自然社群與地域或人為社群之別，然其質要，均未出乎人性之所限。氏族或部落社會的家父或酋長制，與人的動物性相距甚近，是雄性動物統治本能的近似表現；後續而至的農業社會中的帝國專制體制，仍然與雄性動物的統治本能有密切干係，祗是其政治性偏向了單向慾望的驅使，並以此成就了政治統治單向性的類型；商業-強盜社會的民主城邦制，利用家父的社會單元基礎，張揚自我和功利性訴求，以契約方式來展現政治生活的對等性與公平正義原則，得以顯示理性社會的長處；現代西方社會，除繼承希臘民主制的諸多元素外，更加注重個體自我的意志和主張，更加受制於資本佔有的驅力，將功利性、理性、自我推向了極致。

　　如此之類表明，人類的政治生活方式和政治機構體制，是與人性狀態密切相關的（至於說及強盜社會中強盜們的入侵、掠奪、搶劫諸行為方式，那更能顯示人的動物性本能）。以此類推可知，人性狀態的變更，會促成人類社會政治生活方式和治理機制的衍更。較之過去的歷史經驗和現實生活的變化，我們已然發現，進入公共社會之初，人類政治生活方式和治理機制的演化出現了新趨向，這便是社會治理機制和功能的技術化、程式化、專業化、去政治化。

　　故往的歷史中，無論民主制還是專制獨裁統治，其實均有忽視社會之公共利益和價值取向的偏差。所不同的祗在於，民主制以個體自我為原因及目的，借助主體構成性法律體系，保障了個人功利意志的暢通，祗以理性的附加功能關照社會的公共性；而專制獨裁統治——不論它為何種類型——則以統治者的利益得失為政治存在的原因及目的，用專斷、暴政的手段去壓制所有反抗者，其中，為了自身目的需求，客觀上可能會顧及社會存續及福利的可能性，但遠不足以顯示它的公共意義和價值。可見，這兩類政治體制均難以承載公共社會之公共性的價值訴求。今天的社會，已然出現了公共性的價值流向，如若其間的政治生活方式和治理機制不能適應這樣的價值流向，則難以繼往開來。而其實，我們的政治生活方式和社會治理機制確已出現了新形態，並且是以公共性為轉移的新形態，以下是其特色所在。

　　首先是傳統政治形態的轉型。馬克斯‧韋伯曾總結了三種主要類型的社會組織形式：理性統治形式、傳統或習慣的統治形式、崇拜特殊人物的統治形式。今天看來，這樣的分類（包括類似的其他分類）實在祗能視為過去政治統治形式的勾勒，雖不至於說所有這些政治形式都已消失，可非常明顯的跡象表明，轉型的態勢已暴露出來。其中，有些已成為非常孤立的個別性例證，

如崇拜特殊人物的統治形式；有些則已大為降解，祇保留了形式意義上的類型特徵，如英國等所代表的國王政體；另外的所謂理性形式，的確具有普遍性，然其內質價值功能已在發生悄悄的變化，個人主體式的原因和目的結構，已漸變走向社會公共式的原因和目的結構。在這樣的轉型中，政府，不論它屬於什麼類型，現在必須越來越多地承擔起公共性的事務，同時也必須更積極地參與國際合作。面對層出不窮的公共事件，政府的公開化程度日益強化，許多曾經的帷幕日漸減少或減薄，出現了隱約可見的透明度。可以說，雖有程度的差別，政府的公開化、國際化、理性化、公共化已成不歸路，單一統治的核心價值已成為明日黃花，而極端主體中心的功利政治亦漸見疲軟。

　　其次，主權政治趨向公共政治。長期以來，國家幾乎被認為是社會組織的最後載體，以致曾經出現過絕對主權觀念。今天的世界實已告別絕對主權，其表現主要有三：一是國家的相對化，二是個人或組織可在法律上與國家平權對應，三是國際組織的大量出現，且其權力在不斷真實化。

　　這裡，國際組織的出現和趨近實體化，是人類社會公共化的重要標誌，它意味著主權政治的改換，公共政治的形成。常識告訴我們，主權政治是對抗政治、衝突政治、雙邊或多邊政治、自利政治，所有國家間的戰爭、衝突均源之於主權政治的危機。與之相對應，公共政治則是公共和睦政治、公共關聯政治、共同承擔政治、得失共利政治，它以消弭衝突、紛爭及各種災難為出發點，以增益人類公共得利為目標，實踐天下人共處天下，人道大同的價值理念，是以為公共社會的主要政治方式。以聯合國為代表的各類國際組織，其組成方式和構成原則雖有待進一步提昇與轉換，可不難期待，它們必將更加公共化，更加明顯地成為公共政治的載體。進而亦可以認為，隨著對抗政治的降解、軟化，理

性和公共性也必將成為各種政治實體的體質性內質，於是，所有傳統政治所固有的暴力性、衝突性、壓榨性、對抗性、專制性亦會漸行遠去，告別人類社會，成為歷史學的追憶。

最後，社會管理方式的技術化、專業化、程式化及管理者的職業化、工具化、角色化。受功利主義和理性主義的雙重影響，以及還可能受技術主義的效率原則的影響，自大功利生存解釋體系生成以來，人類的社會管理方式出現了重大變故，即，無論暴力成功者，還是選票成功者，都已無法僅依自己的意志去治理國家，他們必須借助龐大的職業官吏群體去實現統治，以致最後出現了公務員系統的再次分工：政務性的公務員、事務性的公務員。事務性公務員群體的出現，是現代社會管理方式高度技術化、專業化，及運作方式程式化的恰當表現。為此，大量的社會管理者已完全職業化、工具化、角色化，以適應高度技術化、專業化、程式化的管理體制。

政府管理方式的技術化、程式化、專業化，有許多原先未有意料的新特色。如它加速了政府的去政治化進程，從而使政府更具公共屬性，而非某階級、集團，甚或個人、家族的工具；它極好地提高了政府的工作效率，避免公共成本的浪費並增益社會利益；它可以更有效地實現公平、正義訴求，而避除政治的人為因素；它更益於公共社會、公共利益、公共價值的實現，使政府及社會組織成為公共的管理者，消弭各種界域的衝突和對抗；它改變了公共權力的存在和生成邏輯，在技術化、程式化、工具化的過程中，政治及政治形態作為意志（包括感情、情緒、偏好、利益等）的表達方式，開始讓位於人的公共性及自然性的必然，使政治和意識形態成為公共性、自然性外化的表達，而技術化、程式化、專業化、工具化恰是這種公共性、自然性的邏輯結果，它足以迴避各種界域意志型政治的天然弊端。

　　可見，受大功利生存解釋方式作用的現代政治，其價值取向和功能邏輯，恰好反過來成為了各種界域化政治的剋星，成為了自我中心主義意志的改觀者。這裡，主觀意志的感受與事態邏輯的演繹之間會出現明顯的落差，但卻是無法避免的落差勢。不難想見，一當步入公共社會之境，這樣的價值取向和功能邏輯將愈益明顯。

四、社會結構的網路化、過程化與同型化

　　人類社會延至今日，為什麼會走入公共化？前文已有物理、性理及內質的分析。其實，依東方哲學言，這樣的現象所以會出現，是至明至確的道理，不難費解；然於西方人及文化言，確乎有解釋的必要。

　　東方哲學所主導者，是體-相-在或體-相-用的世界體系。即世界由本體、相維、在三界同構而成。其中，本體或自然本根是世界的原，相或存是世界的因，在或用是世界的果。世界的差別是在的差別，是諸相同構為在而有的差別，相反，相本身並沒有差別。在的原義有二：各自為在，攝養以為在。各自為在，意味著在的世界是各自的，似乎被切割、分離著。進而的攝養以為在，更加強化了這樣的各自，而且對我們這樣的在言，其攝養以為在的對象大多是在本身，甚或是與我們關係非常近鄰的生命，以至於得攝生命以為在。這便極大地強化了諸在之間、生命者之間、同類之間的生存競爭，使在的表象性得以固化。此即是人類之有自我，且固戀自我的物理原因。

　　問題是，各自為在祇是在界的原義，並非世界的全義；更重要的是，在的原義祇是意義的初步，它最終得吻合世界的全義。這裡，原義之為原義，是初始的意思，它祇具有啟步的意義，其

過程的指向，是諸在之於世界全義的顯現。為此，在必須通過自身的構成性改造，以實現、實踐世界全義的必然。攝養以為在，正好具備了這種雙刃劍的價值。以各自為在的立場言，它祇能強化在的各自，故亦是人類之中自我非常容易被強化的總原因；而以過程的立場言，攝養的對象並非一成不變，在低能的前提下，其行為表達是攝在以為養，甚至攝生命以為生命，更有人類中的攝惡以為養的現象，然而，若有較高相能的開發，我們便會由攝在以為養、攝生命以為養而至攝相以為養。這樣，諸在因為攝與被攝的困局便有望突破，其結果即是諸在之間、諸生命之間的生存競爭衝突、紛爭的解除。

解除諸在的生存競爭之憂，並非即刻之事，它要依賴兩個條件先行。其一是解除的結果不至導致混亂和懶散，而是存在價值的轉向，故不會出現道德的憂患；其二是，在之困境的解除是由在的自為、自足實現的，更多顯現世界全義的在，將是這種解除的先鋒者和承擔者，它的特定潛能的煉聚和自足是其質要，而這種潛能之於我們，便是性智覺悟和理性能力。故知，前言所說大腦為世界的公產，即是說，我們大腦所潛藏的性智覺和理智能，非為我們生存而在，反是解除我們自身和諸在之攝養困境而自足出的世界公共產品。此即我們之為我們或人之所以為人的根本所在。

現在，我們終於理解了我們之為我們的真義。進而，我們還得明白，當我們有幸成為解除的先鋒者、承擔者的時候，我們並非可由個體之在去實現，更恰當的表述是：類的實踐和實現。為此，我們充分的公共化、同質化是其前提。它是說，我們祇有以類的性智覺和理智能，方可以破解我們所面對的養資源有限、攝養方式原始諸多困局，越過在的禁錮而有攝相以為養的前途。可以說，人類的公共化祇是解除我們困境的開始，而非結局。

　　人類的特定構成，表明它所具有的諸相的特殊，是這些殊相的同構，才成就了我們的大腦，才使我們有了性智覺和理性能的潛能，才指向了解除的前途。反逆理解則是，正是這樣殊相的具有，亦使我們有了反轉會通體、相的驅動：所謂即體即用、同一不二。這樣的殊相，即我們所說的人性。它所以有漸顯漸現的可能，全在於我們已然具有了，祗待環境條件具備和我們自身的自足開發。一當如此，高級次的人性會當仁不讓，展現我們的內質秉賦，成就一代又一代全新的我們。故知，我們的真義價值和使命、責任，並非人為所說、所言、所想像，而實乃構成所具有的必然，祗是過去未及開發，為假象所惑而已。

　　反轉會通、貫通體、相、用的同一不二，是人之所以為人的必然，是人之內秉必將具出的價值所在。人的公共性是這種必然和價值的初步顯現，亦是我們應該自知的狀態。比較故有人性而言，公共性的顯現是人性重大轉型的事象。它表明，以自我為中心的故有人性將漸遠行，人性的天秤開始向神性的一端加重。可說，無論我們自覺與否，這一轉型的事實已無可逆轉。正是人性的這種轉型和趨神性的進入，公共社會才有了內源性的驅力和要件預設。比較傳統社會，它至少有了兩方面的重大變化。

　　其一是社會構成形態的變化。傳統社會，特別是西方社會，長期以來信奉點-子化的世界模型，為自己構築了主體化的社會體系。這一社會體系的要害是，以個體自我為主導的主體，是社會構成、社會關係、社會現象、社會價值的原因，亦是其目的。所以康德說，人是目的。這種原因和目的招制，規置了全部社會的功能、價值及意義形態。它說明，社會是自我的集合，是自我的延伸：沒有自我就沒有社會，以及其他社會現象。與之相對應，公共社會的基設轉型為了社會關係，主體是關係中的主體，自我是關係中的自我，而非相反，因主體和自我而生成社會關係。社

會關係的同構、互助、互為、聯動是主體、自我獲益更大存在價值和意義的前提。也即是說，人的社會化、網路化、過程化、同型化是超越簡單存在價值的實現：類的化合價值，超量、超質於個體的本能存在價值。故知，公共社會，首先是社會存在、構成方式的轉型，而其網路化、同型化、過程化、關係化正是這一轉型的開始。

其二是社會功能和價值取向的變化。傳統社會，是一簡單養資源生產、利用型的人類聚集，所以，它的重心很容易滑向養資源的佔有、分配領域。在沒有能力或缺失能力高量生產養資源的前提下，幾千年來，人類使用了一種近於動物本能的求生存方式：把主要精力用在了搶奪、掠奪、爭奪有限養資源方面，不惜象獅子、獵狗、狼那樣，為了可憐的養資源大打出手、發動戰爭、施行政治壓迫、大搞陰謀詭計，等等。這樣的情態，的確情有可原，可非人類之所幸。也正是因為養資源對生存的重大意義，才致使幾千年來，諸多哲家、聖賢的諄諄教導變成了耳旁風，無人領會，專制統治、帝國主義、自我中心主義照樣我行我素。不幸中的大幸，不巧中的大巧，卻來之於西方社會的大功利生存解釋體系的出脫，它所信奉的「使物用於物」的功利主義信念及實踐，終於捅開了人類被囚於生存的佔有、分配的鐵壁，顯出了「使物善於物」、「使物善於善」的曙光。

我們的問題其實不出在養資源的有限處，而是出在我們利用和開發養資源的能力上。而所以出現了能力的問題，除卻初始的不可能之外，另一重要拖累便是個體化、自我中心的人生觀念。我們的任何一個個體均無能解決有限養資源的問題，其所能為者，充其量是外在力能的強悍或感覺智的精明，可以較他人多佔有或奪得現有的養資源。解決我們能力不足的問題，非人的類

社會化不可。即，我們必須以類的能力才可能解決生存有限的困局。為此，社會功能和價值取向的轉化，就成了不得不為之的事業。

　　類的合力、合能，可以使我們的注意力轉移出佔有與分配的狹隘，從而進入攝取──有效攝取、合理攝取、無限攝取──的廣闊場景，去為日內瓦強子對撞機、巴黎核聚變之類，甚或更重大、更強勢之事業。這樣，才能免除中世紀蠻族闖入羅馬帝國、近代歐洲列強闖入亞、非、拉、澳諸地圍場打獵的動物行為。一當我們有效地進入了超限養資源攝獲的境地，並對我們的生理構成有相應及合理的改造，我們的自我觀念、功利觀念、政治觀念會一一獲得揚棄與更新，是以，最終成就人之所以為人的大業。

　　至此，我們透過西方大功利生存解釋體系所推出的人的同型化、角色化、工具化、標準化現象，終於明白了人類同質化的精要：人的公共化。同質即同質在，人是殊相的同構，它有反轉會通、貫通體、相、用不二的內質性具有。構成所具有的驅力，必將致使我們在已在的我們之後，還得去實踐更真實的我們，去顯現世界的全義。即使祇是當下初步的公共化，也不影響我們對此在之自我的遠觀。

第 七 章

公共化的功能與價值

一、生存功利的轉型：變佔有、分配的功利
　　為攝取公共的功利

二、科技功能的轉型：通過化物解物，變
　　「使物用於物」為「使物善於物」

三、消解絕對主體，生成相對主體，實現人
　　的同質平格、同類平權

四、化域求和，消化界域，緩釋群域糾葛

五、社會管理方式的轉型：管理的技術化、
　　程式化與去政治化

六、人類問題、社會問題的公共解決

七、人類精神與文化體系的公共化

　　公共化，已然具有了趨勢的張力和必然性，甚或在我們不自覺的情態下，它依然可以推動我們的移位和遷景，改變著我們的類的結構、類的觀念、類的嚮往。為此，我們需要對公共化功能與價值予以舉列，以應時變之需。

　　依情勢言，公共化的價值、功能、作用將會浸潤人類生存、生活及社群結構的方方面面，直至公共社會的完全實現及人的完全公共化，不過，事態的複雜與實務的未濟，致使我們很難周延地描述和表達，其可為者，祗有勉力於刪繁就簡，舉列可說的幾個方面，以求豹窺之樂。

　　以下七個方面，將具呈公共化的能動及價值取向：

　　一、生存功利的轉型：變佔有、分配的功利為攝取公共的功利；

　　二、科技功能的轉型：通過化物解物，變「使物用於物」為「使物善於物」；

　　三、消解絕對主體，生成相對主體，實現人的同質平格、同類平權；

　　四、化域求和，消化界域，緩釋群域糾葛；

　　五、社會管理方式的轉型：管理的技術化、程式化與去政治化；

　　六、人類問題、社會問題的公共解決；

　　七、人類精神與文化體系的公共化。

　　要約言之，這些領域將會充分顯現出公共社會的價值與功能趨向，表達公共意志、公共功利、公共權力、公共價值、公共人類的真實意涵，並最終成就公共社會。現在，我們一一分述。

一、生存功利的轉型：
　變佔有、分配的功利為攝取公共的功利

　　功利，是人類生存的必具方式。過去的歷史中，我們相繼經歷過兩種主要的功利方式，這便是小功利生存解釋體系和大功利生存解釋體系。依經驗可知，無論小功利生存，還是大功利生存，其功利的重心，均是養資源的佔有和分配。即行為者——個人或群體——在有限的資源中佔有了多少份額。基本上可以說，自始以來，佔有與分配把持了生存功利的要害。有所不同的祗是，比較小功利的生存解釋體系言，大功利的生存解釋體系較多地注意到了攝取養資源的功利意願，因此有了較小功利生存解釋體系更多的養資源供給，給人類帶來了更多的富足。問題是，大功利所獲的更多的養資源，其資源仍然主要限於簡單資源，即自然界已然存在著可直接攝取的既成養資源，如礦物資源、林木資源、海洋資源、水資源、風資源等，所差異者僅在於，其攝獲的手段和方式更為有效，因而更加成功。經驗告訴我們，既成養資源是極為有限的資源，外加更具技術元素的攝取方式，反而加劇了人類生存的佔有與分配的競爭及衝突。其後果是，小功利生存時代，人們的佔有與分配方式主要限於個體或小群體的競爭，而在大功利的生存時代，同樣的行為方式卻演化為了國家行為，直接導致了國家間的衝突與戰爭，乃至世界大戰。此外，它還引發了人與自然關係的惡化及生態、環境危機。故知，即便大功利的生存解釋體系，依然難逃佔有與分配的困境與窠臼，無法從根本上解除人類的生存之困。

　　養資源的有限，是問題的癥結所在。如前所述，這裡的養資源或人類長期以來所認可的養資源，其實是非常狹義的，它僅指既成的、可直接攝取和利用的資源。在大功利的生存方式中，對

有限養資源的直接攝獲和佔用，具有明快的功利價值，當然也就成為了世界各國關注的重點。那些優先掌握了攝取技術和方式的人、國家，更是因之獲利非凡，成為了所謂發達國家。它們較不發達國家的人民獲得了更多的財富和生存的便利，過著所謂富人的生活。在這樣的掠奪式的佔有和攝取方式及過程中，許多難以理喻的問題暴露在了我們的面前，且一直在糾葛著人類的德性及存在模式。這些問題包括：

其一，搶奪、掠奪式佔有、攝取，其實祗是動物行為方式的人為化。在動物世界中，例如獅群，為了佔有捕獵資源，無不以強悍的暴力方式圈地、搏鬥，直至你死我活。可見，為著佔有和掠取養資源的目的而有的大功利生存行為，本質上並未脫出動物性的窠臼，實在祗是人的動物性表達。

其二，因為佔有、掠取之類的原因而導致的貧富懸殊，或發達與不發達的差異——不論它以多麼現代化的方式表現出來，或給予多麼動聽的解釋說法（如正當競爭、勞而有獲、知識經濟等）——並非真正合理與合適。大功利方式的優先佔有，充其量祗是可以解決不完善狀態中的局部完善問題，即優先滿足部份人因為智力、機遇等條件而有的慾望需求，而不能解決人類的類的需求。相反，在德性不足的情形下，反而容易強化人類中強者的不健康心性，生成所謂「富人理論」。「富人理論」認為，佔有的差異是極為正當的人類現象，在資源稀缺的情形下，富人的生存是應當絕對優先的，如盛行於西方社會中的「救生艇理論」[30]。

---

30 西方社會理論之一。該理論認為，地球的養資源有限，它祗能滿足一部份人的生存需求，在有限養資源不可能養活所有人的情形下，這個世界中的強者、富人可以優先佔有和使用這些有限資源，至於其他人可聽其自生自滅。就猶如一條大船在海上發生了海難，有限的救生艇祗能承載極少數人，那些有幸上了救生艇的人，可以不顧及那些還在海面上撲騰的人，開船逃生去。該理論最新的例證便是正在熱映的美國大片《2012：世界末日》。

其三，與「富人理論」相反，是另一極的「窮人理論」。該理論認為，既然富人的佔有不合理，那麼，為了佔有的公平，窮人可以奮起以暴力、革命、搶奪而非生產、創造的方式去剝奪富人，以實現有限資源的分配公平。於是，同樣圍繞著有限養資源的佔有、分配事項，人類社會中衍生出了諸多破壞性極強的暴力現象，從遠古以來，直至現下，不絕不斷。如無產階級革命及眼下流行的部份恐怖主義、索馬里海盜等。

其四，在分配與佔有的激烈競爭中，人類中的界域化出現了反向強化的趨勢，成為公共化過程中的逆流。面對佔有的激烈競爭，強國繼續恃強作為，試圖獲得最大份額，以保最大限度的無虞之慾；弱國則因資源匱乏，平添內部的傾軋、衝突，以致種族情懷、地方割據滋生蔓延，試圖以最可能的界域去實現生存的可能，而實在是解力拆分、妄作胡為。所謂民族國家之說，所謂原教旨主義之論，均是有限養資源的不當佔有、分配過程中的極端說教，投射於社會學說、政治學說、精神觀念之中的江湖醫術，除卻製造麻煩外，少有建構之意。

以此可知，我們的實質問題並不在分配與佔有的公平與否，與此相關的革命、搶奪、對抗、衝突、矛盾、糾葛均是同類之中的窩裡鬥表現，問題的要害所在，是解決養資源的有限問題。可以肯定地說，隨著有限問題的解決，諸般過往和現有的窩裡鬥現象均將消解或平息。那麼，如何解決有限養資源的問題呢？

超越有限養資源的佔有與分配的功利，追逐攝取共利的功利，將是我們的出路所在。而攝取共利的功利，非傳統大功利的生存解釋方式所能為。雖然，客觀上它的確出示了超量攝取的方式與方法，並有了可觀的成果，然，它的價值基點的錯位，終將難以擔當大任，而能為大任者，非公共化的共利功利觀不可。

　　所謂共利的功利觀，是說，功利的目的是為了類的生存滿足與合理。類的生存滿足與合理，意味著，生存不再是個體或傳統界域自己的孤立事業，而是類的共同事業；所以，祗有類的生存的實現，才有每個個體和界域生存的保障；因之，生存的重心不再是有限養資源的分配與佔有，而是無限養資源的開發和利用。

　　這樣，我們將把無限養資源的攝取和合理、合適的攝取，當成人類志業的主打，實現人類事業、類行為的根本性轉型。如此轉型之中，我們既有較多的丟失，更有未有的開新。我們丟失的將是千百年來的窩裡鬥、動物性、窮富差異的懸殊，是有限的困厄；我們開新的將是類的意識觀念，是攝取共利的功利，是人類德性的公共化張揚。

　　無限養資源的攝取與合理、合適，是類的事業，非個人或任一界域團體所能為、可為。說為類的事業，並非僅祗說個人或傳統界域團體不可獨立為之，更重要的在於，任何一樣這樣的事業、工程、事項，均會涉及人類全體及地球生態體系，甚或更大宇宙空間的安全與存亡，也涉及到對人類自身的體質性改變，故是類的公共事業。依據公共利益優先原則，依據善意的他人利益不得損害原則，我們祗能以類的公共性及其行為，去對抗所有可能的個別性及行為。因此，攝取的類化、公共化，是人類行為的必然趨勢，亦將由制度保障之。

　　此外，人類智慧及觀念的公共化，是攝取養資源無限可能的前提保證。表面看，攝取方式、方法與攝取對象的釐定，是少數專家的智力行為，然而，人類整體智慧的功能性開發與觀念的鋪陳，是這些方式、方法之使用與對象釐定成為事實的必要預設，在沒有廣普化公共觀念的支援下，我們很難有無限攝取的可能性。可以說，在傳統的倫理觀念、社群觀念、生存觀念、人性觀念的籠罩之下，任何天才人物的有無限可能前景的行為和事項，均會遭遇抵制與反彈。

可見，人的公共化本身將會與養資源攝取的無限前途之間，構成因果反轉關係，不可簡單理解。當然，功利形態的轉型，除卻公共觀念、類的意識等的基設之外，攝取方式與攝取對象的轉型，同樣具有重要意義。是以，科學技術的重新解說，亦有必要性。

二、科技功能的轉型：通過化物解物，變「使物用於物」爲「使物善於物」

西方文化的故有品質中，外在化、對象化、客觀化、他域化，有其特定的意義和價值功能，其影響至深者，除人對自我的定位外，當數科學技術。在上言的大功利生存解釋體系中，功利化的科學技術居有優先重要的地位，可以說為功利生存的發動機。問題是，由於外在化、對象化、工具化的致命鉗制，這臺發動機很容易驅使大功利生存解釋體系走上偏途，甚至於犯罪、邪惡。中世紀以後，對火藥功能和價值的功利化改進，最終製造出了若原子彈、中子彈這樣的大規模殺傷性武器，是其例。科學技術對武器和搶佔資源的先鋒性驅動，深刻證明了一個簡單道理：沒有擺脫動物性的科技行為，祇能強化人類內部的衝突、犯罪。由此亦知，貌似擁有高端科技智慧的人類，其實並未擺脫動物性的束縛。如果說與動物有所不同，那大約僅在於：人類由於竊用了世界之公產品大腦，所以它能較任何動物更瘋狂地犯罪。所以說，科技智慧如若置於動物性的驅使之下，那麼，人類永遠祇能在罪惡與狹隘的惡旅中自拔不能，成為比動物更惡化的動物。

科學技術的功能價值究竟為何？近代以來，西方多有討論，比如著名的貝爾納及其學派[31]，然結論仍然未能扶正。究之以遠，

31　貝爾納，英國著名科學哲學理論家，曾熱衷於研究科學的社會功能，並以此為題，於1939年出版了這個領域最重要的著作之一《科學的社會功能》，該書批判科學功利主義價值觀，認為科學應有更好的社會責任承擔。此外，著名的維也納學派也有同樣的批判立場。

早在古希臘時代，此問題亦有討論。多數古代哲人認為，科學研究，或自然哲學的研究，其目的僅在於滿足人們對自然世界的興趣。比較而言，興趣說比功利說要瀟灑得多，至少，它不附帶貪婪、佔有的動機。主觀上的興趣，可致使人類對自然世界的理解和認知，與因功利的需求，必得優先認知和理解自然世界，然後攝取之，有著形式上的同態性，可其動機上的差異我們不能忽視。可以說，以泰勒士為領袖的古希臘的自然哲學家們，會斷然瞧不起當下的許多科學家。在他們看來，理解自然世界的美妙和奧妙——如畢達哥拉斯那樣——是人之所以為人的重要使命。問題是——且不說近代以來的功利化的科學技術——古希臘的自然哲學及其觀念果真沒有問題嗎？我們的討論不能不從這裡開始。

斷根的西方文化，早已鑄就了人們的觀念和行為邏輯，希臘人的道德理性主義哲學和對象化的自然哲學，均是這一邏輯中的重要環節。對以興趣為動機的自然哲學家言，自然世界是外在、是對象、是客體、是他域。祗是因為，第一，人長有大腦，它有著研究和認知的功能，所以要滿足這種功能；第二，自然世界太過奧妙，故值得去研究。於是，為著興趣去探索和研究自然世界的奧妙，便成為了必然之事。這樣一個不錯的邏輯演繹，其內部卻掩藏著問題。

首先，佔有大腦者自動成為了主觀者，在斷根的前提下，主觀者必然成為世界的主動者、主體者、掌控者。是以便有畢達哥拉斯的「人是萬物的尺度，是是其所是的尺度，是不是其所不是的尺度」[32] 之說。一當人成為主動者、掌控者，成為標準的制訂者，人與自然的對抗、對立、兩在之勢便確定無疑。西方文化由來已久的人與自然的對抗局面，很難不讓我們尋源至古希臘的

32　參見[古希臘]第歐根尼‧拉爾修：《名哲言行錄》上，長春，吉林人民出版社，2003年。

自然哲學之中。暫且之人竟可以當下的人為標準去確定世界的準則、秩序，實在是繆之大矣，無怪乎存在主義者有了恐懼與孤獨的哀鳴。

其次，當人們作為研究者、觀察者進入自然世界之中，發現了自然的奧秘之後，自然的本性是必然要奉獻出豐厚的回報，這便極有可能客觀上滿足人們的物利慾求，泰勒士榨油機的故事是其例[33]。既然探索自然，就有物利的回報，且自然與自我相對立，無有同根、同源的掛牽及倫理顧及，那麼，就不難埋下科學技術功利化的伏筆。

以此可知，當下功利主義的科學技術體系及其作為，並非可以不究之於古希臘的自然哲學觀念和體系的預設。其邏輯環節可作如下清理。首先是斷裂自然本根，分離自然世界與人域世界；結果是出現了自然世界的異在化、他化的兩在局面；進而依主觀而論，自然變成了客體、對象；在主觀者有興趣關注客體、對象的前提下，自然世界的結構、功能頗受青睞，由是有了世界構成的點-子模型；點-子模型是主觀觀察和認知能力所能給予世界最簡潔和可能的理解，它容易滿足人們的簡單化邏輯；這個模型的要義是：世界是無數單元點或子的疊加，因之，世界的構成與功能狀態是由這樣的疊加呈顯出來的；於是，所謂自然哲學或科學物理，即是要明瞭這樣的疊加行為及方式，即所謂自然法則、自然理性，從而理解物所以作用於物。

希臘人的自然哲學大約可止於此。從其主觀動機言，人們

33　泰勒士，希臘七賢之首。當有人疑問他的智慧和自然哲學的價值時，他給予了一個非常特殊的回答。有一年的冬天，他出資承包了全希臘的榨油機，人們不明白他的行為。到第二年秋天，希臘獲得了橄欖的大豐收，可當人們準備去榨取橄欖油的時候，突然發現所有的榨油機都在泰勒士的手上。由於壟斷了榨油機，這一年他獲得了豐厚的報酬。現在人們終於明白了泰勒士的智慧和行為。因為他早在頭一年就已從天象中預知了第二年的橄欖會大豐收，所以他便有了壟斷榨油機的舉措，以此告知人們智慧和哲學研究的價值。

關心自然是為了理解自然，把握自然法則、規律和理性，然而，這樣的動機本身也是理性的。即，它不是基於性智的同一、內部化、自我化的立場去把握世界、理解世界；而是對外在、他者的興趣的作為，故缺失了本根倫理的貫通及親和。於是，物作用於物，及物所以作用於物的知識，變成了外在的、客觀的、與主觀無倫理關聯的、冷漠而又剛性的獲得性知識，而非自覺性知識。這樣的知識有極強的把玩情結，它既可以深入其中，探得所謂奧秘，也可以跳出其外，無牽無掛。如果要給予這樣的知識形態以價值特性的定位，可說為「使物用於物」的文化現象。

所謂「使物用於物」，即使物作用於物，從而理解、把握自然的法則、規律、理性，獲得主觀者對自然的俯瞰的樂趣。問題是，「使物用於物」不止有理解、把握法則、規律及理性的一面，它還有功利的後果，即「使物有用於物」。一當人們即使是不經意地發現了這一科學探索的價值，其結果便不難想像，功利的價值會輕易地壓倒理性的價值。

「使物用於物」，包含著「使物作用於物」和「使物有用於物」兩個方面的自然價值。在功利主義的驅使之下，「使物有用於物」漸漸演變成了科學的目的功能，而「使物作用於物」則反致成了科學目的的手段和條件。16世紀以後，這樣的科學技術文化已成西方文化的大趨勢[34]。何以會出現這樣的大勢呢？其原由當追之古希臘的理性主義的科學觀。

希臘文化是西方社會斷裂自然本根後所生成的最早的人為無根文化之一種，其理性主義內質又為其他西方文化所不類，所以，對他在、異在、他域、他者的理性對待，已然是強盜文化的

34　典型的案例來自德國，1856年，青年學生威廉‧亨利‧帕金在試圖用煤焦油的殘餘苯胺來合成奎寧時，意外地造出了紫色漿狀物，它開啟了化學染料工業。不久之後，工商界便為德國的化學家們提供了500萬元的研究經費，用來合成化學染料。這是科學研究大規模功利化、工業化的開端。

暴力虐待所不能同語的。然而，理性的認知和對待，並不意味著對自然的善待，因為在己域化、自我本位、主觀化的前提下，他在、他域並不成為倫理善待的受體，而祇是興趣的對象和客體，於是，善的價值便與自然無關。即使如斯多葛派那樣，發現了自然本身也有善的價值和善的理性，可這樣的善仍然不構成世界內原性同一不二的原因，而祇是外在的剛性規則。在不可能內部化、自我化、同原化的前提下，自然的對抗性、非善化，以及被征服、控制、掠奪的前景，就成為了邏輯演繹的必然，所差者，是條件、能力的具備問題，及時間的等待問題。

故知，「使物用於物」的科學觀念本身缺失本根同化的終極理念內質，不足以長期期待。其短期功能開發和價值作用，肯定可以極大滿足人類作為自大者的慾望和需求，特別是在以分配和佔有為主導的大功利生存解釋體系的前提下，這樣的價值顯現，更容易造成人們的錯覺，以為以此可以高枕無憂了。可隨著大功利科技活動的深入，這樣的期待必然會遭遇自然世界的反逆式回彈，讓人類承受難以承受的負面壓力。18世紀以來，特別是20世紀所爆發的生態危機、環境危機、人類生存危機即是明證。

可視為功利文化或功利社會進階的公共化與公共社會，將揚棄以佔有和分配為價值取向的功利作派，倡導共利的功利。而共利者，除卻類的公共利得、利好這一目標之外，更需要的是，它所依賴的科學觀念及技術程式不再是簡單理性式的，而是性智貫通式的。這種科學觀所崇尚者，當是：本根同化、倫理同態、物我合一、互養同構、內源會通。與「使物用於物」不同，它所應為者是「使物善於物」，以及更進而有之的「使善善於善」。

「使物善於物」，要解決許多長期以來扭曲我們觀念的重大問題，最終實現物的善化。這些問題包括：

　　第一，凡物，不論它是人類還是他物，均有本根的同原性，是本根的形式化，因之，物我是同在、而非兩在。更確切地說，凡物均是諸相的同構，是同構的方式和量維的差異，才有了諸在的差別，而非說，此在是此原所為，彼在是彼原所為。諸在同原、同因，祗是諸因、諸相的互助方式、同構方式、量維關係的不同，才有在與在的相對差異，因之，在的差異不是絕對的，物我是相對而為在的。此表明，世界是內部化的，沒有外在、沒有異在、沒有他域。

　　第二，世界的同原性、同根性，決定了全部世界均受制於本根倫理，是本根倫理的制導性，才有了世界的秩序和規則。即是說，世界的法則、規則，或理性，並非點-子的疊加而有的剛性物理現象，而是更本原的本根倫理的本然性延伸而有的法相現象。因之，善是無所不在的。本根倫理即諸相的相互性、同構性，或諸相的互養、互為。這樣本根的善，祗因為在所屏障，才表現出變態、扭曲、暴虐的表象。所以，但凡所有在之間的衝突、對抗、搏擊、獵殺，實在並非本根倫理的真實，而是在的假象和變態。

　　第三，既然在的屏障是對抗、衝突、困厄的原因，這便決定了我們行為和智慧作用的方向：化物、解物。化物解物的意義有二，一是我們不要宥於物的佔有、分配的狹隘，而有公共之共利的心性，這樣可以免於己私的困頓；二是要化解物、在、界的束縛，使物還原為相。物物間作用的本質在於構成物的相，而非物本身，是諸相的互養、互助、互為，才有諸在間的作用關係。因之，祗要理解、瞭解、把握了相的作用方式、關係狀態、同構模型，便可以理解相的功能、價值、作為。以此亦知，何以我們在大功利生存解釋體系的狀態中，會被養資源的有限所困厄。原因即在這物或在的屏障、阻隔，讓我們祗能以最低級、簡單的方

式去利用養資源，不僅虛耗所在、所物，更是破壞了物與在的自然平衡關係，從而出現了生態危機、環境危機、生存危機。或即說，我們現在的生存能力，祇能驅使我們以在養在、甚或以生命養生命，而不能以相養在。

　　要「以相養在」，就必得要化物、解物；而要化物、解物，就必得優先改變科學觀念和功利觀念，即祇有理解了物、在的同原性、同根性，以及受本根倫理制導的互養、互助、同構的善意，我們才能真正化物、解物，才能解脫物與在的困厄及有限的束縛。而在理解這樣的本根善的過程中，放棄物的佔有、分配的狹隘功利觀，而為公共共利的功利行為，是優先中的優先邏輯。它是公共社會的基礎，亦是步入本根倫理同化之境的初步。以此理為據，我們便可知，現代科學所追求的核聚變、反物質、暗物質、暗能量、強子對撞、超弦、腺　三磷酸諸多事項，無不有解物識相、化物入相的趨勢[35]。也正是這樣的趨勢，才使我們開始去「使物用於物」的簡陋，而為「使物善於物」的複雜，亦有望脫去有限物、有限養資源的困境。

35　1905年9月，愛因斯坦發表了他的著名論文「$E=mc^2$」，該論文的核心觀點認為，質量與能量其實是同一個對象，祇是在人類的經驗中，它們被視為了兩種不同的東西。進而的附帶結論是，依據這個質能關係式，極少一點質量就可以轉化出巨大的能量，反之亦然。比如說，1克質量的物質可以轉化出90,000,000,000,000焦耳的能量，大約能滿足8.3萬個家庭一個月的用電消費（按300千瓦小時計算）。很顯然，愛因斯坦的公式指明了一個問題，即我們關於能量的理解及其利用方式正在被我們的能力限制著，如果我們的理解到位且能力充分，則，愛因斯坦的說法就會變成我們生活的事實。而理解和能力的具備，又取決於兩個前提，一是這條質能關係式背後所隱藏的真實：質量、能量之所以是同一個對象，其根本就在於它們均是體原的不同相維，或說是不同方式的表達；二是，能量的無限性，實取決於人的類的社會性、公共性成熟的狀態，唯有人類的共智或類的智慧呈現出來，無限才有呈現的可能性。是以固知，世界的內部化、體用不二與化除自我、放棄界域、實現人的公共化、自然化，恰正是所有問題被解決的先決邏輯與條件。如此之下，才有所謂「化物」、「解物」，「使物善於物」之說。

三、消解絕對主體，生成相對主體，　實現人的同質平格、同類平權

　　西方制度文明中，一項足以消除暴力惡性、呈顯理性善意的制度，便是主體制度，其發明和演繹，是強盜社會中，最早表達人類理性，實現域內合作有效的體制性建構。考察主體制度的起源，一定會涉及到緣由狩獵時代而來的家父制。家父制在採集時代和農耕文明初期，或許在單一農業區有所削弱。原因是狩獵時代的末期，男性為了追逐獵物必須長距離、長時間外出，留守的女性自動負擔起了管理家族和提供短期食物供給的任務，於是便有了所謂的「母系社會」。值得說明的是，所謂「母系社會」，不一定具有普遍性，在許多仍然保持著狩獵和遊牧傳統的社會中，父權制應當還是主導型的制度；同時，母系社會，並非一定是母權社會，它與父權社會有著質的差別，充其量，母性祇是家族的管理者，並且，母性不承擔對外競爭的責任；此外，母系社會主要是母性血親承傳的體系，與政治社會相去甚遠。除了這樣的地區和社群及情形之外，世界上許多的地區和社群所實行的有效制度，當是父權制。

　　文明帶西段社會行進至農業文明中期之時，因為地理環境上的開放及資源供給的不充分，外加人種及種族構成的複雜，最終被迫走入了強盜社會。強盜社會的生成，非但沒有解除本地區生存的困境，反致更加重了人們生存的壓力和負擔，生存成了不堪負重之事。面對強盜社會的混亂和生存重壓，一些有血親關係的群體開始尋求聯合起來生存的出路，於是，以家父與家長為構成單元的生存共同體得以出現。在此共同體中，家父既是家的代表，也是絕對的個體。由於共同體是家父們意志的聯合，可說共同體是家父意志的結果，逆之，家父的意志則成了原因。進而，

共同體的成立，其目的是為了家父們的利益，而非共同體本身，所以，共同體的目的又指向了家父。現在，我們看到了一個制度的鏈條環（至少在較早期的社會形態中）：家父—共同體—家父。

　　家父共同體，即城邦，是為了強化對外生存競爭、保護家父們的利益而有的社會實體。一旦城邦成立，家父便要褪去自然的質地，成為這種人為制度的組成者，這便是主體。主體者，主張、主意、主見之承載者、表達者。就一般意義的表達言，每個人都可以是主張的表達者，但這裡的表達者實是特定的：作為城邦成立之原因的表達者。所以，主體非是一般意見、主張表達者的稱謂，而是特殊、特定的表達者的稱謂，即上述那根鏈條環中家父的新稱謂。故知，主體是強盜社會環境中人為生成的一項特定制度，它是制度和社會實體城邦生成的原因，同時亦是城邦得以存續的目的。或換言之，城邦是主體之意志的結果，而主體又是這一結果的目的。這種以主體為核心或中心的制度體系已被稱為「主體構成性法律（城邦）體系」。它是後世西方政治、法律制度的主導，是法治、憲政的載體。

　　主體制度的生成，解決了生存競爭中內外的雙重（二致性）問題：對內它設計並建構出了理性化的體制，消解了負面的衝突和紛爭；對外，它以聯合起來的力量，實現了衝突的自利化和特權的保護。所以，它一直是強盜社會中生存競爭最有效的制度。一般說，外部壓力越大，自我意識就會越強烈。強盜社會正好提供了這樣的邏輯寫照。然而，本能或感覺的自我，祇能成為衝突、糾紛更直接的原因。這樣的狀態對共同體的生成，對家父的聯合，實在是大忌，任何本能或感覺的自我，決不可能結成生存共同體。為此，需要予本能或感覺的自我以限制、修飾，或說，家父們必須讓出部份自我的意願，承認共同體的權威和他家父的利益對等性。經過這樣修飾和限制後的自我，雖為家父們所有，

但與前此的自我相比,已然有了非常不同的性質,實在可說為一種新的自我,或理性的自我。故知,主體與家父本同為家族統治者的稱謂,可二者已有了性質的差異,所差者,便在這理性的具有上:主體者,即理性的自我。

主體,作為一種有效的制度,後世有了更多的發展,在不同的場合和狀態中,不同的制度給予它不同的稱名。如公民、市民、法人、選舉人、候選人、納稅人、當事人、監護人、遺囑人、繼承人、合夥人、租賃人、承運人、消費人、第三人,等等。稱名雖異,然其體質卻同一:法定資格者。何以會有同一的體質呢?要言之,即是主體這一人格制度中所內含的人的內質:理性。

理性,是我們要予以特別關注的人性現象。前已言述,人性有功利性、社群性、理性、公共性、自然性的不同具有,這些人性,是人類開始擺脫單一動物性之後,不斷呈顯和生成的人性現象。功利性包含了人的自利性和物利嚮往,而社群性則有倫理性和政治性的分致。其實,無論功利性,還是社群性,若無有理性為之扶助和救濟,則我們祇會看到近於本能的功利性和社群性。此表明,理性對提昇人的品位和展現人的意義及價值有重要作用。理性的基本意義是:有利於自我的選擇和判斷能力。正是這樣的選擇和判斷能力,才讓人類之間有了高級交往和複雜交往的可能性,否則,我們便無法從內質上理解人類文明的演進。

一般說,功利性的核心是自我。如果這樣的自我沒有經過利得之大小、短長、遠近的判斷與選擇,則這樣的功利性當與動物的功利性無異。同理,社群性的自然承載是血親群,是人們對血親群的天然依賴才有的人性表達,所以,此狀態中的倫理性和政治性表現,也與動物的社群性無大異。人類所以可以超出血親群之外,進行更大、更複雜社群的建構,也在於理性判斷起到了獨

特的推慫作用。此表明，僅有功利性和社群性，還不足以表現人之所以為人的意義，而恰恰是理性的顯露，才讓功利性和社群性有了超越動物的前途。

　　經過理性修飾和加工後的功利性與社群性，其中雖然仍然包含了自私、自利、自我、暴政、專制諸多近動物性的品質，然其可以期待的人格意義卻不可小覷。也正是這些功利性、社群性、理性的融合，才使我們對理性有了更複雜的理解和解釋。通常情形下，人們把理性區分為純粹理性或先驗理性、宗教理性、價值理性、道德理性、工具理性、功利理性，等等。可見，理性有巨大的人格跨越性和動態表徵，它既可扶助、救濟功利、自我，亦可貫通性智覺，指向本體，以善為其意。理性的跨越性和動態性所以如此，全在於人們所具有的選擇和判斷能力是受環境及智慧狀態影響的。在封閉的環境和條件下，理性是狹隘和簡陋的；而在開放的環境和條件下，特別在文化多元的環境下，理性則是拓展和複雜化的；而一旦有性智的誘導，則理性又可至於本根善之境。以此可知，理性也是一種善。其基本義是：對等、公平的善。

　　理性是善，是對等、平等的善。這便表明了如下結論：理性的具有，即是善質的具有。而主體者，則是經由制度固定這種善質的特定稱謂。因之可以說，人的主體性，亦是通過制度予人以同質化的確認。

　　自然狀態的人，雖具有理性，但若環境不利，文明不發，則其理性祇能為具有，而不能為具出。主體的意義則在於，它以制度文明的方式，開發了人的理性具有，使其內具而為外發，從而相互作用、相互砥礪，進而增益人類文明的向善意願。可見，主體這一人為制度的獨特設計，實是為人的同質化、同型化預設了可能性。它改變了自然人的本能與感覺能動，設計了可以公共

化的人為標準和條件。在這些條件的誘使下，一個人若有獲利的慾望，必得首先使自己成為主體，成為資格者，否則，你便不可以參與獲利的遊戲。而標準的非個人化、非原狀本能化，表明它承擔了設定社會文明水準的責任，即標準是公共的，是文明的底線所不可缺失的。於是，每個人都必得按這樣的標準和要求去行為，去做人，否則，非但無利可圖，還可能成為文明和社會的罪人。

以此，經由主體而設定的人，便開始了人格同質化、同型化的人路歷程。它由小而大，由窄而廣，由局部而全體，直至當今人類社會，凡人都被要求置於一種由法律所設定的人格之中。此表明，人的同質化、同型化是人類文明的必然邏輯，雖然它的起點是極為狹隘和自私的——家父特權的法律保護。

至此，我們已獲得了理性—主體—人格同質、同型的邏輯鏈條的學理解釋。那麼，這根鏈條可以長驅進入公共社會嗎？答案是，可以，卻必得有龍門一躍。

如前所述，主體制度的緣起動機是為了特權者的特權保護。這一動機也限制了這一制度的價值取向。我們已知，農業文明以來，人類的制度和文化本意全在於養資源的佔有與分配，除卻搶劫、戰爭等犯罪方式的佔有、分配之外，縱令如主體這樣的理性制度，亦依然被佔用、分配的狹隘、短視所裹挾，成為了功利生存的工具和手段，而主體所內含的理性內質本意反被邊緣化。結果如我們所見，即使在大功利的生存解釋體系之中，這種工具化的分裂反致更加嚴重。一方面，我們被功利的驅力和理性的內質所同化，其同質化、同型化程度已非常地高；另一方面，主體之間的對抗卻更加激烈。何以同質、同型化了的主體之間反致會更加對峙、對抗呢？這便是理性內質被佔有、分配的功利所扭曲、歪曲和排擠的結果。人們在利用理性善的同質標準去設定人的時候，不是在追逐人之所以為人的本根價值去演繹人，而祇是借助

同型化的便利去經營佔有和分配的方便，結果祇能南轅北轍。

此外，主體的歪曲表現還有一說。本來，人的同質化設定是人的隔閡、對立的消解，由於設計者的動機祇在於保護特權者的特權利益，這便使主體一名反成了劃定界域的法定制度。從某種意義上講，它非但沒有消解隔閡，反之成了自我的更好保存方式。因為主體之於自我的保護與自然狀態中的本能保護完全不同，它是制度保護的傑作，具有文明與文化張力的合法性。於是，從有主體制度以來，自我的界域化隨著養資源的豐富和複雜化，有了更加強化的趨勢，特別是當國家、法人、組織等主體加入主體陣營之後，這樣的界域化分割更是如此，以致形成域內和諧、域外對抗的鮮明對照。

這樣的情形和狀態，拖住了主體進階人的同質化、同型化的後腿，使之成為了滿足原型人類、半原型人類己私的憑藉，成為了人類苟且生存的依託。公共之為公共，即在於人類的類的自覺和同質平格、同類平權。而此，僅依賴理性本身的作為，肯定難以實現。因為，理性者，即最恰當的判斷和選擇，其中，判斷與選擇是主體者的行為，或說，是自我的主動行為。所謂最恰當，首先是自我的恰當，而非類的恰當，而非同質平格、同類平權的價值恰當；其次，它也是佔有與分配的恰當，而非共利互善的恰當。故知，僅有主體的埋性，還不足以解決人類的進階問題，除非公共性加入其中，用公共性、公共價值、公共利得去超度理性，才有可能改觀理性的狹隘，而成為人域公共倫理的依賴。

公共性及其能動態公共化，恰是消解絕對主體，生成相對主體，引導理性由主體質素而類意識、類意志的超拔者。此處，公共化的基本功能有二：一是使人同質化，從而有做人的質的平格；二是化解絕對自我的障隔，使人同類、同權。

　　人類行進至今，雖經農業文明、工業文明、大功利生存解釋體系諸多的修飾、塑造，然其質地卻非同一，其原型、半原型狀態依然十分地明顯。所謂質地，即人性的開發狀態。我們說，人性有功利性、社群性、理性、公共性，是這些人性的構合，是就其具有而言的。依常理可知，具有不即是具出。由具有到具出有一個轉換、引導、開發、培育的過程，若未得具出，一如無有。正是此理，致使我們不難看到，在許多較原狀性的人類之中，理性之後的人性大多闕如。人性具有而不能具出，是人類之間不同質的根本原因。而不同質，表面看似乎保留了個性、特性，甚或為人類學家、民俗學家、社會學家所樂道——人類形態學的活化石、社會狀態的鮮活典型，等等——然，依人之為類、同類應同質的邏輯言，這是極不公平的、極不合理的現象。促使人類同質平格、公共利得是人性之公共性的必然，亦是人類文明文化的驅力必然。而真正的同質，是公共性呈顯的同質。此前所有人性的呈顯，雖能助益人類同質的去向，可還不能實現真正的同質。因為同質之同是類的同，而非群的同，這是同質的核心標準。包括理性在內的諸個性全都有利於使人成為人，卻離真正的人還有不同的距離，唯有公共性才能實現類的同質，使人成為真正的人。此表明，人類若要同質平格，唯有公共化；而公共性的開發、培育、養護恰是必由之路。

　　我們不僅有同質平格的必要和需求，而且，現實社會中，還碰到了因主體體制的分割而有的同類不同權問題。按照功利主義的邏輯，人有能力及勤懶的差異，為了社會的功利需求，我們的制度和社會機制的設定，應最大限度地滿足能力強和勤勉者的要求，以使功利最大化。在功利生存解釋方式中，這一邏輯有合理性，也有必然性。也恰是這樣的邏輯力量，才促成了強盜社會的理性化，以及主體構成性法律體系的生成、演化，直至今天發

達社會的民主、法治、憲政體制和民眾生活的高品質。問題是，這一邏輯有強者心性的使然性，它有近程，甚或中程時空的有效性，卻不會有遠端時空的有效性，更不符合同類意識的價值取向。而且，它的成立基礎是養資源的佔有與分配，而非類的共利與福祉，而非無限攝取養資源的合理。事理已表明，在佔有與分配所主導的功利體系中，人類非但沒有共利，且更無望有無限攝取的可能性。所以，功利主義的邏輯必得有修飾和改轍，方有人類生存和為其所為的前途。正是這樣的邏輯轉換，我們才有可能提出同類平權的問題。因為同類在不平權的前提下，這樣的邏輯轉換是無能實現的。所以，我們得依公共化的新邏輯，消解傳統制度所人為設定的自我障隔，使同類真正同權、平權，然後才有可能去追逐共利、無限的同類價值。

四、化域求和，消化界域，緩釋群域糾葛

人類有個體同質平格、同類平權的必然和需求，同樣還有群體的化域求和、緩解糾葛的必要。

群域，是人類生存的基本單元或實體。故有的群域形態，依生成之源發因而論，不外自然形態和人為形態兩類。一般說，自然形態更具優越性和基設性，許多人為形態仍然有著或包含著自然形態的因素。不過，就功能作為及演化的邏輯而言，人為的群域形態更強勢，更容易呈具社會化的功能和意義。在諸多的群域單元或實體中，血親群、氏族、部落、族群、國家、教派、政黨、專業及興趣行會或組織、國際組織等都有著非常典型的界域意義，可視為界域性生存或社會組織方式的常態。

群域，作為人類生存的基本單元或實體形式，對人類歷史的演化及文明文化的複雜化延伸，對人類生存和生活的實現，有不

可替代的意義和價值。很難想像，如果沒有古往今來各種形式和類型的群域體，我們能夠走進今天。這也正是當下主流意識形態中，何以會大張旗鼓地宣揚民族國家、愛國主義、國家主義、宗派主義之類觀念的原因所在。我們在熱情地宣揚這些觀念和意識形態的同時，也已清醒地看到，群域之類的界域正在嚴重地影響著人類的公共利益及同質性價值，甚或可以說，我們當下最重大的困境和麻煩，恰主要來之於群域間的衝突和對抗。這意味著，我們需要清理群域問題，更需要重新理解群域問題。

如前所言，功利主義，不論小功利的生存解釋體系，還是大功利的生存解釋體系，是生成我們文化現象和社會結構非常重要的前件。此一結論之於群域現象亦有明效，祇是在有些現象中，需要加入一些他要件，以求論證的更加完備。

生存本身是功利現象，它由攝獲養資源的物理驅力而形成之。在生命世界中，憑藉力能條件去攝獲養資源的方式，很容易強迫個體生命者走聯合之路，以群體的力量去應對生存的需求和重壓，而聯合的結紐，正好源之於自然方式——因血緣關係而有的群。這是群體之緣起的預設，它是自然的，非人力所能為。在這一自然現象中，人與動物可說幾乎無有差別，均被絕對的物理驅力所支配，故可視為功利之最簡單者。

往後，這樣的簡單功利行為便走向了人為的方向，有了文化與文明的意涵。所以如此，是因為有兩樣特殊的東西加入了功利之中：一是工具的製造和使用；二是精神形態的變通與翻造。

工具的製造和使用，不僅提高了功利的效率，亦為人們延伸力能提供了便利，於是，人們可以在自然態的群之外，擴大群的範圍和體態，以便生存功利的更好實現。這一過程，也是將更多的個體和自然群組織起來的社會政治運動。而所謂組織，通常也是暴力化的收斂和圍堵，因而易於透徹地表現動物的雄性佔有本

能和強者優先的原則，祇是經過人力作為後，這樣的佔有本能和優先原則已被意識形態、語言、文字、圖符、規則、階位元諸文化因素所修飾，成為了政治文化現象。故知，那些依單一單向方式所形成的古代農業帝國，其存在，基本上可說為生存功利外加政治控制所混合的產物。當然，還有一個條件需得注意，這便是農業物產的豐富與充足。

農業帝國的出現，使政治化加入功利生存的舉措獲得了成功，這便有可能改觀功利生存的單一性。如果帝國的生存條件得天獨厚，就不難設想，這樣的加入和改觀會進而大張其事，相繼出現倫理化、自然本根化的高位文化趨勢，以至原初的功利性群域漸為掩藏，成為泱泱的文化域。這樣的文化域，很容易包藏自然本根意志和人域公共倫理，雖為政治化文化所拖累，可其化域求和的衝動會不絕於斯，是以具有著文化的先覺性。

如我們所知，人類的群域實體，除單向單一的政治征服之一途外，還有如前所言的生存共同體或城邦制。這種群域體直接就範於功利生存的邏輯，祇是用理性去修飾和變通了其功利的簡陋，所以其前景亦有可期待處。因為理性是說，最有利於自我的判斷和選擇。可以肯定地說，隨著生存環境的改變和開發程度的加大，視界範圍的擴充，這樣的理性判斷和選擇亦會隨之進階、與時俱進。具體說，受制於某些另外的條件，希臘的城邦消失了，可其理性的精神卻並不死亡，它演化為了現代世界體系中的重要存在方式，繼續支撐著人們的最有利的生活。依據形式表徵言，受理性驅使的群域實體，雖不可能消解實體本身，但其保域求和的能力卻不弱，它可以在最大限度上適應有域前提下的求和需要，是以有現實的意義和價值。

此外，人類社會中，還有兩種類型的群域實體，它們卻有著別樣的意志和表現，需得認真理解。這兩種類型是：族群域、宗教群域。

　　族群域的源頭可追至自然群域之中，不過，現代社會中的許多族群域已面目全非，充斥了多層級、多域化雜交成分，無法尋找出原狀性純血親關聯。在這樣的背景和條件下，如果還有著所謂民族國家的意識形態，大約祇能作出其他的理解了。的確，在今天的國際舞臺和社會生活中，某些族群和民族國家實有著弱勢的傾向和狀況，當然需要予以改變，問題在於改變和解決的方式。如果人為強化族群域的對抗、衝突，實有違人類公共化的大勢。

　　宗教群域的問題亦有著族群域的相似性。我們已知，宗教現象緣起於強盜社會中，是混亂過渡期原神體系崩潰之際，其中的弱勢者為生存的功利需求所為的人為精神體系。這一原本功利動機的精神現象，由於強盜世界的重壓而致界域鮮明，反致成為了人類社會中諸多對抗、衝突的原因，直至今日，它的許多負面作用仍然在震盪著人類社會。

　　何以會如此呢？我以為，除了某些屬於人類本能方面的原因外，還有一些文化方面的因素，需得予以理解。依據歷史和文化所呈出的事實情態，我們已然知曉，現代宗教和希臘文化得以發生和演繹，有幾個主要的結論是我們必得予以重視的。它們包括：

　　其一，宗教現象及希臘學術、文化，是文明帶西段社會斷裂自然本根之後所進行的人為安頓與救濟成果，是解決斷根之後的精神依賴需求而有的文化建構。

　　其二，現代宗教與希臘文化還是混亂過渡期之後，文明帶西段社會復又經歷了原神體系遭遇祛魅、反抗的衝擊，原神信仰被嚴重破壞，急需精神信仰的替代品而出現的精神與文化現象。或可說是，文明帶西段的人民試圖用完全人為的精神產品取代半自然精神產品的天才創舉，其所創造者便是猶太宗教神的出現和希

臘義理神的成立。它們的建構，宣告了文明帶西段文化的古典時代的來臨。

其三，以猶太教為緣起的現代宗教是強盜社會環境中，弱者群體所能自為、自得、自洽的最重要文化事業，與之相對應，希臘的文化與學術則是強盜社會中強者的精神體系，故具有鮮明的衝擊、進取表徵。

其四，宗教的主觀動機是功利的，其主要表現有二：一是弱者對抗強者的人為精神體系，故具有集約內部、對抗外部的衝動性；二是為了生存的目的而有的信仰現象——上帝承認猶太人為唯一選民（主體資格起源的弱者說），並賜予迦南地（所有權起源的弱者說），猶太人才信奉耶和華為唯一的上帝。

其五，希臘的文化與學術同樣具有解釋的功利性，它是斷根後的人為解釋體系，即，在失去自然本根的聯綴與供養，以及原神也退居幕後之後，希臘人憑主觀想像所理解的世界和其解釋結果。其目的首先是滿足無根狀態下的人域或己域必須要有解釋的需求，其次也是為了給予自我以精神背景和學理的安頓。這個解釋的要害在於，世界是點或子的聚集，是物理性的個體，故點、子的存在狀態、作為、需求，才是世界之為世界的意義、價值所在。

其六，為了滿足己域或自我解釋的需要，希臘人從三個方面做了極好的人為體系建構工作，這便是，滿足精神依賴需求及提供解說之解說的道德理性主義哲學體系、滿足解釋世界的物理性和客觀性的點-子模型的自然哲學、滿足主體共同體之存在合理性及有效性的主體構成性法律體系或城邦體制。

以上諸結論所展示的文化成就，並非祇是簡單地為文明帶西段社會的人們提供了一般意義的精神背景，更是從內到外設定了社會存在的方式和體質。點-子模型及主體理念，既強化了個體的

物理性，也框定了社會實體的機體和品格，那就是，除非有功利的需求，否則，社會實體即群域之間並無關聯的必要。同樣，宗教所保障及維護的弱者群體，本身就是將一種隔閡、分離的感覺智予以了教義的強化，不但以功利為存亡的依據，更是以善惡的二致性去面對人域之整體，客觀上強化了對抗、衝突與惡行。後來的所謂民族國家則是在此二者的基礎上，就其自利的狹隘，放逐理性的寬容，從而使對抗、衝突有過之而無不及。

以此，似乎不難理解，族群域或宗教群域這兩種形式的群域或界域的存在，是有歷史與文化原由的，不能簡單地理解。它們是當下人類之中的主要界域障礙所在，並不時以各種可能性引發地區或全球性衝突與紛爭，既疏離和對抗了人域關聯關係，也消耗著有限的養資源，同時還阻擋了人類公共生存的演進。那麼，如何消解這樣的界域，緩解這樣的群域糾葛呢？方法依然要在公共化中去尋找。

如上所言，界域的出現與持續，實在亦是人性使之然，群域祇是充當了這些人性現象的載體罷了。其中，功利性是基礎，而社群性、政治性及對背景的依賴性是諸群域得以建構的材料，不過有所偏頗差異而已。既然如此，從人性做文章也就成當然了。

功利性所以是人性中的基礎，源之於攝養以為在的需求，並且還受限於養資源的有限性。正是這種需求與有限的衝突，才使得功利在過去的人類歷史中主要被限定在了佔有與分配的狹窄領地，無法讓人類在更廣闊的空間領域開展。對社會言，社群性有強化界域之功效，這導致了狹窄的空間還要被界域所分割和擁擠；而政治性和倫理現象中的二致性，則更是強化界域衝突和佔有功利之極端的強化劑。以此，想人類之中，界域之間無有衝突、紛爭，恐是難上加難。所幸，人性之中，還有後續的人性秉賦，足以緩解其難。

　　理性是最先出現的緩解者。如前所言，理性之為理性，在於最有利於自我的選擇與判斷。一個群域面對高壓、重壓的環境時，亦如個體自我一樣，有時會以妥協的方式去面對，當然，更多的時候，政治家們會利用政治的慫惡力和群域倫理的自善性去鼓動暴力的對抗，然，祇要有妥協和選擇的出現，就表明理性已然凸顯。而一當理性表達出來，並積久成為文化的引導力量，則不難知曉，群域間的關係會向和睦方向運動，其結果必然是保域求和。

　　此外，依據理性的另一樣特徵——在開放的環境中，理性的選擇和判斷會更加開明、更加開放——可知，理性對群域的化解功能，有時會表徵出極致化的樣態，似乎與公共性的社會無異。我們在這裡可延引的一個例證是歐洲聯盟（共同體），它的生成和演化，說明了理性之於界域的化解意義，雖然其主觀動機仍不乏功利本意。我們都知道中世紀以來的歐洲，民族國家間的對抗一直是其歷史的主線，如英法百年戰爭[36]、義大利戰爭[37]、荷蘭人造反西班牙[38]、三十年戰爭[39]、英荷戰爭[40]、普奧之爭[41]、法普之爭[42]、第一次、第二次世界大戰，等等。不難設想，即使一個生

36　1337至1453年間，英法兩國在歐洲範圍內因為封建制度（合法繼承法國王位）的根由展開了長期戰爭，至1453年（此年東羅馬帝國滅亡）終止。通常認為，百年戰爭是西歐國家意識的真正開始。

37　1494至1559年間，法國與西班牙哈普斯堡王朝爭奪歐洲霸權的戰爭。1494年，查理八世入侵義大利，其後，法王路易十二、法蘭西斯一世先後多次入侵，後依據《卡托‧堪布累齊和約》法國放棄義大利。

38　荷蘭獨立戰爭。16世紀初，荷蘭成為西班牙的一個省，後加爾文派發動宗教叛亂，最終演化為尼德蘭聯合省的獨立戰爭，至1648年西班牙承認荷蘭獨立。

39　歐洲歷史上，不同國家出於各種原因所進行的一系列戰爭，一般認為開始於1618年，德意志是主要戰場，1648年因《威斯特伐利亞和約》結束，並標誌著一個由主權國家組成的歐洲的形成。

40　17、18世紀英、荷兩國之間發生的4次海軍戰爭：1652至1654、1665至1667、1672至1674、1780至1784，最終使荷蘭喪失了世界強國地位。

41　1866年，普魯士對奧地利開戰，把奧地利趕出德國，普魯士以此佔有德意志人口的2/3和北部領土的2/3。

42　1870至1871年，普魯士打敗法國，德國終於實現統一。

活在20世紀初的人，他難以想像20世紀末會出現歐洲的統一問題[43]。足見，理性在現代文明條件下，有了怎樣的能力和意願。

當然，理性之為永遠是有局限的。主要在於，理性是界域者所具有或具出的理性，它永遠與界域者不棄不離，充其量，它祇能消弭群域之間的對抗、紛爭，卻不能消解界域本身，所以說它的功能僅在保域求和而已。能夠化解界域，實現人之類的共利的人性，唯公共性。

公共性能轉換佔有與分配這種狹隘的攝養方式，而開合理、合適、無限攝取養資源的新境，是以足以破解功利性之限；公共性以類的社會性強化類的智慧和心性的同質、同型，足以破解政治性的簡陋和社群倫理的二致困境；公共性消化界域，使理性不為群域所限，足以成就理性與本根的連接。故知，公共性之為，在於化域求和，緩解糾葛，實現類的共利。

五、社會管理方式的轉型：
管理的技術化、程式化與去政治化

人類社會管理的政治化，一直是農業文明以來的主要事實，也是人類生存的主要經驗。那麼，這種事實和經驗合理嗎？回答是，合理沒有問題，但應該與否，就當另說了。人是社會性或社群性動物，這必然導致產生社會管理問題。就此而論，它與任何社會性動物應無差別。可事實上我們與它們卻有差別，而且差別還非常大。

長期以來，我們以為這種差別祇應在表現方式和手段上。比如，我們用文化、精神、意識形態、語言、文字、圖符、工具、

---

43 從1648年的《威斯特伐利亞和約》到1991年12月的《馬斯特里赫特條約》（即《歐洲聯盟條約》，簡稱《馬約》），經過353年，歐洲以完全反向的面目站在了世人面前。

組織結構諸般方式來修飾和實現社會管理，以改變動物赤裸裸的力能本能，並以此來顯示人類與動物的巨大差異。的確，這種差別是非常大的，然而，認真分析一番後，我們仍不免失落感。因為，無論何等花樣的修飾和偽裝，我們並不曾改變從動物社群繼承而來的社會管理的本質，這就是，政治化的管理方式。所謂政治化是說，社會或社群的管理成功，是由強制方式實現的。或即說，社會的管理和秩序，是通過暴力或組織起來的壓力施予被管理者，以迫使其服從和接收而實現的。當然，我們的政治化應有廣狹之分。對狹義的政治化來說，社會管理的核心價值已被篡改，它成了社會中強者即統治者利益的保護與特權，這樣的社會因此成就了專制型社會，故其政治化即專制統治。而廣義的政治化，則有體質的不同，首先它起源於共同體的生存功利需求，其次它設置了一個好的制度平臺，即主體構成性的城邦體制（憲政、民主、法治），以此，它可有效地防範政治行為和管理方式向專制方向運動，於是，社群意志和體質規則承載了政治化的內涵，雖不至出現暴力式的專制，卻難免體制的專斷，是以，還是未逃出政治化的窠臼。

　　所以，如果我們僅僅認為，我們與動物的差別是在表現方式和管理手段上，那麼，這似乎還非常不夠，它不能在本質上把人類與動物區分開來，就算拿廣義政治化的社會管理方式和模型來說事，照樣無法令人滿意。有沒有與動物本質性差別的管理方式呢？有，我們得認真理解這個答案。

　　如前述已知，狹義的政治化管理，即專制統治是與動物的雄性佔有本能及強者優先原則相當近似的社群管理方式。它的要害是，以優先滿足統治者——家族、個人、集團、政黨——的利益為社會管理的前提，或說，祇有首先滿足了統治者的利益需求，才有可能實現社群的管理。由於此種方式太過接近動物性，不論

它如何自圓其說，如何修飾，這樣的內質邏輯實在無法丟失，所以漸為時勢所不許，成為了丟棄現象。其所對應者，是廣義政治化的管理方式，它受功利張力和主體意志還原邏輯所支配，具出了人域意義上的自由、人權、民主、法治的效果，所以漸成為了近代以來的主流政治現象，成為了現代文明的標識。的確，依時勢論，我們會斷然選擇後者為社會管理的最佳方式，因為，它所內含的主體性、理性及程式化，足以讓每個有自我意識的現代人，有著起碼的人生自滿的感覺。若依每個人都是人而言，這樣的時勢具有必然性，就不難理解了。問題在於，這種社會管理方式是人類社會的終局嗎？不是。

為什麼不是呢？原因就在，民主、法治、憲政的社會管理方式，依然是理性以下人性所能表達並承載的社會管理方式，即使有理性的牽引，可其所內在的功利性、政治性、社群倫理的二致性之類，仍然在限制著這種社會管理方式的前途，無法允其開展為類的社會管理方式。功利性即意味著狹義的攝養方式的局限，它僅為佔有與分配，同時也把養資源予以了物理性的狹義定義，認為對生存有能量供給意義的才是養資源，而予精神、心性貫通的，則非是養資源；政治化意味著管理方式和手段的強制，意味著意識形態的衝突、對抗；而群域倫理的二致性則表明，界域的絕對化、自我的排他性。如此之類，我們無法不在既有的界域觀念分割，又有佔有、分配的功利挾制，還有政權對立、主權衝突、國家利益高壓諸狀態中，實施我們的社會管理方式。這樣的社會管理即使成功了，也祇能是局部和特定的，不會致使人之類的同質化、同型化。故知，其問題所在，不言自明。

人類既然是同類，就當有同質化、同型化的社會管理，就不當被故有的功利性、社群性、政治性，甚或動物性所束縛，否則，人類的問題永遠也無法解決。至於說到同質化、同型化的人

類管理，其所要者，便是要去政治化。

政治化的生物根源在動物本能，它以人身及精神佔有、控制及強者優先為預設，是人世間所有不合理、不平等現象的物理性基礎。因此，在政治化的狀態中，人祇能像動物一樣被管理、被治理，而無有人的特定、特殊。這不符合人之所以為人的價值取向。去政治化即是要解除這種佔有、控制和優先的預設，還原人之所以為人的應然。那麼，當如何去政治化呢？我以為有初級形態和完成形態的兩步。

所謂初級形態是指，以理性為憑藉，用技術化、程式化、專門化的管理，去替代政治功能化的管理。政治化的管理，其所依託者是有一個居於社會中心地位的人群集團，他們由職業政治家組成。這些人可能是一個家族成員，也可能是個人及其附庸或御用者，也可能是政黨集團。無論組成者為誰，其行為和構成特質大體相一，即，由於居社會的中心地位，便優先地有了本身利益的需求，並非常容易實現這樣的利益。於是，這樣的狀態幾乎是先天性地設定了社會不公平、不平等的格局和事實。因此，一個社會如果希望有公平、平等的事實，它必得首先要除去這樣的中心集團，才有可能性。

依人性所固有的可能和傳統方式，面對這樣的專制統治，人們會自動以暴制暴，即以革命的方式，或通過推翻統治者來解決不公平的問題。然而，非常不幸的是，這樣的推翻非但不能解決公平問題，通常還會使社會更加複雜化。因為，社會還需要統治者、管理者，人們所為不是改變了管理方式，而祇是客觀上換了一群人來統治，讓一些邊緣人得以進入社會的中心集團。除此之外，全部社會問題無一解決，反致社會發生動盪、消耗。是以，便有了一些社群中常見的「翻燒餅」現象，有了政權更迭的惡性循環。這些恰恰是極其動物方式的人類現象，不當保留和認可。

所謂去政治化，不是說用暴力方式去剔除這樣的集團，而是用制度去剝離這樣的集團。其方式即，使社會管理的體制和方式實現技術化、程式化、角色化過渡，用技術化、程式化的管理替代政治化的管理，用職業角色去替換政治家，使社會管理趨於工具化、木偶化，從而避免出現社會中心或核心集團，進而避免社會管理過程中出現所謂「革命」的方式。

社會管理機構及管理者的工具化、木偶化，是理性政治模式或主體構成性法律體系的一大創舉。從發展線索言，這樣的工具化、木偶化並非主觀動機所求，然其邏輯結果卻祇能如此。在前文中，我曾描述過一個主體構成性城邦體制的循環圓圈，或自我主體意志的還原邏輯，意即，主體乃城邦和法律生成的原因，而主體的意慾又是城邦和法律存在的目的。這說明，主體在這個循環圓中具有絕對性。非常不幸的是，即使這樣的體制，也可能在實踐中讓主體的絕對性打折扣。原因是，城邦及其法律都必須有城邦機構來承擔、執行，而在執行的過程中，城邦機構及其組成者很容易或善意或惡意地損害主體的利益，甚或製造出自己的特殊利益。

對此，自主體構成性法律體系成立以來，它就一直在如何防範社會實體機構及其組成者方面努力鋪陳，以求達至最有效監控社會實體機構及其組成者的目標。直至1803年，美國的馬歇爾大法官裁定馬伯里訴麥迪森案，最終確立了司法解釋權或違憲審查權為止，前後經歷了兩千餘年，總算大體上完善了這一制度體系的建構。簡單說，這一制度體系的要害就在於，使社會管理者工具化、木偶化。或說，讓任何從事社會管理工作的機構和組成者，都不是人，而祇是社會管理的工具和木偶。他們在管理過程中，不能有人的情感、意志、慾望，而祇是一個嚴密、分權、他權體制的操作者；而且，在角色同型化、同質化的前提下，誰都

可以擔當這樣的操作事務，無需專門的政治化或政治家群體。於是，我們看到的社會管理的運作方式有了下述的邏輯：政治問題法律化，法律問題技術化、程式化。這樣，所有社會問題的解決均盡可能逃離政治化，而趨於技術和程式操作的方式，結果是避免了因政治對抗或意識形態對峙而有的衝突和紛爭，大大簡化了社會管理的成本和複雜性。

何以如此呢？這其實是人性邏輯中逆向限制的佳例。人性中的自利性表明，凡人都有自利的慾求和衝力，而社會事務是公共性的，在沒有良好制限的前提下，任何人都會利用便利條件為自利的滿足而行為，結果必然導致嚴重的社會不公。既然人是自利的，所以，一個公平的社會，其公共事務（包括社會管理實務和其他相關事務）就不能由人來執掌，否則，人的情感、私心、慾望均會破壞公平、正義。不能由人來執掌，當然更不能由動物來執掌，經過幾千年的艱苦探索，人們終於找到了一個勉為其難的恰當角色，這便是工具化、木偶化的人，即，使參與社會管理的人成為人形的工具，其思維、意志均為主體化的社會意志，個人的己私、慾求意志、情感均退居社會機構之外，祗在非公務的場景、狀態中保留。

社會事務管理者、參與者的工具化、木偶化，是理性化政治方式的終極成就，它滿足了群域條件下人們的最大限度公平、正義的夙願，是以功不可沒。從中，我們也見賞了理性的偉大與潛能。不過，這仍然沒有達到我們討論的終點。很顯然，理性政治雖然實現了群域內的公平、正義、平等諸良好目標，可它仍未逃離政治化的社會管理範域，許多政治化的顧盼及包袱，仍在這樣的社會管理模式中存在著，並影響了公平、正義的品質和效域。

現在我們來看看去政治化的完成形態。

所謂去政治化的完成形態，是說，社會已擺脫或緩解了群域

對抗，類的共利成為了社會功能的中心所在，為此，所有的社會力量和構成單元均投力於共利的創造、生成、演繹之中，不再糾纏佔有與分配的低功能事項，更使任何政治集團失去了對抗、糾紛、衝突的存在基礎，無法假領導群域實體行主權、對抗之名而為其所欲為。這樣，所謂社會管理，即類的共利事務的管理，它是事務性而非政治性的，它是事域性而非群域性的，它是制度性的而非意識形態性的，它是操作性而非控制性的，它是專業性而非領袖性的。類的共利事務及其他社會事務得以管理的基礎，源之於主體的公共意志，而其操作的載體則是因委託而產生的執行和監管機構，一當出現執行和監管的過誤或糾葛，同樣受命於主體之公共意志的第三者，將承擔裁制和解釋制度的責任，以使過誤和糾葛獲得救濟、解決。這裡，主體制度是全部社會管理的基設，我們將在下一章中再行討論。

可知，所謂去政治化的完成態或類的社會管理，是一正在期待的社會管理形態，它是公共社會的必然選擇。其邏輯是，人的同質化、同型化，必致人類事務的公共化；而要成就類的公共事務和類的共利，就必得有公共化的管理模式和方式；而管理模式和方式的成立，就得優先依賴於制度的設計；一個真正公共的制度必是全人類同質、同型的制度，其最要害者，便是人的主體化；人的主體化，才能使人成為制度、社會管理機構成立的原因，並反轉保證類的公共利益；而為了保證原因—承載體—結果這一循環圈的正常運作，還必須要強化對承載體的制度性分權與監控，使之成為操作的工具、木偶，而不得異化；所以，類的社會管理是主體化了的公共管理。

公共社會是網路化、關係化、過程化、同質化的社會，所有曾經切割這種網路、關係、過程、同質的社會實體及其制度，所有可能阻隔這種網路、關係、過程、同質作為的行為方式及界

域，所有曾盛行過的專制體制及方式，以及反作用的革命方式，亦會被公共化的大潮所卷滅，成為歷史的記憶。其中，主體制度的保留，非是逆反，而是同名制度的開新，即人的同質、同型的制度化。

六、人類問題、社會問題的公共解決

人類問題，是一個新詞，20世紀中葉以後，它才漸漸流行起來。其實它並不是新問題，祇是從前人類缺失同類意識、公共意識，將許多本身是人類的問題忽視或降減了，才致如此。而今，同類意識、公共意識已漸起，因為意識觀念不同了，便意識到了，因而許多人類問題也隨之浮出了水面，甚或一些局部性問題也可以放大為人類問題。大體言，這是好現象，它總可以算作一種標識，表明人類步入了一個新境界。

我們的確面臨了許多問題，其中不乏人類共同的問題。比如資源稀缺匱乏、環境污染、共同性的疾病、恐怖主義、種族問題、核威脅、金融危機、自然災害、土壤沙化及流失、貧困、城市問題、精神性缺損或不健全、犯罪、生態危機、網路安全、教育功能的偏執，等等。當然，還有許多問題屬於人類應予正面建構、製造的問題，如外太空研究、新能源研發、資訊共用、基因工程、電子智慧化、生命克隆，等等。這些問題有許多是自然成因的，人可能是參與者，也可能不是參與者，也有許多是人類自找的。無論自然還是人為，我們正面對著，這是不移的事實。而且，解決這些問題，早已成為當務之急，至少為許多國家和國際組織及個人所重視，並效力舒緩之。

問題是，我們在面對這些人類問題、社會問題之後，又發生了一些新問題，這些新問題主要表現在兩方面。其一是，一些受

界域觀念影響的國家和政府，試圖祗解決自己面臨的問題，結果引發了解決問題中的問題，如治理水、空氣、海洋、土壤污染之類問題時，一些國家所為之法便是以鄰為壑，自掃門雪，結果反而加劇了群域間的衝突和環境問題，如資源稀缺所引發的開發、利用之爭，甚至於不惜以戰爭為之，如此之類，難以枚舉；其二是，更多的問題非一國或幾國所能自為解決，勉強為之，實在是費耗人力、物力、財力，而不得其果，致使本身有限的資源愈為捉襟見肘。這些問題和解決問題中的問題，愈來愈壓迫者人類，造成了我們危機四伏、生不為繼的困惑，著實應該有出路的追求。

我以為，我們面臨的問題應該先置諸於後位，暫緩解決，得優先解決者，是一直以來我們解決問題時所製造出來的問題。這些問題若未得解決，人類問題、社會問題定當無法解決。那麼，該如何解決這些該優先解決的問題呢？答案便是人類的公共化。

依據上說，我們有自我、群域、功利主義、倫理二致、政治化、理性分判諸多體質性的故有，所以，它們必然導致上述結果：在解決人類問題、社會問題時，所有的解決者本能慣用的解決方案是自為解決。這種慣用的本能思路已然不奏效，當然得放棄並重新選擇解決方案，在幾乎唯一可選擇的解決方案中，我們便又面臨了另一類問題：我們體質性自我、群域、功利主義、倫理二致、政治化、理性分判的消解。此種消解所依賴者，復又唯一，即唯人類的公共化或建構起人域公共社會，方能消解我們的體質缺陷。所以，全部問題便聚約到了公共化，祗有充分地公共化，才能補救我們一直以來所有的體質缺陷。

可以說，我們祗有優先補救、消解了體質的缺陷，才能進而解決前述的兩個問題：各人自掃門前雪、局域能力的不濟。至於如何補救、消解我們體質缺陷的優先方案問題，得留待下一章再

去談論，這裡，我們先繼續公共化的解決功能問題。

　　我們現在必須建立的觀念是：人，首先是一個類；其次，人的問題都是類的問題；再次，類的問題不可能獨立、單獨、個別解決；最後，公共解決不止是解決類的問題，更是類的出路所在。

　　觀念的樹立，是解決問題的先導，它有行為的原則意義，而要落實為具體解決方案或近期可行的方案，恐怕要另外謀劃。其路徑之便捷者，已然非理性莫屬。

　　理性有一強勢的公共功效，即，為了自利，得先予他利。這裡，我們看到了一種利的對等性。解釋開來，它的意義是，在危機重重的當今社會，每個自我、群域，每樣功利訴求，每一主權者為了自利，為了避免危機的重壓或苦難，在努力自為解決危機之時，必先給予所有他者以利好，否則，你的解決方案和實際利益一定難以保障。這說明，在當下，在自我、群域、主權、政治化、功利主義諸多未曾消解的事實面前，理性的商談，甚至討價還價，可能是一行之有效的暫且方法。它至少意味著我們在努力解決問題。

　　依事理邏輯，祇要理性行進不衰，它一定可能接續起人類公共性、公共化的鏈條，並最終自然而然地帶入我們進公共社會。所以，給予每個自我、群域、主權者以更多的理性滋養，是當為之急。不過，很多時候，理性是事態問題，而不是觀念問題。經驗告訴我們，祇要不想兩敗俱傷或俱敗俱傷，那麼，許多人或主權者會作出妥協和選擇，為參與者找到各自的出路。是以亦知，人類問題的存在和逼迫，並非祇有負面意義，它恰好是解決問題和解決為解決問題而出現的問題的最佳契機。上世紀中葉出現的以聯合國為代表的諸國際組織，恰在這種意義上印證了這樣的經驗邏輯，而最近舉行的20G會議，亦表達了這樣的意願：理性總

能漸慢地引導人們自行修復我們的體質缺陷。

　　人類問題、社會問題，必須也祇能公共解決，是人類不二法門的進路。祇是目前我們還為自我、群域、政治化、主權、倫理二致性、功利主義諸般故有缺陷所束縛，不能完全如願。所幸，在危機的壓力下，我們的經驗已然指引我們走出了初步解決問題之路。索馬里海盜的國際打擊、金融危機的全球性應對、地震、颱風等自然災害的公共救濟、貪污腐化的公共反抗、人權保障的國際化、恐怖主義的世界性譴責、網路民主的公共效應、重大科技專案的國際化、犯罪的共同預防、人口過剩和糧食短缺的聯合解決，許多許多事項，已讓我們的世界更具公共性，亦日趨公共化。許多國家的領導人和國際組織的首腦不經意之中，忽然有了國際領袖的新形象，雖然其行其神貌似而實異，卻仍不失為公共社會之初步響應，實可褒嘉。

　　在這一理性所牽引的解決方式中，有六種事象具出了明顯的優勢，或為公共化之初步。

　　一是區域化聯盟的出現，其典型者是歐洲聯盟，它是人們終於明瞭「大而化之」之事理的典範。

　　二是國際組織的地位和功能日益強化，如聯合國、WTO、國際貨幣基金組織、世界銀行、聯合國糧農組織、國際法院、世界衛生組織等，它們在解決危機方案中的全球立場和世界關聯關係的考量，即是公共性的顯現。

　　三是諸國之間，特別是大國之間的恰當配合和聯合行動（如打擊索馬里海盜、反恐、打擊犯罪等方面），不祇是破除了國家界域的界限，更使國家形態國際化，即國家不再僅是主權單元，更是全球事務的參與者，公共社會的保衛者、建設者。

　　四是網路社會的出現，巨大的網路已把世界進行了物理連接，並因此出現了網路民主現象，依主流言，它更多是依人的公

共性標準來建構和生成行為規則，所以，諸如南京周久耕天價香煙事件、汶川地震時某著名房地產商發表的以自我為理念的有關捐款的言論危機、加拿大歌手戴夫‧卡羅爾唱衰美國聯合航空公司之事、網路資訊與知識共用之類的現象，能夠頻繁發生，極好地支持了人類的公共性。

五是重大科技專案的國際合作，它不僅集中了人類的優秀智慧去探索和理解自然，更是衝破了界域局限，同為類的公共事業。

六是全球性具有公共氣候、生態、環流、地質景觀價值的區域，必得依賴全世界之力去救濟、保護、合作，以求地球生態體系的完整和合理，因之已成為人類之公共事業。如非洲野生動物、植物資源的保護與當地農民、國家之間的生存、發展矛盾，不能僅視為非洲自身的問題。鑑於非洲生態資源的全球性，它應當成為世界公共事務，由全世界分擔：在確保野生動植物生態體系完整的同時，給予非洲——如馬薩伊馬拉草原、塞倫蓋蒂草原——農民的種植、畜牧業以幫助。同樣的事務亦適用於南美洲和東南亞的熱帶雨林，作為公共生態體系的組成者，我們不應該僅把這些地區視為政治實體單元，全部問題祇是他們自己的事情，而是在承認其政治單元的同時，更公共化地理解這些地區的公共意義和價值，這便需要予他們以公共的援助、支持。還有如中亞山結地區，既然這裡已成為世界的第三極，那麼，它對地球就具有公共的意義和價值，所有相關國家均應心態舒緩，將本地區視為自己的領土管轄之時，更應該理解其全球性的公共意義，將其視為世界公共資源之單元，以共用之公共區域維護之，而不執迷於其主權、軍事、經濟諸價值；同態，世界社會亦應端正立場，改變觀念，以公共之單元共同營造世界屋脊，使之更好地公共化。

　　可以預期，這樣的趨勢會愈益明顯，並成為人類的常態。經歷之後，我們的心態和場境均會完全改觀，真正顯現公共性的價值和功能，建設真正的公共社會。

七、人類精神與文化體系的公共化

　　人類公共化的趨勢已然興起，前言諸方面的功能必然漸慢展開，最終成燎原之勢，促成人類及其社會的公共化。不過，若認真辨析，不難發現，上言六種功能多為物理性、結構性的功能表達，它們的重要性在於，事態和體質的明顯改觀，易於給人以感官和理解的便利。很顯然，公共社會不祇是物理和結構性的，公共化的驅力也不祇是來自於社會的物理邏輯，那樣的話，我們仍然無法在本質上認同和建構出一個同類、同質的公共社會。此表明，在公共的物理性、結構性之外，我們還必須有更深刻的追逐，以滿足本質、本然意義上的公共之需。為此，我們需要理解社會的本然性。說到底，驅使人類公共化的內源性動因，非是物理邏輯，而是人類的本然性必然。

　　本然性是人類社會的內質性具有，且與其物理性構成同構關係，即均為人類社會的屬性具有。比較而論，物理性屬結構性的內質，是關聯關係狀態的預設；而本然性則屬原因性內質，是驅動結構行為的前提，是以更具內源的意義和價值。日常經驗中我們說，人同此心，心同此理，即是本然性內源驅動的外在現象。若無有本然性的內質預設，我們很難想像，人類之間會形成認同、意見、思想、學說、理論、觀念和行為方式。本然，即世界全義之所質。不論思想家、學者、領袖，還是常俗之人，他們都必然要表達出對世界、事物、時勢的相同或相近看法，即便出現看法的差異，也會在情勢的演化中，修飾掉差錯部份，最終留下

可以廣普化的意見。人類的看法，甚或全部存在世界之行為表徵具有同相性，其根本原因即在這本然的驅使。其所差異者，是承載者對本然或世界的全義理解、把握、感受的差別所在，而非不為所使，否則，人類之間不可能有交流、交往，更別說異類之間了。

　　當然，世界的全義是本然性和物理性的同構。人類之為人類，即在於它能較任何他在更多、更系統、更深刻、更全面地把握、探索、理解這世界的全義。所謂文化與文明，其實質也在對這世界全義的把握與解釋，有了體系的顯示和規模化的表達。大體上，我們哲學、宗教、倫理諸學科較多地關注了本然性領域，而自然科學、社會學、法學、民俗學、人類學、經濟學之類則更擅長世界的結構性和物理性理解。這樣的分工，實在是因為我們現有的智力能力和智慧反映方式不充分而有的結果，並非說世界的全義可以分門別類地理解。當然，這樣的分工、分類一直並還在造成我們觀念及行為的困境，其最主要者，是本然性與物理性的二致，至少，它讓許多人認為，它們之間可以不相關，或可以各自獨立表達。

　　除此之外，我們的困境還有二說，其一便是，在界的顯示特徵之一：各自為在。因為在是各自的，所以我們以智慧去印證世界的全義時，很容易優先有自己的立場和考量，並因之蔽去世界全義的真實。即，我們因此會優先服從世界的物理性去行為，並建構相關的行為模式、關係模式、群域模式，而忽略世界全義中更本原性的東西，以至人類的演繹有了畸形的表現。可以說，人性中的功利性、社群性、理性均是這一物理預設的結果。它的正面意義是使人知道如何去成為人，而其負面意義則是，人失去了之所以的真實性，反被虛假所套限。

　　其二是攝養以為在。在是以攝養為前提的，沒有養就沒有在，而問題的下作在於，在低能的情形下，攝養不可能真實化，

它祇能變通為攝在以為養，甚或攝生命以為養。於是，我們不僅把攝養的範圍鎖定在了在、生命者之中，這便平添了諸在、諸生命者之間的衝突和紛爭、搏鬥；而且，我們更以此以為，養便是能量的物理性供給，所以，祇要佔有了養的物理資源，即可實現在的繼續，而完全忽略了養的真義：諸相以為養。這裡，肉體感、觀感、嗅感諸物理需求完全排擠了精神養育的需求，使近於本然性的性相之類成為了與養無關的外物。這便是長期以來，我們的功利性何以堅守佔有與分配的領地不放，難以有宏大開展的原因。其實，養是相之養。它表明有兩大機巧蘊藏其中，一是相是養源，而非在是養源，攝在是為了攝取在中的相，祇是我們的攝取能力不足，無法直接攝相，故得通過攝在的變通，才能攝相，是以便知，攝在實為攝相的假象；二是，養是諸相同為養，非僅物理性的能量供給，所以，我們得更有諸相同為養的真覺，這樣才能真正感悟世界的本然性，從而才有世界全義的把握。

人類行進到今天，這樣的覺悟和把握水準應該是常態，可我們卻大失水準，還被因物理和結構而有的自我、群域、政治化、倫理二致、理性分判諸般缺陷所制。分割智慧、各自自我、誤在為養或失察養源，是我們的現狀。可以肯定地說，僅依據任何物理的方法都無法解圍，因為那是就事論事，不得其所以原。若得求解圍之途，非有世界之本然性的覺悟不可。即，我們祇有率先理解和把握了世界的全義，方能解除困厄。而如此，非得仰賴公共性和公共化。

公共性，是人類類的覺悟和意識，它消解所有人域內的界域和偏狹，以類的智慧去還原世界的本然性、物理性，去呈現世界的全義。而正是在這種還原世界的本然性、物理性和呈顯世界全義的過程中，我們才能漸慢丟失智慧分割、自我各自和失察養源的過誤，也才能放棄自我、群域 、政治化、倫理二致、理性分判

諸般拖累，輕鬆為人。這樣的境界和理念，恰是人類精神與文化體系同質化的真實。故知，公共化，是人類精神與文化體系同質化的必由之路。至此，我們才不會為曾經的教義、意識形態、諸般主義所鎖制，而有做人或人之所以為人的愉悅。

第 八 章

公共社會的制度承載

一、公共制度的基設：相對主體

二、公共體制之承載：共權

三、公共制度之操持：委託代理制

四、公共權利的救濟：公共裁判

　　公共社會的前景自不待言，終將會成為人類生活與生存的現實。雖說這樣的出脫本質上源之於世界的本然性，可其物理性的表達方式實在不能忽視。依就社會的內在邏輯言，精神嚮往的同質化，一定要落實為具體的社會構成和制度模式，如此方能真正承載起公共化的價值和使命。

　　我們所說的制度必然是現有制度逐漸消解而後開新的制度，它的核心在於公共性或類的社會性承載，在於共利的保障和創化。為此，它的主導者將會因新開新、棄舊圖新，然而，某些舊有形式的連接過渡意義也不能輕視，或說，新舊體制的交替重疊現象會在一定時期內成為常態，否則，其周延性將不充分。

　　依前述已知，許多故有制度是理性政治現象的佳作，它們在盡可能的限度內具出了社會化、公共化的形式，至少就平衡自我、群域的慾求和利益衝突而言，它們顯示了較好的制衡性，是以應當予以繼承和改造。通過這種形式的假借，最終創制完全公共化的制度，亦不失為坦然之途。

　　制度是一複雜多維構合的文明現象，可說為制度文明[44]，因之，完整述及公共社會的制度體系，似乎可能性很小。不要說我現在想之不及，就算有足夠的想像力，也無法預知未來公共狀態下，究竟有何樣的制度形態及門類。可見，我不能做這種吃力不討好的事情。依愚見，大概的制度走向，定然不可避免，因此，我祇想在此方向作出一些說明，同時還要關注一下公共制度的幾個重要構成元素。這樣做的好處是務虛不務實，以免貽笑於眾；同時，這樣的討論還有利於我們進一步理解公共性、公共化、公共社會的價值蘊涵，無忝本然之思。

　　這裡的討論將涉及四個話題，它們是：主體、共權、委託代理制及公共裁判。這四個話題可分別視為，公共社會制度成立的

44　參見拙作：《制度文明》，北京，中國政法大學出版社，2005年。

前提、公共社會權利形態的性質、公共社會權力運作的方式、公共社會的正義救濟方式。以下依次述列。

一、公共制度的基設：相對主體

主體一語，我們已從前文中獲得了良多印象，它源之於家父，是文明帶西段社會中強者群體的構成單元，它是主體構成性法律體系的基設，亦是「主體—城邦—主體利益」循環圓中的原因和目的所在（主體意志的還原邏輯圓），理性的具有者、承載者，社群構成單元同質化、同型化的稱謂，等等。將主體挑選出來視為公共社會制度形態的構成者，正是看中了以下三點：制度體系的基設、理性的承載者、構成單元同質化的稱謂。我們的討論便要由此三者來引伸。

任何一樣制度都必須有成立的基礎、前提，或說基設，否則難以建構，而且，有什麼樣的基設，便有什麼樣的建構。據此可知，基設是十分重要的。主體之所以可為公共社會制度體系的基設，就在於，經過理性的養育後，它已成為全體人類都可以之稱名的概念，即，它具出了類的同型化的表徵。這一表徵非常重要，因為至目前為止，尚無任何一個與社會相關的人的概念可以是類的同型化的，諸相關概念都有程度不同的偏頗、狹隘或特定。如人民、臣民、國民、氏民、市民、黨人、軍人、工人、農人、家人，等等。主體具有如此的廣普性，且設為類的同型化的稱謂，理當是公共社會制度體系的基設，可說是無與倫比的。當然，人本身也是一個非常廣普的概念，不過它來之於自然狀態，泛泛的人，祇具有生物學的涵義，非為制度元素，一般條件下不能直接為制度本身，除非作出說明和限定，如說法律意義上的人、法人之類。

　　主體即是，將人予以同型化處理，且以理性為其內質。這是文明帶西段社會中強者文化的重大貢獻。它的意義在於，人不再是自然狀態或本能意義上的人，而是人為設定的人。這樣，制度的建構也不再依自然狀態的人或人的本能為事，從而遠離了動物性，也為人世間社會管理的去政治化打開了缺口，進而還為人的同型化、同質化開了先河。主體泛化和相對化，是類的同質化、同型化的保障，也是同質平格、同類平權的基設。依人的物理性言，構成的合理與同質，才是平格、平權的內源，而主體制度正好是消解類的不平等、不平格的利器。所謂人權之說，率先就要保障每個人的主體性，祗有由內而外的主體性的成立，才有真實的人權可能性。主體制度的事實化和廣普化，亦是社會管理過程中去政治化的有效前件，當每個人都成為制度所保障、程式所支撐的主體之時，主體所內具的對等、平等、合意、公平、正義諸價值原則，會自動抵消政治專制的單向性，從而成就憲政、法治之政業。主體制度更是所有權保護的特定，依據古來有資格即有保護，無資格即無保護的法定原則，沒有完整主體的前提，當不可能有真正的私權事實。故知，私權的存在和運作，無法在非主體的前提下行進。

　　以此，人類的同質、同型之可為者，非主體莫屬。而人權、社會管理權、所有權之真實有效，恰是人的同質平格、同類平權的實質內涵。現代社會，均得以此為目標，改變其政治化、界域化、倫理二致性、佔有的功利、自我諸不當作為，追逐人類同質、同型的潮流，成就一代文明偉業。正是這樣的意義和功能具有，才可以期許為公共社會制度的基設。

　　當然，同說為主體，公共社會的主體與群域之中的主體還是有質的差別的，這種差別之要是各自的定性不同。就群域狀態中的主體言，主體即是自我（點-子模型之自我）的目的性制度稱

謂，它的理性內質和同型是自我外發的，是不能失去自我前提下的出讓和妥協，故這樣的同質、同型永遠祇是對自我的修飾，而不能沒有自我。在公共社會狀態中，主體則是公共關係參與者的制度稱謂，它化除了自我的排他性，從而使自我變成了關係的參與者、關聯者，故其同質不再是理性，而是其公共性，其同型不是自我的妥協，而是參與者的同一。這種具有公共性，且相對化了的參與者、關聯者，即為相對主體。

這樣的差別對公共社會言至關重要。它以此分判這一同名制度的不同質地，為社會的進階鋪陳了基設。所以，我們得進一步明確它們之間的差異。

以自我為內質和目的的主體，它首先是佔有與分配的資格者，其次是群域的組成者，復次是界域規則的合意者。此三者鐵定了其主體的性質和價值取向，也與它起源於強盜社會有直接干係。即，這是激烈的生存競爭和生命搏擊而有的智慧成果。在生存資源極其稀缺，而又有人為攪局的前提下，生存的要義已不是吃、喝、穿、住、行、用這樣的溫良涵義，而是生命的存亡問題。在不停歇的生死壓力之下，力能主義的暴力行徑祇能對外，不能對內，否則，誰也沒有生的可能性。此即是說，個體在廣普化的強盜場景中，是幾乎沒有生存可能性的（這與動物世界非常同態），要生存，若干個體必須結盟，以群體的力能去追求暴力環境中的生存微弱希望。而結盟，還得有可能性。此處，依然要憑藉動物本能行為，於是，有血緣關聯關係的個體之間，就自動有了結盟的可能性。這便是最早群域之緣起的前提。一當這樣的社會實體成立，界域的內外差別就出現了。

這裡，社會實體憑藉了兩種不同的人性基礎。對外，它們憑藉的是人的倫理二致性，即對內的善，對外的惡，而其界，包括群自我（血親）、熟人、地域幾重層次；對內，則主要是初次萌

發的理性，是理性的驅力慫恿了家父們的合作。家父，這個最小單元群體的首領，為了抵禦生存的重壓，他們擴張了最小單元內善的邊界，向同血親的他家父出讓善意，並結成生存共同體。這樣的同盟或共同體，是人類社會中第一個依理性結成的人為社會實體，人們依據它的存在樣態稱其為城邦。為了確保這種人為理性的成立，它首先得將自然狀態的人，改造為同型、同質的人為之人，這樣改造的結果，便是人的主體化，或主體之人。這便是主體的由來。

主體由此成為了城邦的組成者，亦是城邦規則的合意者。他們在成為組成者之時，已出讓了自己的慾望和意志，將善意出讓給他主體和城邦。那麼，他們何以願意出讓自己的慾望和善意呢？表面看是為了拱衛城邦，使之可以抵禦外界強大的生存壓力，而其實，則是為了確保自己是佔有和分配的資格者、特權者。故知，他們所出讓的善意，並非倫理意義上的善，或利他的善，而是對等和有償的善。此善即理性之善。理性的善，是有條件才有的善。後世，縱使城邦變成了共和國、聯合國，此主體的質地和理性的善意並無更改，所異者唯界域範圍的擴大。

以公共關係參與者為內質的相對主體，是網路化社會關係的組成者、公共社會的參與者、公共意志的承載者，也當然是公共制度的合意者。同樣，這樣的定位也指明了其主體的性質和價值取向。它是公共社會獨有的構成單元，其目的不是為了佔有和分配的資格，或特權，而是受公共性之內質的驅使去參與公共關係，並使之正常、合理、有序、有利、向善。因之，它失去了強盜社會中強者意志的特定性，轉而為公共或類的意志的載體；它不是競爭、搏殺的制度性設定，而是合作、互利、共利、超越的制度性基設；它不止是理性的承載者、發生者，更是公共性的具有者和具出者。

　　主體性質的轉換，為新的制度提供了預設。既然相對主體是公共關係參與者的制度稱謂，而參與公共關係的絕非僅祇人類個體，這便意味著主體有泛化傾向。即是說，主體不是人的獨特稱謂，而是公共關係參與者的稱謂。這樣的參與者可以是人類個體（自然人），也可以是自然人的複合體，如組織、社會實體、公司之類的單元，還可以是未來之人，以及非人的他者，如生態要素、自然形態之類。是這些參與者的交互關係，才構成公共關係和共利的場景，而非是人域的狹隘關聯關係和私利。故知，主體的泛化是公共社會之主體制度不同於自我之主體制度的又一明顯處。

　　主體的泛化或相對化，將完全改觀傳統的同名制度，尤其是改變其內質涵義。在傳統主體制度中，主體的意志或當事人的行為能力是必備要件，這種能力即意思表達的能力。可說，不具備這種能力的，難以成為主體資格者。所幸，這種標準的設定，即便在傳統的制度中，也不能絕對化，太多的事項逼迫著制度得作出讓步，去牽就現象本身，這便有了擬制說。所謂法人和無行為能力人的代理制即此。設定非人的實體為法律上的人，是理性之於規則現象的一項重大貢獻，它解決了制度運作中的困境和障礙，同時也滿足了人們的利益關係處置的需求，實在是一種實踐智慧的傑作。依此理路而進，我們便不難解決主體相對化、泛化過程中的所謂行為能力的屏障問題，至少，代理制可使這樣的障礙成為坦途。

　　其實，事情的要津不在行為能力或意思表示的有無，而當在什麼是行為能力或意思表示。我們過去的虛妄在於，我們同類間的說話、文字、體語以及思維能力被理所當然地視為了行為能力和意思表示的內容，殊未知，這些祇是非常表象化的內容，並不構成能力和意思的全部。我們對生態要素和自然形態的諸多意

思及行為方式的無知或缺少理解，是導致我們判斷錯誤的原因，而所以無知或缺少理解，又與我們的認知能力及性智觀念的不充分或缺失有直接關係。因此，錯誤判斷的結果，不當成為將生態要素和自然形態推出公共關係參與者及共利者之外的理由，反是應當改變我們的錯誤判斷，強化對他者的認知和理解，尤其是在觀念上設定同構性、相互性、關聯性、網路化的大前提，如此，才有可能建構真正的公共關係狀態和實現共利。這樣，行為能力和意思表示之類的問題亦會迎刃而解，不再成為主體相對化的障礙。即是說，所有的生態要素和自然形態均有行為能力和意思表示的應然，問題是我們當如何去把握它們的意思，和設定不同狀態下的主體資格。

可以預期，我們的法律質地將會更加地自然化、人性化，許多自然科學、人類學、社會學、經濟學的內容會漸次充入法律條設之中，亦為法學研究所融並。或即說，制度的邊緣化融化及多維複合已成大勢，並會因此引導人類行為更加自然化、公共化。當人類的行為越來越自然化、公共化，且制度致使人不祇是域內的同質、同型，進而有與自然的同質化趨向之時，主體的泛化將會出現質變，以致主體的實際意義完全消解，人類將步入無主體的境地——天民。以此言，即便主體制度引導出了公共社會，可它仍難逃出過渡性制度的命運。

二、公共體制之承載：共權

公共社會中的相對主體制度，是使類的同質平格、同類平權成為了制度化的事實，亦設定了所有權利樣態及運行方式的前提，所以說，它是在去政治化、消解自我、破除界域、解構倫理二致性的過程中所設置的新興制度。然而，按照傳統的分類法，

主體祇是設定了人是什麼，而未設定人如何實現人、如何行為、有何權利、社會如何建構、社會關係如何調理諸事項。此表明，我們還得進而為之，看看制度應該怎樣作為。

　　相關人的實現、行為方式、權利、社會建構、社會關係調理、社會體制的制度，即是權利的制度。依傳統說法，人世間的權利包括所有權、人權、政府管理權，以及較晚出現的自然權或生態權、環境權等。長期以來，我們在討論這些權利形態時，較多是就事項本身說事，如解析其結構、功能、價值，敘說其重要性之類，而很少探究何以會有這樣的權利形態，以及它們成立的前提。未曾深究的原因不難理解，因為這些制度一準來之於西方，是文明帶西段社會或強盜社會中的強者們人為設計出來的制度。既此就不難想見，他們是在斷根之後，為了人域，實則是為了強者的社群解決生存問題而設計出來的救濟制度。這類制度的要害在於，祇要能夠解決界域內的問題，餘外之事、之情可一概不顧及。而界域之內，主體是萬事、萬由的原因，當然也就成了各類制度緣起的原因，此外，無須追究。因此便有了一個著名的法律定義：法律是當事人的合意。

　　主體是所有類型制度成立的根本原因，說明了制度的人為性和界域性，其隱藏的問題是，除了制度的形式外，其內涵質地不具有普遍性和公共性。因為主體是特定的，是界域化的，除非破除掉這樣的特定和界域。而一當破除了主體的特定和界域，我們會發現，這些制度所以成立的原因是虛假的，進而會導致制度本身的不成立。何以如此呢？這是因為，在界域的條件下，你所合意的制度與我所合意的制度，還有他所合意的制度均是對抗著的制度、衝突著的制度，本身會成為社會衝突的原因。此說明，依賴自我主體或界域化主體而有的全部制度形態，實則是不可以公共化的，就使有理性為之擴張，也不足以化除界域，最終成為類的公共制度。

那麼，公共社會的權利制度又當依何而成立呢？答案還是主體。不過此主體非彼主體，它是公共社會之公共關係的參與者，而非特定資格者的相對主體。因之，其所謂權利，便是公共的利益屬性，或公共利益的有利地位、狀態及公共關係運作過程中，諸參與者之利益、得失狀態之合理、恰當的制度設定。

很明顯，在這裡，權利仍然是一項人為設定的制度現象，因為自然世界中本身並沒有權利之說，它所有的祇是相互關係。不過，完全依自然的相互關係而為，人類會失去操作的可能性。數千年來，我們的經驗所長或我們的強項已變成為，將自然現象轉換為人為設定，然後方可維持恰當、合適。是以，將自然的相互關係狀態作出人為的制度轉換，便成了人力的習慣之為。有所不同的是，從前，這樣的轉換有著強勁的界域限制，我們祇對自己認為的有利、方便、短程的現象予以轉換，而大量地忽視長程的、共利的、互利的現象，現在，隨著界域的必然破除，隨著我們行為能力及行為方式的改變，這樣的轉換空間忽然有了幾何級數的擴大，以至我們必得將原來不曾注意到的自然相互關係、公共關係的有利、合理、恰當視為權利的對象，通過人為設定的方式去實現這樣關係的有利。

權利乃人為而非自然的，權利作為制度又源之於主體的意志，這是傳統權利的屬性。而今當下，新興主體已非彼主體，它是公共關係的參與者、關聯者，非自我或界域特權的資格者。這些表明，公共社會的權利制度和觀念，完全不同於界域社會的權利制度及觀念。這裡，相對主體並不是最源頭之源頭，它祇是公共關係、互利關係的參與者、關聯者，公共關係才是母位於主體的範疇。即是說，沒有公共關係便沒有主體，或說，沒有類的相互性，便沒有任何形式參與者存續的可能性。於是，我們關於權利成立的原因的考察，便會越過主體，去求證於公共關係或類的

相互性。可說，是公共關係的有利的需求，決定了權利制度的現實性和可能性，次之才決定了相對主體利益的合理性。此處，主體的價值和意義得重新釐定。

因為制度乃人為之物，所以，非主體不可為制度；而主體又已非自我界域或源頭之主體，它已轉換為了公共關係的參與者、關聯者，故知，此處所謂主體意志，當然已非作為資格者之自我的意志，而是公共意志。即，相對主體是公共意志的承載者。既然相對主體是公共意志的承載者，結論當然祗能是，權利制度之成立，實是通過主體所表達的公共意志的制度設定。以此便知，所謂權利，即經由公共關係參與者所表達的公共狀態、公共關係的有利與合理的制度設定。

現在，我們已獲得了公共社會權利制度之性質的理解。它的重要性在於，與主體制度一樣，我們除保持了人為性和概念稱謂的形式同一之外，它的意義、性質和價值取向均有了質的轉換，其所凸顯者，是公共性的承載和質地。

如前所述，公共性是理性之後的人性具出，它的要義在於人的關係化、網路化、公共化、類的社會化、同質化、同型化。其所消解的是人的點-子化、自我中心、界域化、絕對主體化。因為公共化，所以才共利，因為同質化，所以才平格，因為同類化，所以才平權；進而亦知，因為共利、類之智慧的創化能動，所以才有可能擺脫初級資源有限、稀缺的制限，從而解困佔有與分配的挾制；因為解脫了佔有與分配的狹隘，自我的顧盼也將為之懈怠，人為物役的窘境亦會寬解，於是便會有「使物善於物」的營造及建構。當自我缺失了顧盼、物為人役之時，以人域為限的祗重佔有與分配的權利，本身亦會演化為多餘之物，失去可資利用的意義和價值，是以會與主體一起歸於消解。

　　如此便知傳統權利制度及觀念與公共權利制度及觀念的本質差別。傳統權利制度是人域內同類爭鬥、紛爭、衝突的必然物。原因在於，人類的能力有限，養資源的利用、開發極不充分，長期困厄於稀缺狀態中，以致人類中的強者便恃強有了佔有、掠奪的事實，所謂權利即這樣事實的人為法定化。故知，所謂權利，即資源稀缺條件下，人們爭於佔有、分配的法定結果，其被挾制和可卑之處顯而易見。公共社會的權利制度則是，人不再是人域之內人為設定的目的，人由孤立、靜止而入參與、關聯、相互、同構之網路，成為了參與者、關聯者，人亦由人域之窩裡鬥的對抗者變成了人際和諧、共利的創造者，自我目的的超越者。因之，其所謂權利，首先是公共狀態存續與合理之共利，其次也是參與者因為參與而有的相關利益。故其權利是過程、關聯中的權利，而非目的性的權利。不過，當下之境，即令至公共社會之初級，這樣人為設定的稱名和制度框架的憑藉，依然會有重大的工具意義，所以，不得不予敘說。

　　公共社會的權利制度，是人之公共性訴求及公共關係有利狀態的人為設定，故其名稱得與之相當，可命之為共權。共權者，公共之權利也。或說是，公共之有利的法律稱謂。由於共權是人之公共性意願及公共關係之有利的法定稱謂，所以，它具有母權利之地位和價值。母權利或稱原權利，它可以派生出其他權利及權力形態。正是這樣的派生才使我們的權利制度可以及於社會生活的方方面面，進而形成秩序。大要言，就目下較為重要和操作之可能性言，其所派生的次級權利形態約為四類：人權、所有權、政府或社會實體機構的管理權、自然權或生態權。

　　此四種權利形態在故有的法律體系及社會體系中早已有定稱，除卻它們的質地或內涵在共權之下有不同程度的改變外，其最要緊處，是它們不再是源生之權利，而是成了共權的次生權

利。何以能使之變成次生之權利（權力）呢？理由如下。

　　依剛才所述，主體曾經是全部權利（權力）形態生成的終極原因，在這樣的人為設定中，人權、所有權、管理權、自然權均是主體所生成的源發性權利（權力），所以它們當然也就自動成為了自立門戶的原權利（權力）。現在的問題是，生成它們的原因（主體）並不具備終極地位，它祇是公共關係、類的社會關係的承載者、參與者，所以，它的意志不再僅祇是自我之絕對意志，而主要是公共之意志。當主體變成他意志之承載者之時，其所生成的權利（權力）當然不再是祇會滿足絕對之自我意志的各種權利（權力），而應當是其所承載的那種意志所設定的權利（權力），這個權利便是共權。

　　何以共權又會派生出其他權利（權力）形態呢？這首先是因為，共權是抽象的權利，也是價值性的權利，所以必得有具體的權利形態來分解、分擔、分殊其價值和操作；其次，相對主體或界域單元既是公共意志的承載者和公共關係的參與者，同時也是不完善公共狀態下的構成單元，所以，亦會有作為參與者而有的權利需求，這樣的權利訴求也是不能缺失的，祇是，它現在要以派生的方式存在，不可自立門戶。因此之故，我們得以新的權利體系來討論新的權利現象。

　　先說人權。

　　人權者，曾被定義為人的權利，而其實，是人相對於他人、實體機構、組織而有的權利。亦即說，如果沒有他人、實體機構、組織的對應，此項權利是不存在的，所以，不能簡單地將人權定義為人的權利。因為說人的權利時，命題包含了二義，一是說因為同是人類，所以每個人便有不受他人對抗的權利；二是說，祇有人才有的權利。第一項指義，與「相對他人而有的權利」相近，限定了權利的人域性，是人域內的遊戲規則，與他者

無涉。而第二項指義則有待思量，如果堅持祇有人才有的權利，它就變成了特權，會對抗其他的權利現象，如自然權，因故，其定義有不周延處。

　　人權具有人域性，亦且，人為社會性動物，而在社會狀態中，每個人與他人之間、個人與實體機構之間、個人與社會組織之間就不免有衝突、糾葛、對抗的必然性，此狀態中，依經驗邏輯可知，個人必然處於對抗的劣勢地位；強者、多數人、政府機構、組織之類均處於強勢地位，由是必然形成強勢者的專制勢態。是以，一個正常的社會，它一定要劃出法律底線，確保每個人的基本權利得到保護。此一理路，正是英國《權利法案》（1689）、美國《人權法案》（1791）、法國《人權和公民權利宣言》（1789）、維吉尼亞《人權宣言》（1776）諸多法律所信奉的律則。其內容大約為：人人生而平等、生而自由，私有財產和人身不可侵犯、非司法裁決不受行為限制、宗教與言論自由、法律面前人人平等、直接或間接立法權等。

　　很顯然，在界域的條件下，人權的定義和其內涵是非常合理、正常的，它符合自我主體「原因-託付-實體機構-權利目的」的圓邏輯指向：一個生成實體機構和其制度的原因者，不能容許被生成者反過來凌駕於其上。因此，人權成為了一種排他的原權利，就不為奇怪了。問題是，公共社會中，主體已由絕對源發性的原因者降格為了公共關係的參與者，該社會的主要價值不再是絕對原因的自我意願、慾求的實現，而是社會的共利，公共關係的合理、正常，及對佔有、分配之狹隘的解除，與之相適應，自我主體的圓邏輯亦得自行解構。如此之下，人權作為一種派生的權利現象，便不再是主體意志的還原，及對還原過程中障礙的排除、對抗，而是公共關係和諧狀態中，對不恰當關聯關係、妨礙參與者正常存在狀態、違反同質平格與同類平權的對抗、排除。

　　若非如此，它會在新的社會狀態中引發許多難以為繼的後果。比如，若主體仍然是絕對的，法律依然祗能是這種主體的合意，而且主體意志的還原邏輯依然有效，那就必然會出現這樣的現象：人權對抗並敗毀自然權，人權抵消共權。這是無法繼續的現象。

　　因此，在公共社會中，在共權之下，人權的性質和價值取向得有改換。公共社會是化解自我界域、解構主體意志還原邏輯的社會。在這樣的社會中，人的價值地位不是由其競爭狀態決定，而是由其所參與的公共關係，並在參與過程中實現的同質化、同型化的程度所決定的。或即說，人因為同質，所以人格平等；人因為同類，所以權利平等。這種同質平格、同類平權的基設，是人的價值所在。而所謂同質，已非前此的理性同質，它已轉換為了公共性的同質。

　　前者之同是形式的同而質實則不同。因為理性的存在要件是自我主體，自我為了自利才作出讓步、妥協，此即理性。即使每個人都有理性，都知道得讓步、妥協而後才有自利，可其動機、原因的驅力是為了自我的還原。所以，這樣的同，最終是為了分。況且，理性也會因場景、條件、修為而大為差異。足見，其所同祗同在行為方式上，而未同於心性的內質。後者之同則不然，它是質的同。所謂同質是說，人因為具有公共性，且環境已迫使這樣的具有凸顯為了具出，而公共性則是同類之間化域求和、共利互利的驅力，它一統自我、佔有的功利、倫理二致、政治化諸低級人性現象的分殊與簡單，使人成為類的人，並就此而參與更宏闊的存在事業，擺脫人的生存負壓，漸次成為自主、自由、自覺的在者，所以，其質同就不可同日而語了。正是這種同質的驅動，使人的同類化造就有了真實的可能性，否則，人永遠祗能以自我為構成單元，滿足人域內的窩裡鬥，而不知人之所以為人。

　　故知，共權狀態下的人權，已非自我之有利地位的制度設定，而是人的同類化造就中，其同質平格、同類平權的制度設定。它所對抗的是對此同質平格、同類平權的反動、阻礙，而這樣的反動、阻礙，通常會來之於人域之中的他人、實體機構、組織，是它們的不當作為干擾了同質平格、同類平權。或可說，唯有公共關係的狀態和過程中，他人、機構、組織損害和對抗了人權，人權才有對抗的排他性。

　　可見，說人權為共權的派生或分殊，即在於，人權是參與者在參與公共關係和同類化造就中可能被傷害、損毀的反設定利益，它是制度的，也是法定的，故是不容他參與者、組成者對抗的，尤其是不容許實體機構和組織的對抗。其目的是為了保障參與者的自在、自由、自得。祇有自在、自由、自得的參與者，方有真正的參與及公共社會。

　　次說所有權。

　　所有權制度直接源起於動物的領地佔有行為，故是動物性現象在人類社會中的一種遺留；當然它也是一種經過人力修飾後而有的文化現象，可說是制度文明的一項創舉。說之為文化現象或制度文明的創舉，乃在於它被理性所修飾和調教，變成了工具理性，從而改變了動物佔領行為的單一性。在所有權制度中，佔領的有效性仍然被保留著，如先占原則、無主財產的取得、事實佔有之類，這些大體上與動物的佔領方式仍無本質差別，有所不同的是後續制度的預設，它改變了動物憑藉暴力改變佔領事實的方式，對佔有的有效性和「永久性」做出了制度的安排。如設定所有權為一種原權利，具有排他的優先性，當然也是其他各種權利存續和運作的前提。故從某種意義上說，私法制度即是關於所有權的制度，亦不為過。

　　這裡，我們作出所有權性質的分析之時，亦能鑑別出其中隱約所在的一些特定內涵，它們更能標識出所有權制度的屬性。

　　首先，它的制度化強烈地隱含著地域性資源稀缺的前提，是資源性的對抗、衝突最終讓人們選擇了制度的安頓。與之相對應，資源相對豐沛的地域，則所有權制度會較為淡化，充其量祇會生成相對的所有權觀念，如中國古來所行的非絕對所有的使用權制度。

　　其次，它亦是自我被高度激化，並因而產生了主體的特權體制而有的伴生物。與之相對應，在自我被抑制的社會中，其外部壓力不足以致使特權者主體化，人們的權利得失處在一種穩定的可預期的輪回式的交替之中，無需制度來強化絕對的特權，於是，權利也趨於相對化，因而也很容易抑制絕對排他所有權的生成和完善。

　　再次，所有權的絕對是邊界條件下的絕對，一旦越出邊界，任何所有權均失效。這說明，所有權不僅有主體之所的屬性，亦有存與的界域屬性。通常情況下，強盜社會中的所有權制度最先是由其強者們發明和肯定的，這在希臘、羅馬的神話中有充分體現，[45]所以，這一制度亦成了強盜社會中弱者群體們的痛處，摩西孜孜於對土地所有權、家園的追求是其例。當然，當今之世，所有權的認同已有越界之勢，然其界域性的內質並未消除。

　　最後，所有權作為一種排他的原權利，其合法涵義是，一個所有人對其所有之權利有不受他人（法律上的人）干擾的支配和使用的正當。這一定義在祇有平等所有人及其權利對抗的前提下，是非常正確的。其原因在於，所有人所在的世界及其權利已被制度分割為孤立的、靜態的客體物，它與點-子化模型的世界觀及主體構成的社會觀十分地契合，以致法定的所有權的損害祇及於所有人權利完整狀態的缺損，而不涉及任何其他損害。故知，所有權的保護所內在的根據，仍然是前言過的主體意志還原的邏

45　參見[意]G·維柯的《新科學》，他關於英雄時代與制度起源的研究是其證。《新科學》，北京，人民文學出版社，1986年。

輯圓，這根邏輯鏈條以外的其他任何形式的權利均不被法律所保護。

以此，我們不難知曉，傳統所有權制度的問題所在：祇對所有人——即主體者，法定的特權人——有利，而不顧及或很少顧及其他人及相關者的權利得失。先且不說公共權利、利益、公共關係是否需要保護，僅就私法刻意保護所有人的絕對利益，而忽視其他人及相關者的利益之事實言，這樣的法律制度已有明顯的缺陷，以至於難以為繼。因此之故，這一制度在過去的操作中已被迫作出了自我調整的變救。所謂當事人不得亂用權利原則、不得損害善意第三人利益原則、公序良俗原則、公共利益保全原則之類，是其例。這樣的救濟與變救，確有部份改觀之功，然於其事態的本質並未得變移，故實在不足為訓。

在所有權被視為原權利、排他權利的前提下，自我中心和界域邊界就不可能有真正的公共利益關照，其關照與否不是來之於法定的必須或者強制，而是所有人的良知和道德意識。這是一種柔性或彈性的關照，它可以關照，亦可以不予關照，而不予關照時，法律或社會往往無可奈何。問題正出在這原權利或排他的權利之法定上。如前所述，所有權的起源是強盜社會中強者群體為了鞏固其因掠奪、入侵、搶佔諸方式所獲得的財產利益而為的一種特權遊戲，他們在實現了對他人、他地域的佔有之後，必得以法定的方式予這樣的佔有合法化，以求別人不能覬覦這佔有的事實。這裡，佔有者同時也是法律的制定者。這種身份的二合一，很容易實現特權的合法化和絕對化。也是前述主體原因—規則—目的循環鏈條生成的根本之所在。即是說，法律的目的就是為了特權的保護[46]。所以，在法律為強者或佔有者所制定，並以之為保護特權之根本方式的前提下，這樣的制度不可能是公共化的，它

---

46 維柯論證說，以所有權為核心的法律制度的起源，實乃是上帝放棄干預人域事務之時，不得已之為。其涵義是，上帝允准人類將罪惡變成合法的德行。參見[意]G·維柯的《新科學》，北京，人民文學出版社，1986年。

祇能是自我主體的特權工具。

同樣如前所述，公共社會的最大價值所在是共利與公共關係狀態的合理，因之，其制度之所由、之所向、之所為，均取決於公共意志和公共利得，個人或局域性群體的利益是在參與公共關係之過程中的保障性利益，而非目的性利益，其目的應當是共利與公共關係的恰當、合理。此表明，法律或制度的內質有了完全不同態的轉換。基於此，若不改觀制度的設定，當然難以如願應勢。

其實，因事理邏輯不難知曉，既然所有權源發於強盜社會中強者的特權設定，那麼，必然的結論便是，所有權之說實乃人為之事。它既是資源稀缺前提下的無奈之舉，也是人類受困於佔有與分配的能力挾制的不二之為，其本質與動物的領地佔有行為無別，所別者祇在有了理性的修飾，使之成為了文化與文明的組成者。

因為稀缺，便有權利，這是經濟學的常識命題。而在政治學的立場上，亦有進一步的常理論斷：凡特權者，愈益希望權利的絕對化。法律以此為據，便有了所謂「主體構成性法律體系」和主體意志-法律-主體權利的邏輯鏈條。如此之下，何來公共利益和公共關係的合理之說！可見，傳統的所有權制度的確不足以長驅直入公共社會。原始的所有權利及其制度之來源是不合理的，後世雖有所謂勞動所得或其他繼受所得諸方式的補救，依然未免除特權保護的窠臼，而且，所謂原權利之說、排他權利之說均為虛托，沒有類的社會性的合法性。

公共社會的出現和人的公共性顯現，我們方有機會檢討所有權之真實性的可能。這種真實性是說，世間所有的利益，實乃所有參與者的共同利益，因此，祇有共同利益的存在和合理擴展，才是任何制度的終極目的，而參與者，唯有作為參與者才有因為參與而有的公共利益。因此，彰顯參與者之利益的權利，如所有

權，便不再是原權利，或排他的權利，而是派生的權利、相對的權利，其所派生者即共權。

這樣，所有權便由最高位的權利降位為了次位的、派生的權利，當然也就成了相對的權利。所謂相對是說，它首先不能與共權這一母位權利相對抗，其次，也不能與同位的人權、管理權、環境權或自然權相對抗。一般情形下，第一種不能對抗是無條件的，除非該所有權是共權本身；而第二種不能對抗則是有條件的，即這種對抗危及了母位權共權的完整與合理，此時，所有權得作無效處置；設若發生其他方式的對抗，得依共利優先有利原則予以協調和救濟，這種協調和救濟的結果，可能是有利於所有權的，也有可能是不利於所有權的。其實，近若干年來的法律經驗已經告訴我們，公共利益對所有權的制限，並非一定由司法救濟、裁判方式實現，大量相關公共安全、公共利益、公共正義的法律檔的出臺，及其間接、直接制限，更凸顯了所有權相對化的趨勢。可以說，從某種意義上講，若比爾·蓋茨之類人們的私有財產，並非他們個人意志可以隨意支配的，他們的任何財產動向，無時不有若干種國內、國際的法律規則在監控和監督，結果便是其所有權的相對化。可以預期，隨著人類公共化程度的深化和公共社會的完善，我們的所有權將愈益相對化，直至它完全成為共權的派生權利。

依因果關係言，所有權的出現和存在，是人類受制於佔有與分配之困厄的必然所致，反推可知，一當人類的視野超越了佔有與分配的狹隘，進而有了攝取養資源充分的可能性之後，佔有與分配的困厄當然就會疏解，至彼時，所有權的意義和價值可隨之懈怠。是以，所有權的前景可至預料。

再說管理權。

管理權泛指政府機構及社會組織所行使的規制和掌控社會、個人的權利。管理權是最主要且最直接的公共權力，故其重要意

義自不待言。這種權力的古典形式多為暴力強制所支持，因之，彼時的管理權可描述為統治權、支配權、命令權、主權，其中大量夾雜著統治者的私權利。更有甚者，有一些統治類型是完全私有化的，如「家天下」，「朕即國家」之類。正因為私權夾入了公權或公權力私有化，所以，這種統治權維護的常態祗能是專制、專斷、專裁類型。

遠在古典時代，強盜社會中就出現了與之相異的政治或權力類型。生活在強盜社會中的強者群體，常能保持住家父制度的平等性、對等性質地，在需要聯合起來對抗外部生存壓力或侵佔他人利益之時，這樣的聯合在家父對等、平等的前提下，常能以民主的方式實現，從而形成生存共同體，即城邦。後世，這樣的生存共同體進而演繹為了政治共同體、文化共同體，不過其民主政治的內質未有變化，並因而形成了一種完全不同類的政治生活方式。簡約言，城邦機構是城邦事務的管理者，它由一定的民主程序產生並承擔責任、義務和行使管理權力，在管理過程中，所有城邦組成者即主體有權依法過問、監督城邦管理事務，甚至於可以請求司法救濟、裁判自主的權利要求。故知，這種形式的統治權更接近於管理權，而非控制權。

近代以來，現代方式的政府管理權借助於古典時代城邦制的民主內質，有了新的開展。尤其在西方世界，一種假憲政、法治之名而成立的民主政治，將多黨制、普選制、三權分立等現代元素併入其中，從而擺脫了古典專制政治的俗套，可說是一種社會管理意義高於社會統治意義的政治方式。

問題是，無論古典時代的城邦民主制，還是近代以來的西方民主制，其管理權並不嚴格真實。首先，它們均是高度地域化或界域化的，越出界域，這種權力不再具有任何效力；其次，這樣的管理權源之於其組成者主體，是主體們的自我意志所強求的結果，所以，政府機構的存在之核心目的是主體們的利益，即佔

有與分配的效益最大化，而效益之最大化在不能解套攝養能力有限的前提下，祗能是域外他利益的佔有、掠奪、巧取之類；於是便有，再次，因為有界域的前提，所以，政府機構也常常是界域衝突、糾紛的肇啟者，或說，這樣的管理權及其載體在實現其域內秩序的有效之時，多會反致域外秩序的混亂和衝突的激化；最後，在界域制限和主體功利需求的雙重壓力之下，任何一個這樣的管理機構均缺失類的公共責任和意向，故無法引領人們建構和延展公共社會。

今天，國家之間、政府之間，除卻那些世仇私怨、宗教糾葛、民族對峙者外，其所以能和平共處、相安無事，絕非它們有類的社會性或公共社會的心胸，而是基於理性的考量，不得已而為之。理性的確在此處展示了足夠的張力，為當今的世界贏得了大面積的安寧與和睦，然而，理性祗是壓制和掩蓋了問題，卻並沒有實質性地解決問題。各國之間心懷己私、伺機所動、動輒恃強已成常態，至於通力解決現下已廣普出現的公共事件、公共問題，解脫人類佔有、分配的困厄之類，實在是力不從心、無能為力。這些意味著，現下，所有由傳統轉軌而來的政府機構，及其管理權力均有權能和職能的不充分問題，其所要者，是這種權力存在和延展的基礎有問題。即，基於主體意志而契合的國家和組織機構，有著體制性的局限性，它祗能是界域化的、功利至上的、政治化的、內外二致的。反之，若冀政府及組織機構的管理權成為真正的管理權，而非統治權，以及這樣的權力符合公共社會的共利及公共關係運作之需，那麼，管理權就必須脫去主體意志之契合結果的舊徑，而成為公共意志的承載者，公共事務和公共社會的管理者。

依上述之意可知，其實我們所說的公權力至少有三種類型：一是挾私權利為公權，實行專制獨裁統治之專制類型；二是受困

於主體意志的目的邏輯和界域制限而為的理性國家類型，它有管理社會的形式，卻缺失管理權的內質；三是依公共意志和共利需求而出現的社會公益管理權，乃是真正的公權力。這三種類型的公權力，其實亦是公權力的三個等級，公共社會的管理權是其最。

公共社會的管理權是說，政府及組織機構被轉化為了公共管理機構，它們因公共關係和共利需求而存在，是公共意志的受託者，為著局域性公共事務或全域性公共事務而行使社會的管理權力。這種權力非依暴力或專制而成立，亦非民族國家的統治者，同時也不以主體意志為存在目的，當然更不應該有管理機構或集團的獨特利益需要維持，而是因為公共社會需要管理的前提，受託而有的管理權力和管理機構。它們可因具體的公共事務而設置，如流域管理委員會、南極條約組織、外太空管理機構、世界貿易組織、世界衛生組織、聯合國教科文衛組織、聯合國糧農組織之類，也可因一般公共性而設置，如聯合國、歐盟之類。

這裡，管理機構——不論它是組織機構，還是國家機構——所依之授託者，是公共社會的公共意志。這種公共意志之由來，是人類至當下之境所顯現出的公共性或人的類的社會性。依前已述，公共性不同於理性者，是理性的發出者乃個體之人或群體之人，所以它的體質是自我、自利、自私，祇是因為合理與有利的判斷才讓它作出選擇：為了自利，必須予人他利，祇有這種利益的交換方式才能成就其自利；公共性的發散者是公共社會的參與者，或說人作為網路和過程社會的參與者，它必須最大限度地推進和維護共利，使公共關係最大合理化，而後方有參與者的參與性利益。故知，在公共性的驅使之下，人們之間不是佔有和分配的競爭關係，不是生存的排斥關係，而是共利的參與及互助、互養關係，通過相互間的合作、相互作用，最大限度的實現共利需求與公共關係的合理化。

　　這說明，公共性之人已不同於前此的理性之人，更不同於更前此的社群性之人、功利性之人，甚至於動物性之人。人的這種體質性轉型，無疑必致社會形態及其管理機構、管理方式的轉型。此意明示，前說公共社會管理權為共權的下位或派生權力——其成立的基礎非是主體者的意志，更非民族性、宗教信仰、歷史傳統，而應——實即是人的公共性或類的社會性具有，或是公共關係的合理需求及共利的驅力，必要求有同態的管理機構及管理方式的結果，當是人之所以為人的必然邏輯。依此邏輯，當今之各種管理權，更甚者是各種統治權、專制權均有轉型、轉軌的必需，否則，非但難以為繼，走入死胡同，更會極大擾亂人類當下之生境，平添無由之爭端、附贅之糾葛。

　　當然，若政治化一樣，任何固有之瘍屙，決不可驟然拔除之，尤其若國家、政府權力這樣的遺俗，其專斷、獨裁由來已久，得因循誘進，逐步損缺。在世界公共事件、公共現象頻啟的現狀之下，這樣的誘進和損缺會日趨明顯，以致終會彰昭入境。依事實言，當下的世界情態已大為改觀，在頻仍的公共事件、公共現象面前，許多的國家或政府機構及國際組織已然在現有之條件下開始了公共化的嘗試，政府權力更多地具有了國際性、國際化的表徵，頻繁的參與國際事務是顯見的事實。政府的國際化，是其公共化的初步。它意味著，一國政府已明顯認識到，一國問題之困擾，已不可孤立求解，必得國際聯手才有出路。這樣的認知和行為，加速了政府權力的公開化，也加深了國家權力參與人域公共事務的程度，最終的結果必然是，國家成功地成為了公共社會最重要的參與者，而不再是統治者本身。一當參與者成立，隨即必至的便是權力的公共管理的轉型，失去的必是曾經有過的主權者、命令者、統治者。

　　換一方向觀察，我們還會發現政府權力轉變的另一面，這便是，政府權力服務於公共事務的面域擴大和事項的具體。傳統

政治機構，縱使無有已私利益替代公權利益，多數情形下，所謂國家利益、意識形態之類的壓力也會輕易地置社會公共利益、慾求、事端於無足輕重的地位，出現嚴重忽視公眾利益的現象，致使公權力與民眾生活、疾苦、需求嚴重脫節。而今，隨著社會公共程度的展開，如網路民主、網路意願的出現，故舊不易為人所注意的若干事關公眾生活、生存疾苦、民生慾求的事項，很容易成為公共社會關注之問題，不厭其煩的輿論傳播已形成巨大的公共壓力，迫使政府的公權力必須作出反應，或是積極解決公眾疾苦、需求，或是剔除公權行為不公的人和事，或是改變觀念或法律制度、政策走向……以適應社會的公共化所需，不然，政府的合法性基礎將會丟失，進而出局。

　　公權力的國際化和公眾化，是眼下政治現象的新走向，除此之外，管理權的走向還呈現出多維化、多樣化的趨勢。今天的世界上，不祇傳統的國家機構具有公權力，可行使統治權、管理權，更多的是國際組織、專業組織、領域機構、區域機構、事項機構、行業機構、流域機構之類，均在興起和發展之中，它們同樣可行使各種不同的社會管理權。甚至一些經濟性、商業性、金融性、專業性的機構，也在自己的職業功能之外，開始附著了某些特殊管理權的職能。如銀行機構，原本祇是貨幣存儲、借貸機構，在新的金融格局和國際化的潮流下，它們通過製造金融衍生品、資本槓杆率、金融交易市場、影子銀行、外匯市場、對沖基金、場外交易、抵押債務債券諸般行為，改變了金融、資本、貨幣的簡單屬性，使之高難度地複雜化，並以操作這種高難度複雜化的方式，最終也實現了某種社會管理，以致國家政府、國際管理機構在某些特定的時期和狀態下，還得聽命於這種「僭越」的管理權。此類現象，正好從某個側面說明，公共社會的管理，並非線性形態，非線性形態可能更具常性。即，我們不能祇從正面去理解管理權，還得從反面甚至負面去理解管理權。

　　如此之類，不一而止。現如今漸顯的事實是，許多的國際組織中，各國政府已然成為了參與者，而非主權者。所有這些機構其目的均不在主權之成立或統治權之實現，而是為了社會事務、公共事項的合理，故其公共性更趨明顯。這些意味著，當今世界之政治的單向性已在調整和改易，公權力的管理權能和職能已然在脫胎陣痛。從終極後果觀察，管理權不僅會完全替代統治權、命令權、主權，而且必然會成為共權的組成者，是共權的下位和派生權力。作為共權而有的管理權，不僅其體質是公共性的，其職權是受託而有的，且其所有參與職權者，必將更加地角色化、職業化、專業化、同質化、同型化，他們將更多地表現管理的工具功能，而失去主觀能動性。唯其如此，才有真正合理、正當的公共社會的管理。

　　末說自然權、生態權或環境權。

　　此處所說環境權，乃廣義之辭，意指所有人類及生態體系、宇宙時空構成之秩序的合理與正當，此合理與正當依法律思維，即是權利。從學理階位言，這樣的生態權、環境權或存在權、自然權，應高位於前言之共權，因為它已超越在了人域之外。共權之主要者，本質上是人域之公共利益與人域公共關係之合理、正當的稱謂，一般情形下可不涉及廣義的生態權、存在權、環境權、自然權。不過，本書之限，主要在於說明公共社會的質地和可能性，不太有可能超出人域公共性之外去討論人的自然性問題（本書結語將有涉及，但不打算展開），且本質上講，生態權、環境權或存在權、自然權屬於人的自然性論題，有鑑於此，為兼顧論說之便，這裡，我祇打算將就行事，把人的自然性問題或生態權、環境權、存在權、自然權問題，作為公共社會之公共性、共權論題的延伸論題予以討論，不再在本書的範圍內專門安排論說。我的將就所為，並不等於這兩個論域的問題可以混淆，它們

仍然是兩個進階中的上下問題，特此說明。

　　雖說自然權、存在權、生態權與所謂的環境權，比之於共權應為兩個進階中的上下論題，可其關聯性並非沒有。公共社會的要者，在於社會構成的網路化、關聯化，在於所有關聯者均是這公共關係、網路結構的參與者，在於追求公共的或網路化、關聯化的共利與公共關聯關係的合理、恰當。這樣的質要所及，很難中止於人域之內，僅為人事即了。其所必然者，是人域與他域的關聯與互利、互為、互養，是人際關係的和諧、合理。故知，因此路去說存在權、自然權或環境權、生態權的意義和價值，亦無不可。

　　此外，權利、權力之說，已為人類數千年來之傳習，我們的制度無法在非權利的承載下設計，所以，必須置自然之利益於權利的狀態之下，方能有保障、保護、維繫的真實，是以便有存在權、自然權或環境權、生態權之說。廣義言之，人域與他域，或人與自然關係的合理、和諧之需，實在也是同質、同意的價值之所在。以此而言，共權之說，當然也應包括人域與他域或人際同構之共利。即，共權非唯人域同構之共權，亦且是人際同構之共權。正是立定於這樣的思考，亦說存在權、自然權或生態權、環境權實乃共權之下位權利，或派生權利。

　　自然權（為簡化，現祇稱自然權，不說存在權、生態權、環境權），是指所有參與自然相互關係者之利益、狀態的合理、正當、有效的權利。它包括諸關係者的生命權、受益權、善待權，以及自然體系或生態體系的完整性、關聯性、相互性、同構性之共利權。在這一權利形態中，所有參與者均具有平等或相對平等之生命權、受益權、善待權，非經必需之確定，這樣的權利不應被剝奪；進而，如若確有必需之理由應予剝奪，當有不受痛苦之對待的權利；除此起碼之權利保障外，任何參與者、關係者之狀

態的改變、變易，甚或毀損、消亡，得優先考量生態體系、自然體系之完整性、同構性、合理性、相互性、關聯性所能允許的限度，祗有在不致破壞或改變自然體系之完整、同構、相互、關聯及合理的前提下，才應該有之於參與者、關係者狀態改變的後果。

自然權所以這樣設定的理由，除了關照生命者有痛苦的感覺，不應虐待之之外；另一個應當尊重的理由在於，自然體系、生命體系的完整、相互、關聯、同構、合理，實乃是所有參與者、關聯者得以存在的前提，此一前提的缺失或損毀，並非人類的福音，反是自取其咎、自尋亡路；這兩個理由之外，還有一個過去不曾注意卻非常重要的理由，此便是，人類若冀擺脫佔有與分配的狹隘，跳出養資源有限的禁錮，必得首先保障自然體系的完整性與同構性，祗有自然體系的完整無缺，人類才能從中找到真正的攝取無限的機巧，而不是相反，以佔有、分配之法去利用自然。即，我們的智慧和思路是以完整、全義的世界去實現的，我們祗有把握了世界的完整和全義，才可能得知無限之養的機巧所在。

故知，自然權不僅是共權之組成內涵，亦且是人類超越自我，實現人之所以為人之必然的出口之所在，出口之外，當是人類成為非人的實境。這樣，當我們把自己置於自然權利之中，與他域、他在、他者共用自然權之時，並非意味著我們的降格自貶，反恰是為人之覺悟與智慧之成熟的標誌。若非如此，反死守佔有與分配之所得，那才意味著我們去動物不遠，不過動物性稍加修飾而已。

是以，自然權是一項非常值得人類去思考和認真對待之權利，它的前景和價值肯定會超出人權、所有權、管理權，當為共權之出路所在。

三、公共制度之操持：委託代理制

共權之生發，將改變人類社會的制度文明走向，使以個體為原點的體制步入以關係、關聯、網路和參與為擔荷的體制。以此，人類亦將明瞭自我的存在祇是人之所以為人的初級形式，與其成熟形式相差很遠，而與完成形式相去更遠。在由初級形式轉向步入成熟形式之時，共權之說，可兼顧這一轉型的兩側：承藉故有制度之範式及名稱、概念，以遷就人們的觀念習慣及體制慣性；變通其內涵質地，以適應新興之事項、過程開新之需，牽引人們漸入新境。

共權意義和價值功能的既定，不容置喙。問題仍在於，如何發揮共權之價值、功能？以及如何操持共權職能？以目前可能性所及，依然不能出故有體制之依託，其最佳引入者，當屬委託代理制。

委託代理制，原本產生於私法的一項制度，意即，在行為人行為能力受限制的前提下，可依法指定受託人、代理人代行其權能，或主張其權利。近代以來，此一制度有了新的開展，它已由單一的私法制度變通進入了公法領域，以致出現了公法設置的委託代理制。公法制度的新意，實在是人類社會演化開新所致的必然結果。它表明，首先，公權力並非祇有統治權、命令權、主權之單一形式；其次，委託代理制亦是公權力的表達方式，而且，其發展前景將優先於前此的統治權、命令權、主權。

何以會出現此種新興的公權力方式呢？表面原因當求之於政府作為和事項的複雜化、多樣化及專業化、技術化，在政府部門力所不逮或無限增多職能部門不可能的前提下，政府管理權通過委託、代理的方式轉移出去，成為了最為經濟和有效的選擇。而其實質原因當這樣理解：近代以來的社會，受大功利生存解釋

體系之驅力的使動,其關聯化、關係化、公共化的程度已大為加劇,在社會體制快速公共化的前提下,專門化、技術化、工具化、領域化的管理已成為必需,在政府祗能進行一般性行政、立法、司法管理的條件下,許多專門化、技術化、領域化的管理會被體制置於虛空狀態,這不利於管理的完整和社會公平的實現,此其一;其二,更為重要的是,公共化的本質在於,使自我原點的社會構成轉變為參與者、關係者網路結構的公共社會,所有因自我(主體)意志而成立的權利、權力形態,已漸慢喪失了還原自我保障之目的的邏輯路徑,無論社會的管理者、參與者,還是各種權利本身,亦很難再是主體自我意識的結果和承載,而是社會公共意志的表達。以上大意簡約之即是:主體已變成參與性角色,而非目的性角色;公權力已變成委託性的管理權,而非統治權、命令權、主權。這樣,權利、權力存在的基設已完全不同,公共意志、公共社會不需要絕對的人權、所有權、統治權,祗可能有相對作為的受公共意志、公共性驅使的共權。這種權利不但是公共的權利,亦是委託的權利、代理的權利,尤其是其中的管理權和自然權。

現下,管理權的代理化、委託化已成規模之勢,且具出了多樣化、多維化、複雜化、非線性化的表徵。以下表現可見一斑。

人類社會的充分國際化、全球化,已成大趨勢,與之相隨,許多國際組織應運而生,它們均以全球事務管理者的身份在履行著領域、專業、區域之管理權力。這類權力由於具有國際性,關聯著人類公共利益和福祉,早已不能為任何單一國家政府所能制控,於是,各國政府有意無意均將這樣的管理權力讓渡或委託出去,交給了各類國際組織。其中,有抽象讓渡或委託者,如聯合國,它帶領各國去制定人類發展的方向、政策,宣示世界福祉的主要標準,協調地區和國家的主要利益,調停地區或國家的衝

突，謀求世界和平和共同利益，是以，其重要性與管理者的價值愈益明顯；有具體者如世界衛生組織、聯合國糧農組織、世界貿易組織、世界銀行之類，它們在各自的行業專業領域內，管理並協調相關政策的制訂、執行，解決相關的困境及難題，同樣承擔了任何單一國家所不能承擔的管理權力和責任。近世以來，各國政府競相爭取在各類國際組織中的地位、發言權，如「金磚四國」在國際貨幣基金組織中的特別提款權份額的變化，日本、印度等國希望進入聯合國常任理事國之類，即是意味著，這些國際組織的管理權力在加重，作為參與者，各國政府得有更多的影響力，以便影響這種管理權，或說，對自己所出讓或委託之管理權有更多的參與實惠。

國際管理機構由於具備——任何國家所不能具備的——世界範圍內資訊搜集、整理及發佈的權力與便利，由於它們有條件重整世界資源去踐行全球性救濟、援助、支持之責任，而各國大多祇能作為配角或其決議的執行者去行為，這便極有利於國際管理機構的公共化價值和功能的成長。它們在促成各國成為參與者、執行者的同時，更是充當了公共事務的管理者的新興角色，而不若前此的國家機構，有統治、控制、命令和主權之附贅困擾。

公權力漸行走向委託管理的趨勢，除卻國際化之一端外，還有幾種非常重要的形式，正在我們的世界上顯露出來，值得我們去理解和把握。

一是區域性管理機構的出現。典型者如歐盟，24個傳統國家認同故有之主權、統治權、命令權、控制權漸次過渡至歐盟機構中，並使之成為歐洲事務的管理者，以區域合作之合力，去面對共同的困境，謀求共同的利益，實現更大範圍的公平、正義。可以預期，作為歐洲各國意願的代理人和歐洲社會的被委託人，歐盟事務管理委員會將會在公權力的體質上大別於故有各國之治權

機構，它們會更熱衷於事項、事務的管理、協調，公共關係狀態的平衡，公共利益的維護，而放淡或不涉及統治及主權事務。這一新興的管理者，其管理職能的角色化、工具化、木偶化是不容置疑的，其中，淡化意識形態、缺失機構意志、主為具體事務而不虛作政治化之秀，是其必然趨勢。可以預言，歐盟機構會在區域意義上成為完全的公共意志和公共利益的代理者和被委託人，並為國際社會提供榜樣。

二是地球範圍內，甚或外太空之中，某些區域、地域單元，因為其公共性價值的重要，將會被放置於委託的公權力管理狀態。若現已明顯具出全球大氣環流和生態體系完整價值和意義的南美洲、南極大陸、北極地區、南亞諸島及半島、中亞山結等地理單元，它們之於人類與自然體系的公共意義和價值極為重要，非得有公共化的委託管理，不能保障其公共的意義和價值。比如，各該地區，或已有原住民在此休養生息、耕作農業或養殖畜牧業，這樣的耕作和養殖行為，已然極大地影響了本地區野生動植物生態體系的安全與完整，影響了全球氣候環境的良性循環，如此之下，若得中止或限制當地居民的耕作和養殖行為，又會引發其生計和利益。這是一種兩難的情景，必得有周全的關照和解決方案，不能顧此失彼。

很顯然，這樣的事項若置於任一單一國家權力的管轄之下，我們會發現結果是嚴重負面性的，況且，多數情況下，各該地區中，大多數國家均處於不發達甚至極不發達狀態，它們無力獨立解決這樣的二難問題或對抗衝突。反之，若將這樣的公共單元置於全球公共關係和共利的委託管理之下，則情態會大為改觀。邏輯上講，既然這樣的公共單元是全球之公共所在，就得歸屬於全球的公共管理之下，以謀求全球公共利益的最大實現，同時還得平衡這樣的共利謀求中的利益不均問題。比如說，為了野生動植

物的安全和生態體系的完整，我們得限制當地農民的墾荒和動物養殖行為，甚至要遷居他們，那樣，他們的生計、發展、福利諸問題，應當立即成為與保護野生動植物資源一樣的公共問題，得由國際社會合力解決之，否則，會造成嚴重的單向性公共保護而引發的不公正。而這樣的福利和發展的解決，得由授權於全球公共意願的國際公共機構去作為，他們獲得委託權後，可整合、調動全球資源，去安排當地農民們的生存與發展，是以才能有真正的公共利益和公共社會。當然，這其中，顯然有一個國際公共機構的管理權和已然的國家政府之統治權、主權的調整問題。

可以預見，未來公共社會會在如此之類的領域、事項方面建構出更多的代理和委託管理的樣式，以適應和實現全球公共關係的合理與共利，實現真正的共利正義與公平。

三是諸如國際河流、山系（也可包括某些國內河流、山系）的流域化、系脈化管理。一個流域，一處山系，有其自身的特定性、完整性，它還關及相關的生態體系和民生得失、利益，在狹隘養資源佔有與分配及主權管理的條件下，這樣的利益、得失所在，往往會引發個人之間、群體之間的暴力衝突、紛爭。現如今，因著公共社會的公共關聯和共利思路，我們可以用和平、和睦、共利的方式去解決久遠以來未能善處的爭端，這種方式便是委託的流域管理或山系管理。

流域或山系管理是在不改變國界、區劃界的前提下，由相關國家、地區組合各該流域、山系的管理機構，它們負責制定相關法律規則，設定該流域、山系的法律地位、相關人（人類、生態、動植物、水體、山體）的權利份額、使用或利用方式、監管措施、制裁及救濟條款等事項，然後委託執行機構去落實各項規置，最終保障自然權、所有權、管理權的恰當、合理。

　　四是國際化、全球化重大科技專案和行為的委託管理。現下，身處科學前沿的科技工作者已有共識，人類科技功利的真正出路，已非個人甚或部份學者所能單獨承擔，非有全球化的多領域、多層次、多學科的合作，便不能有重大的科技進步。為此，諸多涉及基礎科學及複雜功利的科研課題已開始走出國界，成為全球性合作研究項目，如歐洲強子對撞機、巴黎核聚變研究之類。這樣的超級課題，集中的人員之多，動用的資源之廣，涉及的領域之繁，均非常態可比。與之相適應，國際化的科學技術管理亦提上了日程，並有廣普化之勢。事態表明，這樣的管理既具國際化，當然很難由一國承擔，它通常是國際委託管理權的組成者，不可簡單了之。並且可以預見，這樣的委託管理權會愈益多發。

　　五是自然物、生態體系之傷害、損失的補償、救濟之請求權的非特定代理人、委託人的法定化。此項制度意在自然權的強制保護。通常情況下，自然物、生態體系被視為沒有法定的行為能力和人格，這樣，當它們的利益受損時，由法律所提供的救濟、補償、恢復原狀諸類的請求權，便被無情地限制了。在非法定裁決不能救濟的現實面前，我們得改變陳規，跳出代理人、委託人必須是關係人或法定人的舊套，承認任何人，祇要他認為必要就可以充當自然物、生態體系的合法代理人、委託人，行使代位請求權，以維護生態體系、自然體系及自然物的合法權益。此一權力的設定，將會大益於自然權的實現。

　　由之上言可知，公共制度之中，委託及代理制是非常重要的制度內涵。它們將更多地出現在管理權這一公權力的現象中，並以之改變公權力的體質屬性，更會促成管理權的國際化、公共化。同樣，在自然權的保護和救濟安排中，非限定的委託和代理方式亦將更具普適性，成為主要的救濟和保護方式。如此之類不

難想見，人類權利形態的公共化、關聯化、共利化、同構化便可
期可待。經由這樣的出脫，傳統所定制的佔有與分配權利觀念及
其制度亦會漸行消解，直至消亡。

四、公共權力的救濟：公共裁判

權利必須置於法定的救濟之下，才會有真實的權利。此意於
公共社會亦不例外。所慮者，唯其救濟，或是裁判的方式是否足
夠公共化。

常行之裁判權或說司法權，為國家之重要權力的組成者，屬
三種主要的國家權力之一。長期以來，裁判權在國家主權界域和
習慣風俗的挾制下，多具有濃厚的界域特色，如大陸法系與英美
法系之分別，即是這種裁判方式所致的結果。暫且撇開裁判的差
異不說，從既往的經驗看，裁判權在國家諸權力結構中，具有相
當重要的意義和價值，一直受到各地域社會的高度重視。依西方
視角言，裁判屬保守性的權力，為法律救濟之請求的結果，故常
有守夜人的比譬；同時，它還是公權力之於正義、公平、公正的
最後保障，或最後的防線，所以，裁判權的正當和行使的公正，
具有其他任何權力不可替代的價值；最後，裁判權作為分權體制
中的最小權力實體，亦最少私利的顧盼和權力膨脹的可能性，故
被賦予了解釋法律、解釋憲法的特權。以此，它便成為了分權體
制中狗咬狗之遊戲中的遊戲發動者，[47]從而保障了主權者的意志實
質化的訴求，成功地防範了公權力懶惰及徇私舞弊的可能性。

諸多的價值與功能，說明司法權或裁判權是主體構成性法
律體系和憲政政府中非常重要的組成者，它於公平、正義的法律
內質有無可替代的意義。進入公共社會中，公平、正義照樣是制

47　參見拙作：《文化與憲政》第二章第三節，臺北，臺灣元照出版公司，2008年。

度體系的內質之要，公共關係的恰當、公共利益的維護、諸參與者之權利的保障之類，均有公平、正義的裁判及缺損後救濟的需求，是以，公共裁判權的建立是必得為之的要務。

何以在執法權、立法權、司法權三者之中，要優先構建公共裁判權呢？其主要理由在於，首先，管理權中的立法權、執法權（行政權）已有部份處於了公共狀態中，如國際組織、區域、領域行業機構中，均有較成熟的立法和執法行政的事實。可以預見，這樣的權力事實還會繼續發展和延伸。不過，完整的國際公共管理權體系的建構，在執法和立法領域最終會遭遇國家主權的對抗，所以，其事實態還有待時日。比較而言，國際公共裁判權或司法權的建構則要弱勢得多，我們已知的國際法院其實祇有很小的管轄許可權，而若國際貿易組織的仲裁職能，又是非常專業化的，無關國際關係大體。這說明，國際公共司法權或裁判權的建構，有較大的空間。

此外其二，經由比列可知，相對於執法行政權、立法權而言，司法權、裁判權與主權之關聯程度要小得多，亦即說，司法權和裁判權的國際化、公共化，會較少引發國家主權的對抗，這樣便於引導共權力的管理權走向和國際化走向。

其三，公共社會之最者如前述，是公共關係的合理、公共利益的保護，及公共關係參與者之權利的保障，這樣的合理、保護及保障應當依類的公平、正義標準，而非區域或群域、地域標準。此表明，公平正義的類化、公共化裁量、裁判，是必得為之事。而且，在國家公權力尚不能完全消去的條件下，這樣的公共化裁量、裁判是非常有效的補救方式。所以，優先實現公平正義之裁量、裁判，以及裁量、裁判的公共化、國際化，是實現人的類的公共化的重要步驟。

　　其四，西方文化得益於理性之依託、呵護，理性者所常行之事本為妥協與相對，然於真實生活中，無有窮盡的妥協與相對，反會致生活無所依恃、循環虛耗，為此，西方的主導制度中，均有關於裁判權終極定奪的絕對設定。其大意是說，不論兩造爭端如何激烈、複雜，一經司法審判程式完成，其所判決便為終極結果，任何人不得就此事再行糾纏。正因為司法權有此絕對權威，所以司法權也因此成了被動的權力、保守的權力，和最後行使的權力。以此推論，行使司法權者，即法官的特殊性也就此而特出。毋庸置疑，裁判者的素質及裁判方式的嫻熟是其必要，在世界各國文化與教養參差各異的情形下，給予裁判者統一的教育與培養，並因一致的司法原則、方式去裁判案件，應為妥當之舉。

　　當然，這樣體制的建構，也應當分步驟漸慢進行，不能一蹴而就。統一的司法體制可能是必由之路，而所有法官和裁判者的國際化、公共化，亦是必得為之之務。有所差別的是，在初級階段中，裁判者所依賴之法律或規則可由之現有各國既有之定則，甚或可以是風俗習慣之特例。經過這樣的遷就，逐步引導體制和規則漸入公共化，最終實現制度的同一。

　　本章所述公共社會之制度，多為依理而然的可能律例，且多有遷就現狀的用意，可謂是過渡性的討論，其所當或不當者，很難遽然結論。不過，道理猶在，我輩便有責任去明晰其理路和去向，以承真理之擔負。至於成就與否，還需社會和歷史的選擇及承載。

第 九 章

如何追逐公共化？

　　公共化、公共社會已成為潮流之勢,不久之未來,這樣的勢力和情態定然全面展開,進而促成人類及其社會的轉軌改型。不過,大勢所趨是其然,而人們以及各社群、國家並非已知其然、順其勢,居多情形下,我們仍然生活在茫然狀態,完全不知公共化、公共社會為何物,以致張皇之事、悖逆之為、苟且之舉、拖欠之意頻發。究其因,不外如下數目。

　　其一,公共化乃西方文化和社會邏輯使之然,而西方文化之要又在自我與功利,以及所救濟者的理性。自我中心主義與功利主義共同表明,放棄自我而至公共,放棄佔有而至共利,是天難的突破。故知,其文化與社會邏輯的必然結果並非人們主觀嚮往之所在,二者已明顯有著衝突與矛盾。祇是在理性的作用下,公共之為已成不得不為之的無奈之舉,而其前途,還在觀望中。是以,公共化的主觀動機於西方社會極不明顯,是為不想說。

　　其二,如前所言,若依西方導源於世界的物理性而有的哲學思考和社會理論去期待,亦是難事一樁。物理性之探究的最高境界無出於理性之智,而理性又為界域化智慧所必然。此表明,為公共之說,首先得突破世界的物理性,次之得放棄界域之制限,而後,理性方能遞入本然性的性智覺。這樣的蛻變於西方知識界無異於生命重造,其難之至,非常態可喻,是以不能說。

　　其三,反觀東方社會,其景象又有別致。近幾百年來,在西方的自我觀念和功利主義的衝擊之下,東方人早就放棄了修、治、齊、平,天人合一、同一不二的精神嚮往,側身轉戰大功利的生存解釋方式,求發展、求小康、求民主、求法治、求憲政,一應西方所有,無不視為佳品良丹,獲之不及,囫圇咽之,其得之快已不計於消化與吸收的可能性了。在大功利所求、所得尚未展意的當下,棄之去思量公共化、公共性,那恐是明日黃花之語,說無可說。

其四,還有一些人群和社會,其生未出溫飽,其行未出農牧,其想未出感覺,張口公共化,無異於天外來音,瞠目而已,是為不知有說。

不想說、不能說、不可說,或不知有說,並不等於可以不說。物理性的邏輯力量已把我們推進來了,你不說,那祇是裝聾賣呆而已。如此,便產生了如何追逐和適應公共化的問題。其實,人之所以為人,還不應祇是如何追逐與適應,更應該有如何造就和演化公共化的志業。以下,我將依理作出回應。

一、強化公共現象

依第一章所言,公共現象是肇啟公共化、公共社會的事由,足量的公共現象會迫使社會性質發生轉移,亦能使社會結構重塑和價值取向轉向。這樣的轉移、重塑與轉向,恰是當今人類所期待的未有。

過往而來的社會,依於種種因由,留下了許多痼疾,且一直在折磨著人類。比若由農業帝國延展而來的專制統治,於人有壓迫與窒息感;比若由生產方式不充分而有的養資源的狹隘與匱乏,其所帶來的佔有與分配的功利之爭;比若因種群衝突而有的界域森禁與隔閡;比若因自我感覺漸次而至的存在的虛妄與無奈;比若因工具理性而有的虛擬金融財富危機;比若因功利誤導而有的技術產品災難……如此之類,不一而足。我們實在有背負辛勞的苦楚,無可奈何的隱痛。解困,一直是人類為之求索的目標和動機,有所不同的祇在於,我們曾所依憑的個人、種群、地域群諸般解困載體和其方式,在如今當下,已難以奏效。當下之困,非僅吃飯、穿衣所能丈量,就使表現為吃飯、穿衣的問題,亦不能以故有的方式簡單解決了事。事項之關聯、牽扯,實非舊

有之地域、群域、個人所能制止，動一髮而引全身的人類存在狀態，已不能就事論事或局部解決了之。我們祇有公共化，或以公共社會的承托，方有可能順勢出危，步入存在的新境界。

公共化可以解除或更改任何形式的專制統治，使專任於己私——無論其為個人、家族、抑或政黨、組織所貪戀——的特權化解於無形，其方式是經由去政治化使公權力失去統治權、主權、命令權的變異，而歸於社會管理的本真；

公共化可以擠破任何界域的壁壘，使公共的利得流行暢通，從而化域求和，避免界域衝突；

公共化可以突破養資源的狹隘，使養資源的攝取合理、正當超越於佔有與分配的簡陋，使自我的功利成為共利的功利，其方式是改變科學技術、產業作為的功利與工具價值，改變使物用於物的淺表，而致使物善於物的深刻；

公共化可以消解自我的虛妄，歸還存在的真實，使人成為自然本根流行衍繹的參與者、責任者、證成者；

公共化可以突破世界的物理性蒙蔽，凸顯其本然性，進而使理性融並於人類的公共化、自然性，返還於自然本根的必然邏輯。

……

換言之，人類及其社會的諸般痼疾唯有公共化方能消解或舒緩。所以，我輩的當下責任，便在這強化公共現象的作為之中。

強化公共現象，是說，知識界、媒體、網路以及人類公眾，應當有意識積極促成某些事件、行為、方式更具公共的意義和價值，以此去衝破諸般舊有體制、觀念、條件的制限，從而促成公共社會的成長。

一事件或現象之發生，於人類有多重解釋與理解的可能性，而理解和解釋的不同，往往會影響公眾的價值空間。比如前所言

及的孫志剛致死事件，如果僅將此事解釋為孫志剛個人的不幸，與他者無關，則可知，絕大多數公眾會漠不關心，理由是事不關己。相反，若以此為例，視之為社會體制的巨大缺陷，若不更正，可能殃及每一個人。這樣的說法和理由解釋會提醒公眾的權利與安全意識，進而便會形成社會公正、意志。正是這樣的公正意志所釋放出來的社會性壓力最終迫使政府作出改正，結果是，公眾因此有了更大的遷徙、居留、行為的自由。

　　可見，事件、行為、現象的存在與其是否公共化，是有意義和價值差別的。僅有事件而未能成為公共現象，則不會具出公共的價值與意義。此表明，在根改舊有體制、觀念、形態、利得的過程中，社會良知的新意涵應當是如何促成事件、現象的公共化運動，通過公共化形成社會合力，如此才有改變的可能性。

　　此意若尋例論說，正好可求之於現下正在召開的哥本哈根世界氣候框架協議大會，可說為當下之我們如何追逐公共化的範例。

　　氣候是人類生存的重要條件之一，依據科學——綜合氣象、生物、物理、化學、地質、水文、海洋諸多領域——邏輯推斷，隨著氣溫的上昇，地球生態體系會受到重大的負面影響，甚至於崩潰。這個邏輯的最重要結論之一是：我們遇到了嚴重的生存挑戰。其實，科學邏輯的另一結論同樣存在，即這樣的負面結果不會馬上發生，至少未來的50年內不會完全顯現出來，亦即，我們這些正生存著的人大多數不會在有生之年遭遇這樣的結果。然而，作為理性和文化動物，人有類的秉性和倫理責任的內質，這樣的秉性和內質告訴它，不可以祇顧眼前，祇顧自己，我們必須對類的延伸和生態體系負責。此意味著，存在著的我們不祇是一簡單的自我和功利的存在者，它還有屬類性或類的社會性和延展倫理的必然性，是類的存在者與存在倫理的存在者。在類的存在

者和存在倫理的存在者的作用下，我們得解決氣溫上昇的負面可能性。

　　經科學查證，氣溫上昇的主要原因是溫室效應，而溫室效應的形成又得之於二氧化碳的排放過量，超出了自然界碳氧循環的能力。為什麼會有二氧化碳排放過量的事實呢？除卻自然原因——如火山爆發、動物排泄、沼氣之類——外，更主要的原因在於人類的產生、生活活動中，排放了超量的二氧化碳，其中，礦燃料的過度消耗是主要原因。由逆邏輯可知，減少二氧化碳的過量排放，即可減低溫室效應，進而可解決地球昇溫問題，而問題的問題恰好就出在這減少二氧化碳的排放量（減排）上。原因是，在低能、低效利用能源的前提下，二氧化碳的排放量是一國經濟狀況、社會發展狀況的基礎性指標，減少即意味著發展的不好或延緩，這即是觸動了人類兩個痼疾：界域自我、功利至上。於是，大生存的挑戰或危機遭遇了小生存的本能抵觸。

　　為此，人們來到了哥本哈根，試圖解決一個問題：至2050年，全球氣溫上昇不超過2℃，在這一界限內，分配各國二氧化碳排放量的指標。本來，解決這一問題並不困難，祇要全人類以同類之心面對地球生態體系的危機，則可立即形成單一標準，如按人均量排放。無奈，自有人類以來，我們的存在基礎和觀念所向，是優先滿足窩裡鬥：看別人、看鄰居，自己不能比別人弱。在這一幾近於本能的觀念作用下，單一標準的可能性立馬遭遇拋棄，所必為者是，自我認為的標準。由於世界各國發展程度不一，經濟能力參差，以及排放先機的搶佔諸理由，標準的多元化便成為必然之勢。發達國家認為它們不能下臺階，祇能繼續高標準發展，即要按經濟能力來分配排放量，或保持故有排放量；發展中國家，特別是其中發展較快的國家則認為，要按發展前景和公平原則來分配排放量；人口較多國家認為，要按人均來分配排

放量，不一而足。

　　先且不看此一問題終將如何解決，僅就該議題的性質而論，當有不同解釋的可能性。如若僅以為排放量是國家間經濟利益的問題，則可知，它祇需要談判即可，無非是時間，終會有談成的一天；逆之，如若視排放量為人類生存，以及地球生態體系的保衛問題，則又不然。它表明，此是公共問題，必須公共解決，任何國家都得有公共倫理、道德的承擔，而不可固守己私。非常有幸的是，哥本哈根會議的進程中，我們看到了這種公共化的衝動。許多有良知之士，如科學家們積極提供碳排放與昇溫關係的量化資料，設計昇溫結果的災難模型，提供低碳發展的可能方式、路徑之類；諸多環保志願者自願為大會服務，為烘托會議氣氛，他們製造冰北極熊、冰橋；還有世界各種媒體、網路的全面、深度報導，以致輿論效應非常可比；甚至於一些政治家們都沒有簡單地認為，此僅是國家利益問題，它的更高的價值在於，人類的類的社會性和合力解決困境的新勢態彰顯。如此之類的行為，雖然未能形成實質性的法律契約，可其基本原則大體上獲得認同與堅守：共同承擔但有區別的責任原則，並且還維護了《聯合國氣候變化框架公約》和《京都議定書》，維護了「巴厘路線圖」授權。

　　可以看出，此事件之發生和行為過程中，起主導作用的仍然是理性，且這種理性還將主導未來勢態的演化。然而，隱藏在理性背後起到實質性作用的，應是人的公共性和存在倫理意識，祇是由於缺乏正常顯現的管道，它不能正面出擊，祇能憑藉理性作為——溫家寶先生在其大會講演中，不敢以東方哲學的體用不二、天人合一為理念旗幟，而祇能強調，中國確定減緩溫室氣體排放的目標，是中國根據國情採取的自主行動，不附加任何條件，不與任何國家的減排目標掛鈎，是其證。

如同許多近期內發生過、發生著的事件、現象——金融危機、20G會議、甲型H1N1流感、索馬里海盜、全球反貪腐，等等——一樣，哥本哈根會議具足了當下勢態下最大限度的公共化，是最強烈的公共現象之一。這樣的趨勢終將推動人類步入真正的公共社會。

二、建樹公共意識觀念

公共現象的發生，或說使某些事件、行為、條件轉向為公共現象，以此進續為推動人類社會公共化的先機，是當下特別可以作為的事業。問題是，事件與現象之公共化，得率先有公眾的公共意識與觀念，若缺失這一前提條件，再多的世界性事件發生，亦無有公共之價值、意義。

公共意識與觀念，既是行為與生活方式的依賴，亦是人生之覺悟和人之所以為人之把握的依託。

從行為與生活方式言，既已成為生靈之人類，時勢所趨，我們的生活和場景已然踏入國際化、全球化的境地，非但個體化的生存、生活無有可能性，即令地域化、群體化的生存與生活亦不敷所需，我們的消費、取得、交往、行為——無論其為物質，還是精神——都有了世界的關聯性。值此互為關聯、相互影響、同舟共濟之際，細細思考一番，定然不難覺出，你的生存、生活，我的生存、生活其實是同型、同義的，我們是類的生存、生活，而非農業時代、狩獵時代，可以是地域生存，甚或群體生存、生活。既然是類的生存、生活，就使僅就功利之所需，亦不難理解，你的生存、生活中有我，我的生存、生活中亦有你，你我均逃無可逃。一件東亞生產的產品流入美國或歐洲市場，當美國人、歐洲人最終消費該商品之時，並非東亞與美國或歐洲的直

線關聯，因為該產品的製造之中、之前，早已包含了南美、非洲等地域的構成元素或元件，亦有了美國或他地域金融供給的內涵，以及還有許多別的成素裹夾其中。以此可知，無論製造者、銷售者、金融家、管理者、運輸人為誰，他們都在共同分擔著作為消費者你的種種產品責任和義務。亦即說，你是被這許多不相識、貌似無關的他者所左右、支配的。這還不是最終狀態，如你所知，今天的生存、生活中，你的、我的所有吃、喝、拉、撒、行、用、住、玩、穿，無有不是在這種世界化、全球化的關聯場景中。當你的、我的利益必得由全球化的網路系統供給之時，亦意味著你的、我的利益損失、傷害亦有全球化、世界化的必然性，而且，這樣的傷害、損失非僅指具體的行為和事件、產品，更多可能是非直接關係的、不確定對象的傷害和損失——如氣候上昇與生態惡化之責——如此之境，你我的公共意識、觀念變成了必不可少的生存與生活的依賴。簡單說，如果缺失這樣的公共意識與觀念，你的、我的利益就難以如期保障，而其損害的救濟亦難以成就。

這裡，依生活和行為方式而有的公共意識與觀念，是理性化的。其意思是，作為有健全理智和判斷能力的人，為了過上快樂、滿意的生活，他必需明智地選擇與決定，以公共參與者的心態和方式去參與全球化、類的社會化的過程，並應對各種公共狀況。個中，自我仍然被堅守著，功利自然是主要目的，但，無論自我還是功利都必須大規模地後退，以適應人類公共化、類的社會化之需，然後才能有自我與功利的保全。

故知，由行為和生活方式而有的公共意識與觀念，祇是公共化的初步，它可以解決許多具體的、當下的、直接的生存與生活問題，而於長久的、全域性的、非線性的公共問題，則顯然力所不逮。為此，我們得從人生之覺悟和人之所以為人之把握的境遇

來看公共意識與觀念。

如果視行為與生活方式而有的公共意識為公共意識和觀念的初級態或初步的話，那麼，可相序地視因人生覺悟和所以為人的把握而有的公共意識為公共意識與觀念的成熟態或真實態。成熟或真實的公共意識與觀念，是人類超越了人的物理性、理性而有的意識、觀念，它得之於人之智慧對世界之本然性的感覺、覺悟、會通。

人之所以為人，尋常中被認為是哲學家的問題，其實不一定。現實生活中，普通人更容易在社會轉型、利得受挫、重大變故之類的狀態中產生糾結、恐慌、不安全感。究其原因，乃在於心志不健全，不足以在挫折、變故之時支援人格的挺拔。而心志者，則是人的糾結所在。但凡豁達者，其所為人，非僅是衣食己私或兒女情長所能禁限，他會出暫且之所，顧及由來及去往，甚至於尋根溯源，直指所以為人的本根、本原。此種心志，御風而來，乘氣而往，知人之物理的暫且，亦知人之本然的無限，是以心地坦然，無憂無慮，失之不喜，得之不憂[48]。故知，為人得有一定的心志和境界，方可輕鬆應世、順勢流化，少有鬱結、積怨。此種心志，是為人之福，亦是得人之理。

有福之人便是得理之人。以此嵌入公共意識觀念之中，可知，人之所以為人的覺悟，恰是公共意識的要害所在。如前所言，公共化、公共社會的成立，必得優先化解自我、界域、政治化、佔有與分配的功利、倫理二致、理性分判，否則，無有公共之實。所謂化解，說到底即是，人之所以為人的覺悟。

人的意義是動態顯示的，動態之中，人類不斷翻新著自我的價值和意涵。人類所以能夠不斷翻新其價值與意涵，一是行為方

---

48 過來的人類社會中，凡人約可分為四種類型：要不起（絕大多數）、要得起（少數）、不要不起（極少數）、不要得起（極個別）。換言之，其心志所意可有三種境界：得之即喜、失之即憂，得之不喜、失之不憂，得之不憂、失之不喜。

式有使動的驅力；另一則是參照系的改變，使意義的認同有了開新的可能性。任何一個群域都會形成自己有關人的認知和看法，在不開放和靜態的情形下，這樣的認知和看法會保存幾乎無限的時期，很難有改觀。反之，若該群域有機會與他群域相遇，則會發生兩種認知和看法衝撞的情形：或是經過對峙、融合而有新的認知與看法，從而擴大認知體系，建構更高事理標準；或是強者毀滅弱者，淹沒其認知和標準。在排除暴力毀滅的前提下——即使出現了征服、毀滅的事實，也不一定意味著被滅者的認知和看法完全消失，例如希臘人征服了南歐及西亞地區，可希臘神話中，照樣讓被征服了的族群的神祇參與了其原神體系——衝撞的結果通常是，認識和方法的更豐富、更合理。依此理推斷，我們的歷史經驗已非常明確，今日所有的有關人權、自由、博愛、平等、正義、人格的諸多知識和學說，斷然不可能是任一群體在其非參照前提下所能認知的。以此故知，一當我們參照了人類所有經驗、認知、學理，進而設定出人的種種標準、內涵、本質之後，其實即是人之所以為人之覺悟的新境界的顯現。

　　此理表明，在經驗世界中，人生的覺悟或人之所以為人的覺悟，是由不斷擴大界域和跟進新的參照系去獲得的。它的欠缺是必須完成過程，不能走捷徑；而其長處則在於，一當這樣的經驗和認知形成，便真實有效。這與哲人們的直覺靈感所得有著進路的差別。一般可知，哲人們無需過程和經驗即能直覺為人的終極覺悟，可這樣的覺悟其實踐性極低，它的最大價值在於無經驗的指引和照耀。

　　無論如何，即便是經驗所得的為人的覺悟和認知，其意義亦極其重要，甚或有時比哲人們的直覺更重要。因為它用事實告訴了人們：a.有關人的定義和標準是不斷變化的；b.這種變化的原由來之於故有界域消解和參照系的擴大；c.當人以類為界域而又以全

部世界為參照系時，我們便發現，其實我們是公共化的；d.結果是，人之所以為人在當下，便是人的公共化和公共性呈顯。

此理反逆表達即是：我們的生存、生活，本質上是由我們關於人是什麼、人之所以為人的價值觀念所決定的。此意展開之例有如：

在我們以群自我為人的定義時，我們祇能過如動物般的狩獵生活；

在我們以農民為人的定義時，我們祇能為農耕的溫飽和帝國之臣民的生活；

在我們以商人、產業工人、實業經理為人的定義時，我們祇能為佔有與分配之功利及市民的生活；

在我們以國家、種族、宗教群體為人之定義時，我們祇能為衝突、競爭、對抗的生活……

如此之類，幾乎無有例外地證明，人的質地內涵和價值狀態，其實即是我們存在之福祉的因由。當今之際，人的意義和定義又有新的突破：我們是類的社會性或公共性之人，我們追求同質平格、同類平權，我們期望解脫養資源之狹隘佔有、分配的禁錮，我們得化除界域、彌合紛爭和停止窩裡鬥，我們得因物理之善性化啟為善之物理，我們得擺脫統治、控制、政治化諸般動物性而為管理之人性。所有這些由當下經驗和大尺度參照而有的人的認知和價值，將會使我們丟失故有的痼疾和陋習，獲得前所未有的福祉和意境。你丟失了嗎？沒有。你的獲得使你更接近本根的意志和真實，何來丟失！

這樣的得失兩端，何取何從，我以為凡明智之人，決無猶豫。其所計慮者，多是觀念和習俗的偏戀，未可守持。足見，公共意識觀念的建樹，於我們的生存與福祉直接相關，同時亦將重新定義人之所以為人。所謂人的同質化，其所要者便是這公共意

識觀念的具有。

　　公共意識與觀念，猶如設置了戲劇的舞臺，其寬大高闊將影響劇情的開展與角色的發揮。我們置自己於公共的舞臺之中，不再苟且物理自我的一己私隅，使自我成為角色和參與者，演繹更宏闊、更偉大的劇碼。結果必將是，自我的狹隘禁限開化，在理性之後，漸顯其公共化的內秉。有公共性所支持和支配的自我，不祇是可以掙脫佔有之功利、政治化、界域、倫理二致諸痼疾的糾纏，更是可以開新亙古未有之新作為，不為物累，不為情繞，致共利的利得和養資源於無限所需之境，終成使物善於物、使善善於善的完善。

　　今天，人類社會面臨了太多的困境和制限。從事理言，這毫不足怪。我們剛剛經歷大功利生存解釋方式，有了全球化的產業和生產方式的關聯，我們剛剛看出了國界，知道了人類社會的大概，我們剛剛開始提出人類同質平格、同類平權的目標，我們剛剛有關於生命、智慧的理解和把握，我們剛剛希望擺脫有限地球的困厄，我們剛剛開始討論如何共同解決人類整體面臨的問題，我們剛剛甚至還沒有完全離開種族、群域、地域、溫飽這樣的一畝三分地，我們剛剛開始全球化、世界化……如此之際，我們有困境、困難、糾纏、不適應、不知所為，等等，實在是再正常不過的事。常言道，磨刀不誤砍柴工。可以說，公共意識與觀念的建樹、普及正是這磨刀的功夫。一當全球主要的公眾都有了公共意識、觀念（當然，環境壓力特別不能缺失）的基礎，可以料及，人類的公共化、公共社會就會不期而然。

　　故知，我們在強大的環境、困境、事象的壓力下，所為不免不周延、不成熟、不得要領、不通透，可這些均是磨刀之功夫，不可逃脫，勉力為之，亦是求其所在之策。在這諸多的「剛剛」和不得要領的作為之中，人類的公共意識觀念亦會漸漫生長，最

終會成為人類文化的壯蔚大觀。當然，公眾的公共意識與觀念除卻自得自悟之外，亦有引導和輸入的必要，是以有下說。

三、普及公共教育

教育者，致無者以有，致簡者以繁，致陋者以雅，致愚者以智，致惑者以敏的訓練與說教也；教育者，亦致有而無、致繁而簡、致雅而俗、致敏而通的覺悟與貫徹。前者所重，在於得方技、物理，以為功利，以成慾求，以足理性，以施生計；後者所重，在於通本然、道體，以為人倫，以成意境，以足性智，以順必然。二者所能，當並重兼顧，不應偏頗。公共教育之應當者，便是這二者的兼顧與開新。或說，公共教育的內涵，便由此公共之物理與公共之本然兩廂獲得。

這裡所說的公共教育專指相關公共性、公共化、公共意識觀念的教育與培養事宜，非屬他類。一般說來，公共教育還有廣狹之分。廣義者，指針對全體公眾，借助媒體、網路、會議諸手段而為之的教育；狹義者，則專指學校教育，其主要人群為學生。

公共化、公共性、公共社會的意義、價值之重要，已如上述，然而，它們能否成為事實，卻有待公眾民人之公共意識觀念的同質程度和具有狀況，沒有這一基礎性前提，所言公共社會斷然無有希望。故知，公眾民人的公共意識觀念的培養、公共性的開發引領，已成為重要中的重要，這便有公共教育的說項。

公共意識觀念須由物理之邏輯演繹並驅動推進，是本書第三章已明確過的話題，於一般公眾民人言，經驗和感覺所得是其真實所在。常態之中，非真實不為事實——其俗說是，不見棺材不落淚——有著行為邏輯的力量。所以，教育內容的物理化、技術化，便有著引領的衝力，它可以致人於絕境，亦救人於絕境。在

這致與救的循環往復中，人們的意識觀念會因之而更新、長進。

於公共意識觀念言，其物理與方技的教育所在，是人性的解說，是社會構成、功能的解說，是自然世界之構成、功能的解說。在這樣的解說中，人的慾望、才能、理性、社會性、功利性、公共化，社會的衝突、紛爭、競技、佔有、分配、管理、公平、正義、合理、正當，自然物的功能、價值、供給、轉換、相互性、互養、同構，等等，均可獲得充分的學理說明。通過這些說明，人們會知道世界狀況的正常與變異，從而調整其行為和社會構成，調整社會價值取向。千百年來，人類的教育和學術研究，正是用這種剝繭抽絲的方式來說明公眾民人理解世界和社會的。有所不同的是，過去的教育和學術更注重物理的功利價值和人域的公平、正當，而當下如今，在這些價值和正當的基礎上，我們又有了超越功利和人域正當的可能性。

物理告訴我們，人類是一個類，它有類的社會性和整體性，唯有顯示出這種類的社會性，人才能稱為真正的人類；

物理告訴我們，世界是一個自治和自足的系統，它有著自然的和諧，如若其中有某種力量過於強勢，或某物干擾過度，會導致世界系統的破壞，以致平衡的崩潰；

物理告訴我們，在資源稀缺的前提下，生物本能會趨於生存競爭的激烈，而資源是否稀缺，並非絕對判斷，它通常由利用者的能力所決定；

物理告訴我們，在無法超越有限養資源的條件下，生物的佔有本能會強勢表達，並會以此顯示其生存意義的主要，而在養資源無限的環境中，生命、生存的意義、價值會超越顯現；

物理告訴我們，在生存壓力過大的狀態中，生物的界域特徵會強勢表達，而受界域制限的群體或個體均有善惡二致的反差傾向；

物理告訴我們，在群化的生存環境中，受佔有本能驅使的動物，包括人類都有強制他人的慾望和企圖，其演繹的結果是人的政治化，它會扭曲人性的常態；

物理告訴我們，在生存競爭過於激烈的環境中，人們的責任倫理必然會收縮，以便集中精力應對競爭之需，進而會出現割裂群域關聯關係、人與人的關聯關係，甚至人與自然的關聯關係的行為選擇，結果可能是人域的孤立和絕對、個人自我的絕對化；

物理告訴我們，在生存的單一力量壓制不可能的環境中，眾生存單元會明智地選擇妥協和退讓，這便會最終出現理性的人性顯示，而理性之演繹又會成為人類非常好的安頓所在；

物理告訴我們，以自我為基設和以佔有功利為目的的競爭，並非真實生存的長久之計，它祇能有效解決短程、當下的利益問題，或使表面利益最大化，真正的生存是超越狹隘養資源使用、利用的生存，這樣的生存其實是對生存的超越，亦是人之所以為人的顯示，而要表現這樣的超越和顯示，決非個體自我、甚至群體自我可以作為，恰應是人類全體智慧的共襄與協作；

物理告訴我們，這樣的共襄與協作，必得有全人類的觀念認同和意識趨近，心靈的同意是行為與事願的前提；

……

長期以來，學術與教育不斷地將這些物理告訴我們，不止是增長我們的知識、見地，更是在演繹著我們的意識觀念。而其中，物理的同一性或近似性，更是穿破了固有界域的壁壘，讓我們有了觀念和意願的認同、趨同。足見，教育事業的功能、價值非同尋常。如前所言，廣義的教育既是施諸公眾民人的普及性教育，也是各種媒質手段、方式並用的教育。在這諸多的教育方式中，網路、電視、廣播、報紙、雜誌、電影、書籍、廣告、講座、講授、商品說明書、商品、會議等等，均承擔了不同的功能和作用，使公眾獲益匪淺。

　　如我們所知，公眾接受的知識與觀念，往往祇是教育施為的一個方面，俗稱的書本知識多屬此類；另一方面，受教育者的體感身受，對教育成果的轉化與實踐同樣具有意義，故西方教育方式中，有實踐、實驗教學之說。以此而論，公眾接受公共意識觀念祇算是實現了公共教育的一部份，另一部份還必須讓公眾通過參與公共事件、行為的實踐來完成。可以說，一次或多次公共事件、行為的參與，其作用遠勝於他們所聽說過的公共意識觀念的衝擊。比如四川汶川地震中的志願者們，他們在參與救災過程中的心得，遠遠大於公共化、公共性的說教；比如金融危機中的世界公眾，危機的衝擊與壓力才讓他們感受到了世界化、全球化、公共化的真實；比如參與聯合國維和部隊和參與亞丁灣反海盜巡邏的中國軍人們，他們對國際防衛理念的認知，一定大異於從未出國軍人們的見解，尤其在後者始終祇作為政治工具存在的背景下，這樣的差異更為明顯；比如周久耕天價香煙、劉麗潔的名牌座駕、雲南的「躲貓貓」、各地的「樓歪歪」之類的曝光，公眾對網路民主、網路反腐的認同，一定大勝出於政府的自檢自律效應……

　　如此之類證明，引導公眾直接參與公共事件、行為，其教育的力度與效果或無比擬，故是加速公眾公共意識觀念建樹的重要方式，亦是實現公共化的路徑之主要。當然，引領公眾參與其中的重要性，並不排斥授予公眾意識觀念的說教，因為，恰當的概念、理念、命題、範疇、原則、價值、功能、取向的疏理、傳播，會對公眾行為的正當、合理有匡範作用，如若不希望公共現象、事件演化為一團糟的無序之為，則，先進者的引導與說教一定是不可多得的。

　　以上所言，主意指向公眾的公共教育，或即廣義的教育，此外我們亦得說及狹義教育，或說學生的公共教育。

　　學生是一專任受教育群體，很長時間以來，他們存在的理由是為了接受職業技能訓練，以便將來的生存謀。這當然是很功利化的教育思維，不足以倡導。通常情形下，教育的功能當不能排斥生存技能之外的他者，如傳承人類文化知識、創化人類精神資源、訓練為人之道等。好的教育必定是這幾種功能的同構與互助，而非一枝獨秀。基於此一理念，學校教育中的公共教育，便是公共化過程中非常重要的組成部份，它將決定學生群體的素質成分與價值狀態。我們素知，學生主要是青少年人群，他們的現在往往會決定社會的未來。此意味著，現在的教育內涵與質地的輸送，對他們的成長至關重要。過往的經驗中，我們曾有過學校教育中的公民教育計劃，即讓學生接受公民素養的知識和德性訓練，以使其成人後具備內質化的公民人格。依此經驗而論，公共意識觀念的教育亦應當成為學校教育計劃中的組成內容，以便造就具有公共人格和品質的公共之人，這樣才足以應對和構建未來的公共社會。

　　當然，這樣的教育不應是強硬楔加進入的，而應當與所當受教育內容的融會貫通，而且，這樣的貫通有先天的親和性。因為，現代教育的內涵即是前面列舉的諸般物理知識，這些知識對學生言有兩面性，一是作為必得接受的知識本身，是專業技術性、程式操作性的；另一則是，通過這些知識，從而建樹會通各種知識之中的公共意識與觀念。後一工作當然需要錘煉與提純，需要框架的承托，非泛泛而說，可以確定。不過，這的確是一項執一而二的教育事業，它可以融會貫通、妙生趣味，且事半功倍。

　　普通教育中有常識、通識教育與進階的專業教育之分，與之相配合，公共教育也當依勢而為，於常識、通識教育中，主旨宣教公共意識觀念，使其明瞭公共化、公共性、公共社會之質地、

性狀、意境，以成胚材之質地；而於專業教育之中，則當依專業知識之所以，分別構建有關公共化的專長與技能，使其日後職業作為之時，能在操作、施為中貫徹公共化的理念與責任。此種區分，亦是因材施教的要旨，它需要教育者與教材的雙重協合。其中，教材之於物理知識的常情貫通、循序編排之時，得有責任表達公共意識觀念的價值取向，使客觀的物理知識達於人情物理互融的成效。

　　以上所言，無論廣義公共教育，抑且狹義公共教育，其所指意重在教育內涵的方技、物理領域，試圖因於生存、生活所需的知識教育，構築公眾民人的公共化、公共意識觀念的心智，其所承仰在生存功利、技能、慾求、生計、理性之中。平心而論，這種教育及身於每個人的生存、生活所需，直接明快，其功效非他者所能比肩，所以，公共社會的公民教育中，此乃重頭所在。然而，如前所言，教育者，在方技、物理之外，還有道體、本然的教育，它不由之具體的物理知識，而直通人的心靈、心志，其所追求者是性智的開悟和人生意境的超越，是自我的解脫與界域的化除。此類教育中，覺悟的引導、心智的排遣、意境的空靈非常重要，經由「以智去智」的靈覺，可知人之所以為人的真諦，可明人類公共化、自然化的大勢所趨。如此，不但心地坦然、順勢為人，而且還會順勢作為，促成公共化、自然化的正常、合理、有序。故知，此樣教育雖不若物理、方技教育實惠、有效、簡易，卻亦是不可缺失的教育，其中的不言自明之理可說為，道體、本然教育既為方技、物理教育之根，亦為人之所以為人之本。根本不得，何以偷生大千世界，何以為萬物之靈秀！

　　公共教育原之於本然的把握、覺悟，造就於方技、物理的陶冶，其所事者，是幫助公眾民人建樹起公共意識與觀念，明瞭公共化、公共社會的因為所以，進而開發其所內具的公共性，使

其足以覆蓋人的動物性、功利性、社群性、理性之上,進而造就真正的人類。因之,人生何為?人之所以為人?人是什麼?恰是此一教育事業當剝脫之內質。此中內質的披露,便會確證公共社會、公共化的真諦,而由此而為的公共社會的構建,便會順理成章。可以預知,隨著人類認知世界之物理性的突破,本然性覺悟亦漸慢成為我們之類的觀念基設,若以此為強化人類公共性、公共化的動力原,世界之變可謂難以量裁。

此表明,人的問題才是公共化、公共社會的根本問題。它的正面敵人是過去幾萬年漸積而成的自我、佔有的功利、政治化、界域、理性的分判、倫理二致性諸般痼疾。當然,這些不是暴力戰鬥可以消滅的敵人,它們祗能經由化解、變通、轉換的方式方可除祛之,而此需要時日與歷程。它也不是人類個體可以獨立解脫的簡單事業,非人類整體的共同作為與解脫不可。公共社會之為公共社會,恰在於它是這一過程、歷程、解脫、化解、變通的真正開端。

四、具呈公共智慧

如何追逐公共化,至公共教育處,本可以擱筆而止,無奈還有一些想法踴躍於眼前,似有多說幾句的必要。如是,我便又想到了緒論中提及的智慧問題。人是智慧的動物,無奈人又是很容易智慧反被智慧誤的動物,這樣的誤在當下與日趨而至的公共社會、公共化的過程中,將愈益明顯。

公共社會、公共化之中,當然有公共智慧的內涵,其遠,公共社會、公共化的志業中,當然少不了人類智慧的造就、促成,依人是智慧的動物言,幾乎可說公共社會是人類智慧的精品;其近,公共化中有公共意識與觀念的先行,意識與觀念當然特別地

關乎智慧，是智慧所當承載的結晶。

公共智慧，自然是指與公共化、公共社會相關的智慧，或說，它是生成公共意識觀念、操作公共社會的進程與作為、避免公共化之負面效用的智力能力。這樣的限定指明了公共智慧範域，說明它是一種特定的智慧。公共智慧有正向作為和負向作為的兩種能力。其正向者，是建構、操作、積極作為的功能表達；其負向者，是迴避衝突、不利之壓力，迂迴通達的能動。比較而言，公共智慧的負向作為在公共社會、公共化之開始、初期會更容易地顯示其重要性，而其中後期，則會主要由公共智慧的正向作為擔當。其理由在於，公共化之端始與初期，人們的不適應現象是其常態，依舊行事是其習慣，脫口而言、舉手而為的輕鬆簡便是其然，而恰是這樣的常態、習慣、簡便，常常會置人於公共化的對立面，成為公眾指斥的對象。當此之時，公共智慧便要承擔迴避、躲閃之責，幫助人們少犯這樣不適應的錯誤。

其實，公共智慧無論其正向或負向，均非僅祗是個人之事，國家、政府、機構、組織、團體、群體無有例外，於公共智慧皆有構築、適應、具出、造就的需求，缺乏公共智慧者，一定會在公共化的潮流中遭遇聰明反被聰明誤的惡邏輯。

比如，人類社會當下正在步入公共化的歷程中，它意味著所有故有的群體、群域、實體均得捲入其中，無可逃避，而當下，許多的行為、方式、操作顯然與各群域、實體的利益相關，在參與其中與保守利得之間，就有智慧的表現問題。其下者，固守其利，不作讓步，最終的結果是被淹沒、捲滅；其中者，守其大利，讓出小利，觀望等待，隨流而為；其上者，撬動玄機、公共至上、圖超利之利，更且引領為潮流，成為公共化的領導者。

比如，去政治化是公共社會的先決條件，去與不去，主動去之還是被動去之，又有智慧之上下別判。若政治領袖和其團體

死守一己之私，視既得利得為唯一，大可堅守成故，為統治、命令、專制之作為，結果是等時間來宣判；而若反之，主動出擊，以公共之意願順勢作為，既除祛政治化之迂腐，又得引領潮流之先鋒，何樂而不為之！

比如，功利者，凡人、凡群皆欲得，亙古以來，人們滿足於簡單養資源的佔有與分配之能，為功利所執，結果成就了人類的窩裡鬥、戰亂頻發。故有之聰明者，多以盡占物利之先機為其衡量，而於公共社會，此種智慧可謂唾之不及。如前所言，人類解決養資源有限或功利的根本出路是盡物理之性，變「使物用於物」而為「使物善於物」，當物性盡得之時，決無有有限養資源之說。當此之際，所謂智慧者是改變物的觀念，聚人類共同之智慧去探究物性、物理，而非滿足現有簡單資源的佔有與分配。故知，其智慧者，即是能聚人類之能量、智慧的聰明者。

比如，自然人是存在的基本單元，它由自我所支撐，經由文化、文明的修飾，自我由本能而為理性，受到了精神、制度、器物多重文明體系的保衛與襯托，如主體構成性法律體系、人權、自由主義、個人主義、存在主義，等等。由於是社會的構成單元，難免在簡單群化（以種族、地域為承載）的社會中成為社會實體構成的原因，並被視為邏輯鏈條的目的。如此之下，自我的張揚與堅守的確是智慧所當司事，然而，步入公共化後，人類社會的群化是以類為承載的，其社會不再是靜態、固定的組合，而是過程、網路、公共化的構成，個體、群體均成了參與者而非原因者。這便又有了自我的智慧開新問題：守舊不化還是迎頭而上，成為智慧的參與者。守舊者終將會承壓而自傷，以至心志扭曲、精神失據，有如西方現代性爆發中的精神缺損者；參與者則調適自我、順勢作為，終會如魚得水，暢懷而生。

　　此類可列舉之例，不可勝計。以現下而往，在一相當長時期內，這樣的糾集與牽扯亦會紛紜杳現，與每個人、社會機構、組織、社群、政府實體瓜葛不迭。何取何從，恰正是公共智慧的養育與開新之需。很多時候，關鍵場景中的處斷與選擇通常會考驗社會的精英人物，反致與普通公眾關聯不密。由此而言，精英人物，無論其為政治領袖、商界大佬、藝場明星，還是學術權威、資深賢達，甚至政府官員、機構代表、商業經理，總凡較具公共性的公共人物，切記更應該具呈公共智慧。若稍有疏忽，定然會引火焚身，成為眾矢之的。無有奇怪，此等待遇，無論幸與不幸，均乃其身份、地位所致。因為精英人物或公共人物較之普通民眾佔有更多的公共資源，在公共化的狀態下，這些公共資源的富有者已然成為公共化的代表和符號，而非僅衹個體之自我。當此之際，你的一言一行均得有公共化的指意，絕不可身為公共之符號，而擅自為自我之私意。為之者，在強勢的網路民主、媒體「暴政」面前，定會落荒成敗。2008年汶川地震時，某著名房地產商人有關捐款自由的言論所引發的網路洪水，及其最後他不得不以鉅款救濟自我的措施，令人記憶猶新。

　　故知，在公共化的潮流中，人們，特別是身處公共聯結中的特定人們，其行與不行，言與不言，如何行、如何言，均得有公共智慧的考量，一不留神，會掉進公共的陷阱，自拔不得，甚或淡出公共舞臺，若周久耕之流，成為公共化的犧牲品。

　　當然，公共智慧，無論其言還是行，其實均衹是外在，其要者，是公共意識觀念的養育與建樹，若無有此等觀念與意識，你的智慧一定不易開竅，終將衹是昏昏之智。

結　語

公共之終極：人的自然化

　　人是公共性的動物，所以它在演繹了諸如動物性、功利性、社群性、理性之後，必得有公共性的秉賦具呈和凸顯。孔子曰：「大道之行也，與三代之英，丘未之逮也，而有志焉。大道之行也，天下為公，選賢與能，講信修睦。故人不獨親其親，不獨子其子。使老有所終，壯有所用，幼有所長，矜寡孤獨廢疾者，皆有所養。男有分，女有歸，貨惡其棄於地也，不必藏於己，力惡其不出於身也，不必為己。是故謀閉而不興，盜竊亂賊而不作。故外戶而不閉。是謂大同。」[49] 公共化，即孔子所言之大道，公共社會即孔子的大同社會。

　　人類社會的這種必然走向，在孔子，是由性智覺所知會與感悟的；在當下，則是由西方社會的物理邏輯所推陳出新的。孔子的智慧可能不會得到西方民人的理解和認知，可西方社會的驅力所至、人性所至，是西方民人萬難忽視無聞的。此並非真的是智力、智慧的差異所致，更應該這樣理解：生產方式與社會構合的差異，及其環境的圍堵力量，最終讓一些人泯滅了世界的本根、本原的綴繫，從而喪失了有關世界之本然性的體悟與理解；同時，為生存和競爭計，世界之物理性的把握卻必得受之於慾求，以致功利無盡、自我膨脹，物理變成了「使物用於物」的機巧淫作。所幸，物理畢竟是物之理、在之理，它可至於被利用，卻不可以至於失去本真，諸般假象、淺表解除之後，本然性的所必然依然會然其所然，使物理歸於「使物善於物」的恰當境地。

　　公共社會既已為人類的必由之路，當會期然而至。彼時，人類的存在景狀會大異於當下。可以設想，所謂公共社會得有如下之作為，以為其綱領樞要：公共互動、功利互通、化除界域、降解自我、剔除專制、相對主權、泛化主體、廣義契約、共用權利、得失與共、同質平格、同類平權、觀念趨近、精神相韻、物

理推進、本然導引、物善於物、人志於公。唯當此公共社會之境，人的意義和價值才算小成。

孔子之睿智，不得以為之個人特產，它是東方文化與智慧的必具結晶，沒有孔子之說，亦會有他子之言。當然，孔子的確是一代俗中之聖，他有聖者的博厚與深邃。放下孔子不說，顧及公共社會之當下與將往，我們亦已觀了人之所以為人的真諦，明瞭人者的真義：公共社會也即人的終結與非人的開啟。人是什麼？非可一言定論，更不能一時匡限。它是動變與過程的呈現，亦是世界全義之獲得與完滿的追逐。不管你我如何暫且，如何為自我所挾持，作為類的人、作為全義的人、作為過程的人，實在不言自明，無可逃逸。不論認同與否，一應不出其右。

我們剛剛涉入類的存在者之境，其關照與用心不待思量，定然難得周延與恰當，可，依觀者之見，這還僅僅是開始，過程之後，公共化、公共社會亦不足以承當人之所以為人的大命。彼時之人，還會進而丟失類的成見與簡約，乘勢踏入更新之境，擔荷起非人的義務與責任。彼時之人，公共性已為秉賦之下限，其所張揚者，是人的自然性：自然而然、物我為一、體用不二、以相養在、通貫無礙、使善善於善。

自然性的顯現，是人之自然性的真實，亦是世界之全義於人之完整與完滿的真實。既為真實，就有由來的必然。前言人有自然性，其意所指，乃是說，自然性是人性的組成者，且是人性中最高的秉賦。它表明，自然性與人之構成不可分割。過去以來，我們的人性中較少或幾乎沒有自然性的表現，非是說不具有，而是未得呈現。其所以未得呈現，其因由又在於環境、條件與需求的欠缺。因此，我們得簡約回應兩個問題：何以說自然性是人性之具有？以及自然性得以呈現的條件、環境是什麼？

　　自然性，即人之於世界全義自覺把握、貫通自適的覺悟與能力。說之為人類的具有，與世界的煉化、歷煉、選擇、互養、互助的過程相關，與體變相養用顯的必然性相關。前說大腦為世界的公產，它是世界之體變相養用顯的一種結果，是無以勝計的歷煉、選擇、相互作用的結果，而非某賜給誰的私有物品。大腦既為世界之公產品，它所具備的涵義，它所承載的價值，它所指向的意義，當然非為私有或佔有之所限，無論其初級功能方式如何簡易、不周延、不完全或歪曲，都不會影響其終極價值與意義的取向。這種價值的稱名即是自然性。此應是人之為人的大邏輯。

　　當然，某些小邏輯也有它的合理性。比如，公產之大腦，既有實現生存、存在之功能的特定與特長，而其承載者，多會急於自利本能——各自為在、攝養以為在——圖謀自私之功。尤其在其初期，這樣的圖謀、竊取不僅必然，而且合理。因為，承載者自身的完善與自足，反之於大腦的存在及功能、價值的彰顯，有無可替代的前提專屬性：沒有充分自足和完善的承載者，絕無大腦之真正公價值顯現的充分。所以，此一小邏輯表明，我們對大腦被人類竊為己私之事能，不祗是有指證和批判的必要，也有承認其合理性的必要。

　　小邏輯的合理，定然是在大邏輯的限度內的合理，故知，小邏輯的合理不會是永恆與無限的。一當竊用的自利行為和狀態之於世界體系或存在體系的完整、安全有著破壞之時，一當大邏輯的體認明顯清晰之時，小邏輯合理性的終結便會成為事實。其中，還有一玄機有待剝出，這便是，當承載者僅以竊據之心去盡大腦為存在、生存的己私之功時，其功用的效率會極其低下，且其負面的意義會暴露無遺。何以至於此呢？

　　其一，大腦之功能、價值的本意，在於世界全義的把握與自覺，若以之為生存功利或佔有、搶奪之己私，顯然非其所用，其

不得體處，無需多言。所謂大材小用，不得其用。

其二，大腦之功能、價值本意的真正顯現，會有大出於承載者之意料的結果，一是承載者不再會斤斤計較於佔有與分配的狹隘利得，反致會釋懷舒志，樂得其所；二是其功能的副產品所得，反會大大地超出承載者所能想像的極致，徹底緩釋養源不足的壓力，讓養源無限。

如此之下，竊據所用之弊、之低、之陋，當然就不難理解了。同理亦知，人類之自然性的顯現，何以會成為人類的自覺意向。個中，它不祗是使人類終將解脫生存的困厄、制限，更會凸顯人之所以為人的真實。或即說，自然性由於其能解脫人的特定價值，所以為人性的終極。

理解了自然性為人性之具有和終極，得進而明瞭自然性得以呈現的條件、環境和本然性所在。

大功利生存解釋體系的最大價值是經濟效益（率）的最大化，其中，產業的集約化、生產的自動化、機械化，技術手段的標準化、精微化，以及後來加入的資訊化、量子化諸程式，是其效益最大化的必然依賴。這意味著，人類必須加深對自然的理解、認知，否則，集約化、機械化、標準化、精微化、資訊化、量子化，均無由所出。主觀動機如此，而其必然後果卻大相逕庭。我們為著功利的目的，置自然於客體、對象的地位，試圖征服之、控制之，試圖滿足我們「使物用於物」的慾求，結果反致我們與自然成為了對立者、對抗者。物非但不能盡其所用，反而使我們為物所役。

何至於此呢？其原因在於，我們所需的所有利益幾乎盡在自然之中，如果我們要想獲得真正的效益，就必須明白，財富不祗是人的勞動的成果，更是自然之付出所在；而付出多少，是由世界諸在、諸相的相互作用狀態、方式來決定的；對人類言，瞭

解、把握、知會世界諸在、諸相的作用方式和狀態，是其所能獲取利益的前提；進而，人類瞭解、把握、知會世界之所以、所以然，又是由其智慧對世界之內質、本原的認同、貫通程度所決定的，抑或說，它決定於人與自然的親密狀態；祇有即體即用、體用不二、天人合一的性智覺，才能最終解套各自為在、攝在以養在的天困，而為以相養在的無限。此表明，人不祇是人類社會的參與者，亦是自然行為、功能、存在方式的參與者。祇有參與了自然本身，方能成就自然；祇有成就了自然，才能最終成就自我。

既是自然的參與者，便不難推論，長期以來，我們視自然為征服對象的思維，顯見過於淺表，它非但不能滿足我們無盡的慾望、己私，更使我們站在了自然的對立面，處在了與自然的戰爭狀態，其所為的結果，祇能是人類的毀滅，而非其他；如若反其道而行之，視自然為完整的存在體系，我們祇是這完整的參與者，同時作為世界公產品大腦的承載者，我們亦是自然的責任者，那麼，其結局會大出我們的意料之外：我們無需征服自然，而是完全地自然化。當然，此自然非彼自然。所謂彼自然，是我們所來之自然，那是簡易、質樸的自然；而此自然，則是我們已經經歷了其相對於他域而有的特殊、自我、自在之後，自覺參與、回歸、匡扶、造就的自然，它包含了人之自然性覺悟的價值與意義。

與人的公共化一樣，人的自然化亦是不歸路，所行所止，全在人的意念之間。故說，人類的問題，說到底還是人的問題：人是什麼？人之所以為人？人之何來？人之何往？明瞭了人之所以為人，自然會至人類問題迎刃而解。

心蔽於我，難以一體之仁；心解於我，即成同一不二。孔子、老子、釋者諸東方聖者何欺歟！

國家圖書館出版品預行編目(CIP)資料

公共社會論 / 江山著. -- 初版. -- 新北市：
世界宗教博物館基金會附設出版社, 2013.08
面； 公分. -- (江山著作集；10)
ISBN 978-986-82726-9-9 (精裝)

1. 社會學

540 102015704

公共社會論

作　　　者　江　山
責　　　編　吳若昕、李慧琳
美　　　編　宋明展
出版發行　財團法人世界宗教博物館發展基金會附設出版社
地　　　址　23444新北市永和區保生路2號21樓
電　　　話　(02)2232-1008
傳　　　真　(02)2232-1010
網　　　址　www.093books.com.tw
讀者信箱　books@ljm.org.tw
總 經 銷　飛鴻國際行銷股份有限公司
電　　　話　(02)8218-6688
法律顧問　永然聯合法律事務所
印　　　刷　東豪印刷事業有限公司
初版一刷　2013年8月
定　　　價　新臺幣260元
I S B N　978-986-82726-9-9